普通高等教育城市轨道交通系列规划教材

城市轨道交通设备

Equipments of Urban Rail Transit

主　编　吴　芳
副主编　颜月霞　马昌喜
主　审　毛保华

人民交通出版社
China Communications Press

内 容 提 要

本书是普通高等教育城市轨道交通系列规划教材之一。全书共有9章,对城市轨道交通设备的组成、基本原理及设计标准进行了介绍,内容包括:绪论、城市轨道交通线路与土建设施、车站与换乘枢纽、车辆与车辆段、信号系统、通信系统、供电系统及防灾报警系统,并对新型城市轨道交通技术的研究现状及发展趋势进行了总结和展望。

本书可作为城市轨道交通工程、土木工程以及机电工程等本科专业的专业基础课程教材,也可作为城市轨道交通规划、设计与运营管理相关工程技术人员教学培训及自学参考资料。

图书在版编目(CIP)数据

城市轨道交通设备/吴芳主编. --北京:人民交通出版社,2012.11

ISBN 978-7-114-10232-5

Ⅰ.①城… Ⅱ.①吴… Ⅲ.①城市铁路-轨道交通-交通设施 Ⅳ.①U239.5

中国版本图书馆CIP数据核字(2012)第282538号

普通高等教育城市轨道交通系列规划教材

书　　名:城市轨道交通设备
著 作 者:吴　芳
责任编辑:高　培　吴燕伶
出版发行:人民交通出版社
地　　址:(100011)北京市朝阳区安定门外外馆斜街3号
网　　址:http://www.ccpress.com.cn
销售电话:(010)59757969,59757973
总 经 销:人民交通出版社发行部
经　　销:各地新华书店
印　　刷:北京鑫正大印刷有限公司
开　　本:787×1092　1/16
印　　张:10.75
字　　数:255千
版　　次:2012年11月　第1版
印　　次:2012年11月　第1次印刷
书　　号:ISBN 978-7-114-10232-5
定　　价:28.00元

前　言 Preface

随着社会经济的发展和城市化进程的推进，我国大城市交通需求持续、快速增长，越来越多的城市深受交通拥堵和交通环境污染的影响，许多城市正在或将要建设城市轨道交通，以谋求缓解城市交通供需失衡的问题。城市轨道交通可以说是城市建设史上最大的公益性基础设施，其建设对城市布局发展及市民生活将产生深远的影响。“十一五”期间，国务院最先批准的22个城市已建设、完善轨道交通网络2259.8km，总投资达8820亿元。“十二五”期间，城市轨道交通建设线路将达2795km，总投资额超过9886亿元。未来一段时期，城市轨道交通建设必将进入快速发展时期，与其建设、运营、维护相关的各专业人才需求也会有很大增幅。

本教材系针对城市轨道交通专业本科生必修的专业基础课程教学工作而编写，本书也可作为与城市轨道交通相关的土木工程、机电工程、交通工程等诸多专业选修课程、远程教育教材，亦可供从事城市轨道交通规划、设计和管理的工程技术人员培训及自学参考使用。

本教材共9章，各章节编写分工如下：第1章、第3章、第7章由兰州交通大学吴芳编写；第8章由兰州交通大学吴芳、马昌喜编写；第2章由石家庄铁道大学颜月霞、张良编写；第4章由石家庄铁道大学颜月霞编写；第5章由兰州交通大学孙丽芳编写；第6章由兰州交通大学董鹏编写；第9章由兰州交通大学马昌喜编写。全书由吴芳统稿，由北京交通大学毛保华教授审稿。

为了方便读者学习，本书各章开头编写了“本章概要”、“关键词汇”，以起到有效导读作用；在每章结束时附加了“本章小结”、“练习题”，以总结及巩固所学知识。此外，各章最后还分别列举了与该章内容相关的主要参考文献，以方便读者更广泛地参阅相关资料。

本教材编写，参考了大量国内外城市轨道交通方面的教材、著作和论文（详见参考文献目录），在此一并对所有著作者表示诚挚的感谢！本教材编写中，北京交通大学毛保华教授等专家提出了很多宝贵意见，在此表示深深的感谢！此外，兰州交通大学交通运输学院研究生高浩然、李沁鲜、陈瀚、钱春燕、李芳、刁爱霞、郭沂鑫等同学帮助搜集整理了部分资料，并协助进行了文字校核及部分图表的绘制工作，在此也表示由衷的感谢！

由于编者水平所限，加之时间仓促，错漏之处在所难免，希望本书能对读者有所裨益，并恳请读者批评指正。

编　者

2012年5月于兰州交通大学

目　录 Contents

第 1 章　绪论

第 2 章　城市轨道交通线路与土建设施

第 3 章　城市轨道交通车站与换乘枢纽

第4章 城市轨道交通车辆与车辆段

第5章 城市轨道交通信号系统

第6章 城市轨道交通通信系统

第1章　绪论

【本章概要】

1. 城市客运交通结构变化及组成；
2. 城市客运交通发展影响因素；
3. 我国客运交通发展现状；
4. 城市轨道交通运营系统设备组成及功能；
5. 我国城市轨道交通特点及安全保障体系。

【关键词汇】

客运交通；影响因素；设备；安全保障

随着城市化步伐的日益加快，大中型城市普遍出现人口密集、住房紧缺、交通阻塞、环境污染、能源匮乏等一系列所谓“城市病”。交通结构组成及布局往往会影响城市的综合发展，交通结构组成与发展又依存于城市发展、经济增长、人口分布及政策导向。城市轨道交通是一种大容量、快速、舒适、安全、准时的“绿色交通”系统，其建设与发展不仅可以进一步完善城市客运交通体系结构，大大缓解大中城市交通拥堵，改善环境质量，而且有利于推动21世纪大中城市的可持续发展。

1.1　城市客运交通结构组成与我国客运交通发展现状

1.1.1　城市客运交通结构变化及组成

(1)城市客运交通结构变化

城市客运交通运量的变化划分可为初级、中级、高级三个演变阶段。初级阶段，城市内部人与物的空间运动规律发展一直处于低水平增长状态；进入中级阶段后，其出现高速增长状态，同时人与物的空间运动规模也会迅速扩大；而到达高级阶段后，发展水平的增长速度又会趋于减缓。

发达国家城市客运交通工具经历了从人力化、畜力化向着机动化的变化，与此同时交通结构也产生了相应的改变。若以结构变化的质变期为临界点，可将其分成四个阶段：

第一阶段是公元前20～30世纪至19世纪末，以人力、畜力交通工具为主；

第二阶段发生于20世纪初至20世纪30年代，以公共电、汽车为主，但在西欧一些国家自行车拥有率也普遍较高；

第三阶段是从20世纪30年代中至20世纪60年代，以轨道交通为主，公共交通在城市交通中发挥着极大的作用；

第四阶段发生于20世纪80年代至今，除了轨道交通外，私人小汽车也成为城市内部客运交通的主要工具。

(2)城市客运交通系统构成

在现代社会，交通是促进国民经济增长的重要因素和主要驱动力，是一个国家经济正常运转和协调发展的前提和重要保障，是现代社会化大生产高效率的先决条件和重要支撑。城市客运交通的演变，是随着科学技术的发展而不断完善的，伴随着社会经济发展和需求构成的多样性和复杂性，交通供给也理应与此相适应。城市客运交通系统是指满足城市出行需求的所有交通方式的集合，其构成如图1-1所示。城市客运交通系统日益丰富与完善，但对于不同城市，由于其规模、经济与地理条件的差异而具有不同的客运交通系统构成状况。

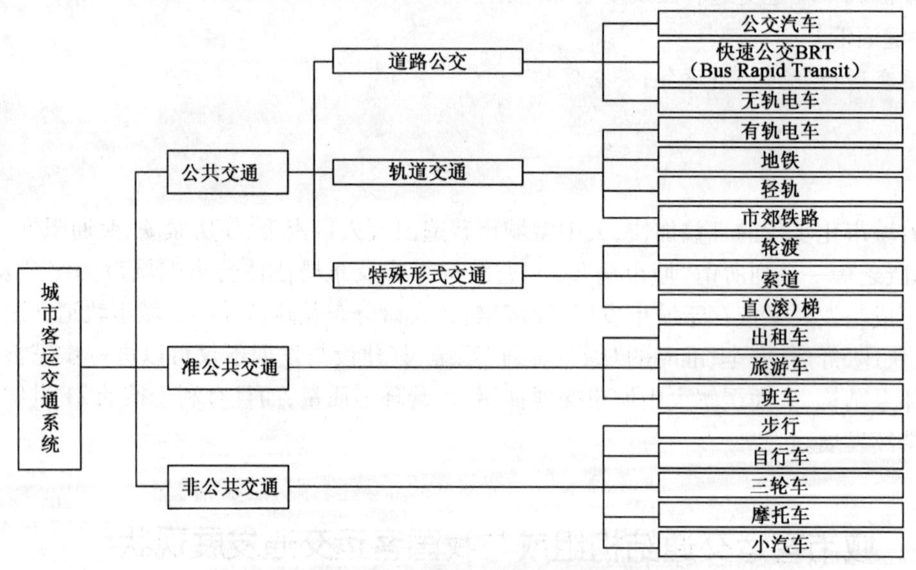

图1-1 城市客运交通系统构成

1.1.2 城市客运交通发展影响因素

实践表明，城市客运交通的发展不仅具有明显的时期性，而且与城市化的发展过程密切相关。城市客运交通与工业、城市规模和城市经济各方面相互间的关系如下。

(1)城市客运交通结构的演变以工业发展为基础

工业的发展，一方面提出巨大的运输需求，另一方面又为变革传统交通方式及工具的需求提供物质保障，并及时地生产出一代又一代足够数量的新型交通工具，以满足工业化产生的需求，进而直接影响到交通流结构的改变。如，西方一些国家的小汽车是在相关工业基础和科技发展到一定程度后加快发展速度的，随着汽车工业的大力发展，私人汽车出行量在城市客运交通中的比例也相应地增大，并逐渐占据了一定的份额，成为交通流中不可忽视的组成部分。从世界一些大城市的情况看,到20世纪80年代,私人小汽车出行基本占交通出行的20%以上,改变了原有的客运结构。

(2)城市客运交通结构应与城市规模相适应

随着城市化进程的深入及城市规模的扩大,城市居民的居住活动逐渐向外迁移,金融、商业、行政活动则进一步向城市中心聚集,人们的出行距离逐渐增大。而一个时期的主要交通工具,应该是与居民的出行距离相适应的。因此,可以认为,一个时期的交通结构也是与城市规模相适宜的。

(3)城市客运交通发展应与城市经济发展相协调

城市客运交通的发展意味着在交通基础设施建设上的巨大投入,如果没有相应的资金、物力和人力投入作保障,城市客运交通就不可能有什么实质性的改变。城市轨道交通每公里造价达几千万甚至几亿元,因此,大部分国家都是在经济发展到一定程度以后,才开始大力修建地铁,发展城市轨道交通的。表1-1显示了几个发达国家大规模修建地铁、大力发展汽车工业的时间和该时期人均国民收入水平。表中数据充分说明了交通的发展是以经济发展为后盾的,且当城市居民人均GDP大部分在3000美元左右时,为城市轨道交通大力发展的时期。

英、法、美、日等国轨道交通、小汽车的发展时期及GDP 表1-1

国　别	地铁发展阶段	GDP[美元/(人·年)]	国　别	小汽车发展阶段	GDP[美元/(人·年)]
英国	1890~1969	3041~3662	英国	1920~1969	3455~7908
法国	1900~1938	2203~3851	法国	1945~1950	3079~4109
美国	1904~1940	2763~4746	美国	1910~1959	3554~7380
日本	20世纪60年代	2595	日本	1965	4549

1.1.3 我国城市客运交通发展现状

我国城市客运交通的发展与世界上其他国家一样,遵循着交通发展的一般规律。在经历了漫长的交通发展初级阶段之后,我国城市客运交通于20世纪初进入了交通发展的中级阶段,并表现出中级阶段的交通特征。在20世纪80年代以后至今的短短30多年时间里,随着我国国民经济和科学技术的快速发展,我国的城市化进程进入了加速发展时期,城市人口出行需求总量持续急剧增长。同时,随着城市规模的逐步扩大,城市边缘不断外延,使得劳动力要素的流动距离变得越来越大,在时间与金钱方面的成本耗费也越来越多,人们对交通工具的选择,逐渐由步行与自行车代步更多地转而倾向于机动车代步。尤其近些年以来,除了作为城市主要交通工具的公共交通外,私家车的拥有量也在迅速增长,而私家车的急剧增长使人口众多、资源十分紧缺的国家交通压力进一步加剧,由此而引发的环境问题、能源问题、安全问题也日益突出。在此状况下,有必要进一步完善城市交通设施,合理规划、改善交通结构,优化交通组织。

国内外经验表明,大力发展公共交通,提高公交出行比例是缓解交通压力的重要举措,交通决策部门对此也日益重视。2005年国务院办公厅转发了建设部等部门《关于优先发展城市公共交通意见的通知》,明确了公共交通系统是城市交通的主力军,"优先发展公共交通"符合城市发展和交通发展的实际,是提高交通资源利用效率,缓解交通拥堵的重要手段。在此思想指导下,众多城市已将"建设以公共交通运输为主导的综合城市交通运输体系"作为城市交通发展战略的一项重要任务。在我国,构建"以城市轨道交通为骨干、常规公共交通为主体、多种交通运输方式互相补充"的可持续发展的现代化城市客运交通体系,已成为落实科学发展观、构建节约型社会的必然要求，这种现代化城市客运交通体系不仅能更好地适应未来城市交通发展需求，也符合城市交通国际发展总趋势。

城市轨道交通之所以担当骨干作用，是因为与常规公共交通相比，轨道交通是一种大容量的公共交通，其经济效益、运输效益、能源消耗及环境影响均具有明显的优势。在世界主要大城市中，城市轨道交通运输量占公共交通运输量的50%以上，有些甚至在70%以上，号称"城市交通的主动脉"，德国、美国、日本等很多国家都已形成完善的城市轨道交通网络。

城市轨道交通规模大、造价高、技术复杂，在过去的几十年中，由于我国经济实力有限，我国城市轨道交通设备在全面建设初期主要依靠进口，价格昂贵，地方财力难以承受，致使我国城市轨道交通建设起步晚于发达国家，规模也大大受限，发展速度远远滞后于其他交通方式。在2000年之前，中国内地仅有北京、上海、广州三个城市拥有城市轨道交通线路。进入21世纪以来，伴随着中国经济的飞速发展，很多城市的人均GDP达到甚至超越了发达国家城市轨道交通建设高潮时期的水平。同时随着城市化进程的加快，中心城市不断向周边辐射，城市轨道交通设备国产化与自主创新能力的显著增强，使得城市轨道交通在我国进入了一个全面发展和建设的时期。据相关资料报告，2011年中国人均GDP达到5540美元，已进入了中等收入国家水平。目前，我国城市人口过百万的城市已有100多个，其中城市居民人均GDP超过5000美元的城市也有一半以上，这些城市的大多数已将轨道交通列入发展规划，以进一步完善城市综合交通体系，提升城市现代化水平。截至2011年底，中国内地先后有北京、上海、广州、南京、深圳、大连、天津、重庆、武汉、长春、成都、沈阳、西安等十余座城市建成了城市轨道交通，京津冀、长江三角洲和珠江三角洲地区还先后开建城际铁路。全国各大城市已投入运营的城市轨道交通线路里程也达到近2000km。目前还有40多个城市正在建设或筹建地铁和轻轨等城市轨道交通，国家已经批准了其中28个城市的轨道交通建设计划。至今，在不到半个世纪的时间里，中国城市轨道交通的建设与发展已取得了令世人瞩目的成绩，并且正处于如火如荼的发展之中。城市轨道交通除了里程增加外，也由原先的地铁这一种形式向多样化方向发展，如上海的磁悬浮列车、广州的直线电机列车、重庆的单轨列车等。根据国务院批准的城市轨道交通项目发展规划，2012年，北京轨道交通线网将全部覆盖中心城区，运营里程将达到440km；上海轨道交通线网达13条，运营里程将超过500km。"十二五"期间，国家将继续建成投运城市轨道交通2500km左右。预计到2020年，我国建设并投入使用的城市轨道交通线路总长度将突破7000km，届时，城市轨道交通必将覆盖全国主要大中城市。在我国，投入巨额资金大力发展城市轨道交通，不仅对于缓解城市交通拥堵和减少交通事故发挥巨大的作用，同时城市轨道交通的普及与发展，必将进一步顺应节能减排、绿色环保的低碳经济时代和全球经济发展的趋势。

1.2 城市轨道交通运营系统设备组成及功能

城市轨道交通是城市公共交通系统的一个重要组成部分，目前城市轨道交通有地铁、轻轨、市郊铁路、独轨、有轨电车以及磁悬浮列车等多种类型。对于城市轨道交通这一复杂的运输系统，运用现代电子信息技术，实现人、车、路、环境及设备在列车运行中的信息沟通与协调，并实现运营管理的智能化，是城市轨道交通发展的必然趋势。

城市轨道交通运营系统由硬件与软件设施组成。硬件设施包括线路与相关土建设施、车站与换乘枢纽、车辆与车辆段、牵引供电设施、信号与通信设施、环控与给排水设施、灾害预警设施等；城市轨道交通运营管理软件设施包括行车调度系统、客运组织管理系统、安全防护管理信息系统等。本教材主要介绍城市轨道交通硬件设施的组成、基本原理及设计标准，分析各设施的相互协调关系，并对城市轨道交通数字化、智能化、信息化发展前景加以展望。

(1)线路与相关土建设施

线路与相关土建设施是轨道交通列车运行的基础。在我国轨道交通系统中，线路分为广义线路与狭义线路。

广义的线路是指轨道、路基、桥梁、隧道的总称。路基是线路的下部建筑，轨道、桥梁、隧道是线路的上部建筑，线、桥、隧的结构虽然在专业理论上分别成为不同的独立分支，但都可以归属于土建类范畴。按线路与地面的相对关系进行分类，线路可分为地面线路、地下线路和高架线路。我国铁路线路以地面线路为主；城市轨道交通的线路以地下线路为主，高架线路次之，只有在车辆段或市郊区域，才设置一些地面线路。

狭义的线路就是轨道结构。轨道结构是城市轨道交通系统的重要组成部分，由钢轨、扣件、轨枕、道床、道岔及其他附属设备组成。依据年通过能力，轨道选型采用不同类型的钢轨。年通过换算总重达 15 ~ 30Mt 时，采用 50kg/m 钢轨；年通过换算总重达 30 ~ 60Mt 时，采用 60kg/m 钢轨。此外，轨道结构应尽可能选用通用部件及设施，以降低工程造价和养护费用。轨道结构除了要求具有足够的强度、稳定性和耐久性等基本特征外，还必须具有适量的弹性，使列车运行所引起的振动与噪声控制在容许范围内。

(2)车站与换乘枢纽

车站与换乘枢纽是乘客上下车、换乘的场地，也是列车到发、通过、折返的地点。

按车站与地面相对位置，车站分为地面站、高架站、地下站；按运营性质，车站分为中间站、换乘站、中间折返站、尽端折返站、枢纽站、联运站、终点站等。车站设备主要包括：线路、信号、通信等行车设备；站台、出入口、站厅、售检票、通道、楼梯、自动扶梯及导向设施等乘客服务设备；列车供电系统、照明设备及低压配电设施等供电设备；环控与给排水设备；防灾报警设施、屏蔽门等安全保障设备。车站间的距离在市区宜为 1km 左右，在郊区不宜大于 2km。

换乘枢纽服务于城市"对外交通"与"市内交通"。城市"对外交通"位于机场、火车站、码头等，主要解决对外交通与市内交通的乘客换乘问题。"市内交通"服务于市内各种交通方式之间及内部中转换乘为主的需求。从交通方式的转换角度讲，换乘可分为不同交通方式间的转换、同种交通方式间的转换两种形式。

(3)车辆与车辆段

车辆是运载乘客的工具，分为动车和拖车，动车自身具有动力装置(牵引电机)，设有司机室，具有牵引与载客双重功能；拖车不装备动力装置，仅有载客功能，需具有动力牵引功能的车辆牵引拖带。城市轨道交通列车均为动车和拖车连挂而成的电动车组，其多选择贯通式连接方式，这种方式使得乘客可沿全列车走动，不仅有效调节了各个车辆的载客拥挤度，使全列车乘客均匀分布，而且有利于在列车发生意外事故时疏散乘客。

城市轨道交通车辆由机械部分、电气部分和空气管路三大部分组成。机械部分，由车体、车门、连接装置和制动装置组成;电气部分,由主电路、主控电路、辅助电路和辅助控制电路组成;空气管路,由空气压缩机组、总风缸、风源净化装置、列车管、电空制动控制器、电空阀、空气制动阀、电动放风阀、紧急阀、基础制动装置等组成。车辆内部设备,包括车电、通风、取暖、空调、座椅、拉手等服务于乘客的车体内固定附属装置;蓄电池箱、主控制箱、电动空气压缩机组、总风缸、电源变压器、各种电气开关和接触器箱等服务于车辆运行的设备装置。城市轨道交通车辆应具有先进性、可靠性和实用性,满足容量大、安全、快速、舒适、美观、节能和噪声低的要求。早期车辆大多为钢骨车,目前更多采用铝合金、钛合金等新型轻质合金材料车,这进一步降低了车辆自重,提高了承载能力和运输效率。

车辆段是车辆停放、清扫、运用、检查、管理、整备和检修保养的场所。其主要业务有车辆停放与折返、乘务组换班、列车编组、车辆的检查与技术维修等。一般一条线设一个车辆段,也可以两条或两条以上线路共设一个车辆段。

(4)信号与通信设施

信号与通信设施是用于指挥和控制列车有序、高效运行,实现运输的集中统一指挥、行车调度自动化、列车运行自动化的重要设施,其对于提高通过能力、保证行车安全起着至关重要的作用。

信号系统,由信号基础设备、联锁设备、列车运行调度指挥系统等设备组成。城市轨道交通信号基础设备主要包括信号机、继电器、转辙机、轨道电路及计轴设备等,它们的运用质量和可靠性,是信号系统正常运行和充分发挥效能的保证。现代信号系统还包括了列车自动控制(Automatic Train Control,ATC)系统。ATC 系统包括三个子系统:列车自动防护(Automatic Train Protection,ATP)、列车自动运行(Automatic Train Operation,ATO)、列车自动监控(Automatic Train Supervision,ATS)。ATC 系统对于实现行车指挥和列车运行自动化,全方位保证安全的前提下减轻运营人员的劳动强度,充分发挥城市轨道交通的通过能力具有重要意义。

城市轨道交通必须配备专用的、完整的、独立的通信系统,使其能够畅通地传递语音、数据、图像和文字等各种信息,以适应对轨道交通的运营组织管理。城市轨道交通通信网由光纤数字传输、数字电话交换、广播、闭路电视监控、无线通信等系统组成,包括传输系统、公务电话系统、专用电话系统、无线通信系统、广播系统、时钟系统、闭路电视监视系统、电源及接地系统。城市轨道交通通信按功能的不同,分为专用通信、自动电话、有线广播、闭路电视、无线通信及其他通信。

(5)供电与照明系统

供电与照明系统负责提供列车、设备运行的动力能源,担负着运行所需电能及照明电能的供应与传输,是城市轨道交通安全可靠运行的重要保证。供电及照明系统一般包括高压供电源系统、牵引供电系统、电动列车、动力与照明供电系统及监控系统。

(6)环控系统

环控系统通过设置通风与空调系统、防排烟系统及环境监控系统,使城市轨道交通在车站及区间内任何环境下的空气的温度、湿度、空气流动速度和空气质量均满足乘客日常及发生意外时的基本需求。环控系统尤其应满足当列车阻塞在区间隧道时,能维持车厢内乘客短时间能接受的环境条件;当发生火灾事故时,能提供有效的排烟手段,给乘客和消防人员输送足够的新鲜空气、形成一定的风速、引导乘客迅速撤离现场。

(7)给排水系统

给排水系统为城市轨道交通系统运营提供所必需的生活、生产、消防用水;处理排出生产与生活产生的污水、地下结构渗水、冲洗及消防废水和车站露天出入口及洞口的雨水等。城市轨道交通给排水系统包括给水系统、排水系统和水消防系统3个子系统。

(8)防灾报警系统

防灾报警系统通过自动捕捉区域内火灾发生时的烟雾或热气,当监测到其变化超过一定的阈值,则发出声光报警,并通过输出接点控制自动灭火,同时启动事故照明、事故广播、消防给水和排烟等系统,以实现监测、报警和灭火的自动化。

1.3 我国城市轨道交通特点及安全保障体系

城市轨道交通具有城市道路交通无可比拟的优势,不仅容量大,而且运行准时、快速、安全、高效、无污染,在提高效率的同时,有利于节省土地资源,便于实现环境保护,并且具有良好的社会效益。

城市轨道交通是一个多专业、多工种有序联动,并且时效性极强的系统。为了保证运行的安全及高效性,在城市轨道交通中日益采用以计算机处理技术为核心,各种自动化设备及管理监控系统代替人工及机械设备的运行系统。如ATC系统可以实现列车自动驾驶、自动跟踪、自动调度;SCADA(Supervisory Control and Data Acquisition,电力监控系统)可以实现主变电所、牵引变电所、降压变电所设备系统的遥控、遥信、遥测;BAS(Building Automation System,楼宇监控系统,在城市轨道交通系统中又被称为设备监控系统)和FAS(Fire Alarm System,火灾报警系统)可以实现车站环境控制的自动化和消防、报警系统的自动化;AFC(Automatic Fare Collection,自动售、检票系统)可以实现自动售票、检票等功能。这些系统全线各自形成网络,均在OCC(Operation Control Center,运营控制中心)设中心计算机,实行统一指挥与分级控制。

1.4 我国城市轨道交通系统建设及运营原则

我国的城市轨道交通行业正在步入一个跨越式发展的新阶段,中国已经成为世界上最大的城市轨道交通市场。我国城市交通需求发展的趋势表明,我国城市居民出行将保持持续稳定的增长。所以进一步加强交通结构的调整,重点发展以城市轨道交通为骨干的公共交通网络,建立多层次、立体化、智能化的交通体系,是从根本上改善交通需求的重要战略措施之一,也是提升居民生活质量,调整城市区域结构和产业布局的必然选择。

在此过程中,城市轨道交通建设与运营过程应尽可能遵循以下原则:

(1)城市轨道交通系统的规划与建设应尽量减少占地面积,同时应促进城市轨道交通沿线土地的综合开发和利用。

(2)城市轨道交通系统的建设及运营应尽可能节省能源、降低公害、提高环境质量。

(3)应进一步提升管理及运营服务质量，快速、安全、舒适、准时地运送更多乘客，以充分发挥大城市道路交通体系中轨道交通为骨干交通的效能。

(4)应建立相对统一的城市轨道交通建设标准和技术标准。

(5)应充分采用新技术、新工艺和新材料，进一步提升设备及核心技术的国产化水平。

本章小结

交通在现代社会，是促进国民经济增长的重要因素和主要驱动力，是一个国家经济正常运转和协调发展的前提和重要保障，以及现代社会化大生产高效率的先决条件和支撑。在城市扩张和经济发展的背景下，城市客运交通体系是一个城市的血脉。

本章介绍了城市客运交通结构变化及组成，依据我国客运交通发展现状分析了城市客运交通发展影响因素，并对城市轨道交通运营系统设备组成作了全面重点的讲解，同时对城市轨道交通特点及安全保障体系等问题、我国城市轨道交通系统建设运营原则，也进行了综合性的论述。

练习题

1. 依据交通发展影响因素分析不同城市客运交通现状及发展战略。

2. 城市客运交通系统包括哪些交通方式？对于你所在的城市，分析客运交通系统构成状况及发展趋势。

3. 简述城市轨道交通运营系统设备组成及功能。

4. 我国城市轨道交通安全保障体系包括哪些方面的内容？

参考文献

[1] 张立. 城市轨道交通工程概论. 北京：人民交通出版社，2011.

[2] 荣朝和. 论交通化. 北京：中国社会科学出版社，1993.

[3] 陈小鸿. 城市客运交通系统. 上海：同济大学出版社，2008.

[4] 毛保华，王明生，牛惠民，等. 城市客运管理. 北京：人民交通出版社，2009.

[5] 曹钟勇. 城市交通论. 北京：中国铁道出版社，1996.

[6] 韩彪. 交通运输发展理论. 大连：大连海事大学出版社，1994.

第2章 城市轨道交通线路与土建设施

【本章概要】

1. 城市轨道交通路基及轨道结构组成;

2. 高架工程与区间隧道;

3. 限界。

【关键词汇】

城市轨道交通;路基;轨道结构;高架工程;区间隧道;限界

城市轨道交通线路的敷设有三种基本形式:地面、地下和高架。除地面轨道交通外,为了充分利用城市空间,许多城市将轨道交通建在空中或者地下。城市轨道交通的高架工程实质上可以理解为城市轨道交通中的桥梁工程,它既是一种功能性的建筑物,又是一座立体的造型艺术工程,具有一种恢弘气魄,也是具有时代特征的景观工程。城市轨道交通地下隧道不仅提高了土地对经济的贡献率,而且减少了交通噪声的干扰,所以,也是诸多城市土地资源稀缺的市区范围轨道交通的首选形式。当然,城市轨道交通系统应根据城市环境、路网规划、投资规模等因素选择采用合适的形式。

路基是整个线路构造的重要组成部分,路基可以与桥梁、隧道相连,共同构成线路。轨道结构敷设于路基的地基面之上,承受着高速行驶的轨道交通车辆的荷载,同时把荷载传递给支撑轨道结构的路基基础,并引导着列车的运行。

为了确保列车安全运行,凡接近城市轨道交通线路的各种建筑物及设备,必须与线路保持一定的距离。因此,城市轨道交通规定有车辆限界、接触轨限界、设备限界、建筑接近限界等限界。

2.1 路基及轨道结构组成

2.1.1 路基组成

在地面线路中,路基是由填筑或开挖而形成的直接支承轨道的结构,也叫做线路下部结构。路基依其所处的地形条件不同,有两种基本形式:路堤和路堑。轨道路基为使路线平顺,在自然地面低于路基标高处要填筑成路堤,在自然地面高于路基标高处要开挖成路堑。路堤各部分名称分别为:路肩、路肩边缘、路拱、基地、边坡、坡脚及护道。路堑各部分名称分别为:

路肩、路肩边缘、路拱、路堑顶边缘、地面、侧沟平台及边坡。有时因地形和断面形式的不同可具体分为路堤、路堑、半堤半堑、半路堤、半路堑及不填不挖六种。路基是按照路线位置和一定技术要求,用土或石料修筑而成的线形结构物。根据地质条件及填料构成的不同,路基可分为土质路基和石质路基两种。路基的作用是在路基面上直接铺设轨道结构。因此,路基是轨道的基础,它承受本身的岩土自重和轨道重力,即静荷载,同时承受由轨道传递而来的行车荷载,即动荷载。

路基必须具有足够的强度和稳定性,即在其本身静力作用下,地基不应发生过大沉陷;在轨道车辆动力作用下,其不应发生过大的弹性和塑性变形;路基边坡应能长期稳定而不坍滑。为此,须在必要处修筑一些排水沟、护坡、挡土结构等路基附属构筑物。路基是一种线形结构物,具有路线长、与大自然接触面广的特点,其稳定性,在很大程度上由当地自然条件所决定。合理选择线位,可以避开地质不良地段和工程艰巨路段,保证路基稳定,减少工程数量,节约工程投资。路基工程的特点是:工艺较简单,工程数量大,耗费劳力多,涉及面较广,耗资亦较多。路基施工改变了沿线原有自然状态,挖填及弃土石方涉及当地生态平衡、水土保持和农田水利。在土石方相对集中或条件比较复杂的路段,路基工程往往是线路施工期限的关键之一。

路基由两部分组成:路基本体和路基设备,路基断面示意图见图 2-1。

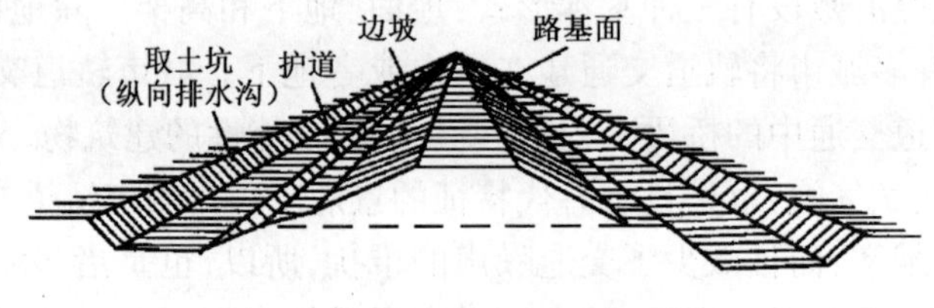

图 2-1　路基断面示意图

1)路基本体

在各种路基形式中,为了能按照线路设计要求铺设轨道而构成的部分,称为路基本体。在路基断面中,路基本体由路基面、路肩、边坡、路基基底和基床组成。

(1)路基面

路基面是指路基本体中为形成轨道铺设条件和确保线路正常运营而构筑的构造面。在路堤中,路基面即为路堤堤身的顶面,也称路堤顶面;在路堑中,路基面即为堑体挖开后形成的构造面。

(2)路肩

路肩是指路基面两侧自道床坡脚至路基面边缘的部分。路肩有以下作用:支护轨道以下的路基土体,防止其在列车运行产生的振动作用下侧向挤动;防止路基面边缘部分的土体稍有塌落时,影响轨道道床的完整状态;在线路养护维修作业中,它是线路器材存放处和辅助工作面。在线路设计中,路基的设计标高以路肩边缘的高程表示,称为路肩标高。

(3)边坡

在路堤的路肩边缘以下和在路堑路基面两侧的侧沟内,因为填挖而形成的斜坡面称为路基边坡。边坡的坡形常修筑成单坡形、折线形和阶梯形。每一坡段坡面的斜率以边坡断面上取上下两点之间的高差与水平距离之比表示。当高差为 1 单位长时,水平距离经折算为 m 单位长,则斜率为 1∶m。路基工程中,以 1∶m 方式表示的斜率称为坡度,m 称为坡率。在路基本体构造中,边坡的形状和坡度的陡缓对本体的稳定和工程经济关系极大,所以应十分重视。

(4)路基基底

在路堤中,堤身的填筑、竣工后铺设轨道、运行列车等都会在地基内形成附加压力。当地基土的抗剪强度大于路堤修筑时产生的附加应力和地基土的自重共同形成的剪应力时,地基内将产生与附加应力增大相应的应变;当上述剪应力大于地基土的抗剪强度时,在地基内将产生使得土体保持极限平衡状态的应力重分布,即大于土的抗剪强度的剪应力,由地基内剪应力低于土的抗剪强度的土体分担,使得地基保持稳定状态,也产生相应的应变。在地基内,如果地基土在应力重分布后仍不能保持极限平衡状态时,则路堤将随着地基的剪切破坏而破坏。所以附加荷载影响范围内,地基土的性能、状态及其承载力,对路堤堤身的稳定十分重要。在地基保持稳定时,地基内这部分土体因为应力增长而引起的变形,对估算路堤在施工和竣工后的沉降也很重要。因此,路堤下地基内承受路堤及轨道、列车等荷载作用的部分称作路堤基底。在路堑中,路基是在地基内以开挖方式构成的,开挖中地基因卸载而引起的土中应力变化,以及路堑竣工后形成的地基内新的应力分布状态,会对路堑在开挖中和竣工后的边坡稳定起重要的作用。在路堑中,路堑的基底为路堑边坡土体内和堑底路基面以下的地基内产生应力变化的部分,这部分土体的性能及状态可对路堑本体的稳定及堑体变形起重要作用。

(5)基床

路基面以下受到列车动荷载作用和受水文、气候四季变化影响的深度范围为基床。列车动应力由轨道、道床传至路基本体,然后沿深度逐渐衰减,在路基的某一深度处,列车荷载引起的动应力只占路基自重荷载的小部分(例如 1/5 或 1/10),在此深度以下,动荷载对土基的影响很小,可以忽略不计,这一深度范围内称为路基基床。路基基床分基床表层和基床底层两部分。我国高速铁路的路基的基床厚度为 3.0 m。

2)路基设备

路基设备是路基的组成部分,是为确保路基本体的稳固性而采用的必要的经济合理的附属工程措施。它包括排水设备和防护、加固设备两大类。

路基的排水设备分地面排水设备和地下排水设备两种。地面排水设备用以拦截地面径流,汇集路基范围内的雨水并使其畅通地流向天然排水沟谷,以防止地面水对路基的浸湿冲刷。地下排水设备用以拦截、疏导地下水和降低地下水位,以改善地基土和路基边坡的工作条件,防止或避免地下水对地基和路基本体的有害影响。

路基防护设备用以防止或削弱风霜雨雪、气温变化以及流水冲刷等各种自然因素对路基本体所造成的直接或间接的有害影响。路基防护设备有坡面防护设备和冲刷防护设备。坡面防护类型常见的有:种草、铺草皮、植树、勾缝与灌浆、抹面与锤面、喷浆与喷射混凝土及护墙。路基加固设备是用以加固路基本体或地基的工程设施,包括:护堤、挡土墙、支垛、抗滑桩及其他地基加固措施。

2.1.2　轨道结构组成

传统轨道结构中的钢轨直接承受了由轮对传递的车体荷载,轮缘与钢轨侧面的相互作用提供车辆转向所需要的导向力。世界少数城市采用了新型的城市轨道交通结构。一种是采用了一种新型轨道交通车辆,在钢轮轮对的外侧安装一对起承载和走行作用的橡胶轮,而原有的钢轮则只是在橡胶轮失效时起临时支撑及引导车辆过道岔的作用;一种是独轨系统,该系统完全摒弃轮钢轨,而采用橡胶轮对承载和走行的轨道交通系统;还有一种独轨交通车辆沿着特制的轨道梁走行,在车辆转向架安装了水平方向的橡胶轮对起导向作用。相类似的还有导向公共汽车、自动导轨运输系统等。磁悬浮交通和独轨交通的轨道结构可以看成一种特殊的导向梁结构。大部分的城市轨道交通系统采用传统的钢轮、钢轨,后面的叙述以此为基础。

轨道结构是由钢轨、轨枕、联结零件、道床、道岔和其他附属设备等组成的构筑物。轨道驱动、导向列车的运行,承受高速行驶轨道交通车辆的荷载,并把荷载传递给支撑轨道结构的基础。

由于城市轨道交通线路一般穿经城市区域,在设计城市轨道交通的轨道结构时,比设计城市间的铁路要多考虑一些问题:城市轨道交通运营时不可避免地会产生振动与噪声污染,这必然对城市的生活产生影响,特别在居民区、医院、学校、高精技术产业等城市敏感区域,对振动和噪声控制要求更高。除了车辆结构采取减振措施,必要时修筑声屏障外,轨道结构也要采取减振措施。轨道交通行车密度大,运营时间长,留给轨道维修作业的时间很短,因而一般采用较强的轨道结构部件。新建轨道交通系统时,在浅埋隧道和高架结构中,一般采用无砟道床等少维修轨道结构。由于城市轨道交通车辆一般采用电力牵引,以走行轨作为供电回路。为减小因漏泄电流而造成周围金属设施的腐蚀,要求钢轨与轨下基础有较高的绝缘性能。

受城市街道和建筑物所限,城市轨道交通曲线区段占很大比重,曲线半径也比城间铁路小,在巴黎等城市的地铁线路中存在半径小于100m的曲线。《地铁设计规范》(GB 50157—2003)规定正线最小曲线半径为300m,困难情况可采用250m。新设计的地铁中应尽量采用半径大的曲线,万不得已采用小半径曲线时,应考虑采用耐磨钢轨。此外,钢轨铺设前应进行预弯,运营时对钢轨应采取涂油以减少磨耗等措施。

1)钢轨

钢轨的类型习惯上以每米大致质量数来表示。目前我国钢轨类型主要有43kg/m、50kg/m、60kg/m、75kg/m。质量越大,断面尺寸越大,钢轨强度等性能指标越高。在我国城市轨道交通的线路中,早期北京地铁使用了50kg/m钢轨,新建的上海、广州地铁都采用了较重的60kg/m钢轨,以期延长维修周期。城市轨道交通的停车线、站场线等非运营线路则采用较轻的50kg/m钢轨,甚至采用43kg/m的钢轨。我国生产的钢轨长度有12.5m和25m两种基本类型,还有根据实际需要比标准长度短20cm、40cm等的缩短轨等。

(1)钢轨断面

钢轨断面的形状呈工字形,见图2-2。钢轨由轨头、轨腰、轨底三部分组成。轨头宜宽而大,应具有与车轮踏面相适应的外形;轨底应有足够的宽度和厚度,并具有必要的刚度和抵抗锈蚀的能力;轨身高与轨底宽之间应有适当的比例,轨高与轨底宽之比一般为1.15~1.20。

(2)钢轨质量特征

钢轨质量的第一个特征指钢轨的化学成分及其组织。钢轨有铁、碳、锰、硅、硼、硫等元素,其中铁是主要成分,其次是碳,碳是钢轨抗拉强度和硬度主要来源,一般含量为0.65%。锰可以提高钢的强度韧性和抗磨性能,但使钢的焊接性能大大降低。目前我国使用的道岔、辙叉部分采用锰含量较高的钢种。

钢轨质量的第二个特征是钢轨的机械性能。包括强度极限、屈服极限、疲劳极限、伸长率、断面收缩率、冲击韧性及硬度等指标。这些指标对钢轨的承载能力、磨耗、压溃、断裂以及其他伤损有很大的影响。采用淬火等工艺使普通碳素钢轨的强度和韧性都得到大幅度的提高，铺设无缝线路曲线地段宜采用淬火钢轨。

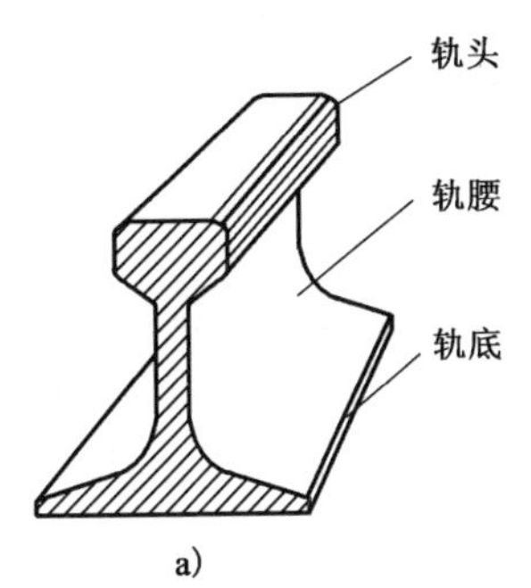

a)

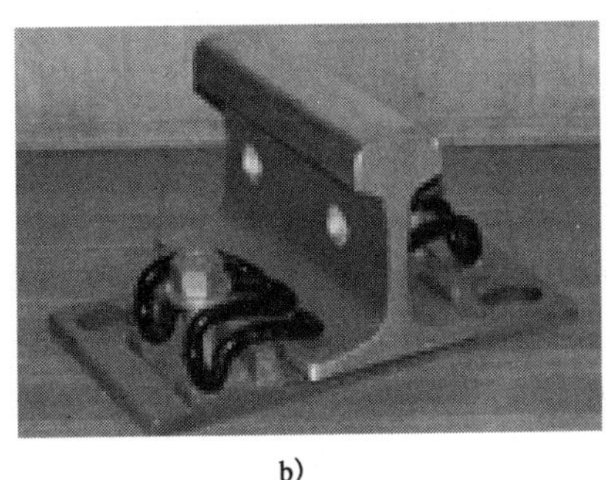

b)

图 2-2　钢轨

a)钢轨示意图;b)钢轨实物图

(3)钢轨接头

在轨道上钢轨与钢轨之间用夹板螺栓连接成为钢轨接头。钢轨接头从结构上划分为普通接头和尖轨接头两种。普通接头按照用途分为普通接头、异型接头、导电接头、冻结接头和胶结绝缘接头。尖轨接头是指接头用尖轨和弯折基本轨组成并用于特大钢桥上和无缝线路上的钢轨接头。在城市轨道交通结构中，已大量采用无缝线路结构，钢轨接头数量大大减少，但在无缝线路的缓冲区、轨道电路的绝缘区、有道岔的线路区段中，钢轨接头还是不能少的。接头的连接形式按其相对于轨枕位置，可分为悬空式和承垫式两种。钢轨接头按两股钢轨接头相互位置来看有相对式和相错式两种。我国一般采用相对悬空式，两股钢轨接头左右对齐，同时位于两根轨枕间。

钢轨接头是轨道结构的薄弱环节。一般下列位置不得有钢轨接头：桥台挡墙间的长度为 20m 及以下的明桥面上、钢梁端部、拱桥温度伸缩缝和拱顶等处前后 2m 范围内、钢梁的横梁上、平交道口、没有温度调节器的钢梁的温度跨度范围内。钢轨接头的联结零件包括夹板、螺栓、螺母、弹簧垫圈等，如图 2-3 所示。

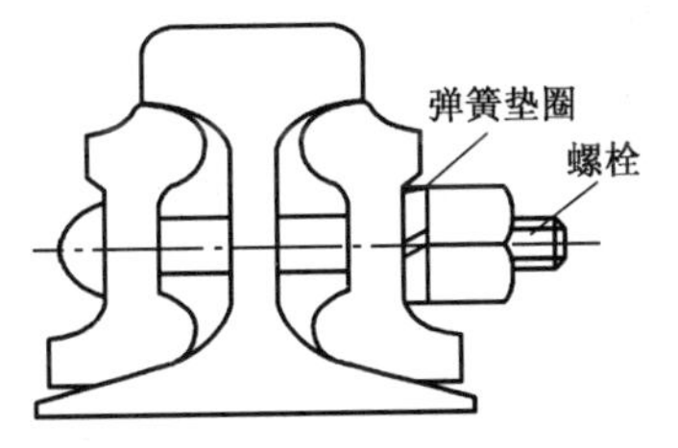

图 2-3　斜坡支承型双头对称式夹板

(4)钢轨伤损

钢轨在使用过程中常常因发生裂纹、折断和磨耗等伤损严重影响行车的安全而不到其使用期限就需进行更换。常见的伤损有轨腰螺栓孔裂纹、轨头核伤、轨头剥离等。

①轨腰螺栓孔裂纹。轨腰钻孔以后，其强度被削弱，螺栓孔周围发生较高的局部应力，在列车冲击荷载的作用下，螺孔裂纹开始形成和发展。

②轨头核伤。轨头核伤是对行车威胁最大的、最危险的钢轨伤损。在列车荷载的反复作用下，在轨头内部出现极为复杂的应力分布和应力状态，使细小裂纹横向扩展成核伤，直至核伤周围的钢材强度不足以抵抗轮载作用下的应力，钢轨发生突然脆断。

③轨头剥离。轨头剥离常发生在轨头与轮缘的内圆角接触处的圆角上，是一种破裂掉块的缺陷。防止剥离则必须改善轮轨的接触条件，改进钢的材质，提高接触疲劳强度，并加强轨

道的养护维修。

(5)钢轨磨耗

钢轨磨耗主要有垂直磨耗、侧面磨耗和波形磨耗等。

①垂直磨耗。指作用在钢轨上的垂直压力以及轨轮之间的滑动和摩擦,使得钢轨踏面垂直方向上产生的磨耗,不论在直线或曲线上都存在这种形式的磨耗。垂直磨耗随着通过质量的增加而增大,当超过允许的垂直磨耗量,钢轨必须更换。在正常情况下垂直磨耗是确定钢轨使用寿命的重要依据。

②侧面磨耗。侧面磨耗发生在钢轨的侧面,多见于在曲线的外股钢轨上。钢轨侧面磨耗的严重性,在钢轨伤损中已居突出位置。从摩擦学的角度来看,侧面磨耗属于塑性变形磨损、黏着磨损和疲劳磨损的综合磨损。伴随曲线外轨侧面磨耗的同时,在曲线内轨上可能出现轨头压溃、轨头压偏、宽度增加等现象。减少侧面磨耗的措施有:采用可减少侧面磨耗的径向转向架;采用耐磨轨;合理设置超高、轨距和轨底坡;加强曲线的养护维修,保持良好的圆顺度和方向;在曲线外轨侧面涂以润滑剂等。

③波形磨耗。钢轨波形磨耗是指钢轨顶面或侧面上呈波浪形的不均匀磨损或塑性变形。波磨依据其波长可分为两大类波纹磨耗或称短波磨耗和长波磨耗。车辆在有波形磨耗的钢轨上行驶,不但对轨道结构产生很大的附加动力荷载,而且会产生尖啸声,有人形象地称这种钢轨为噪声钢轨。减缓波形磨耗的措施有:提高轨道的弹性;减少轨道交通车辆垂向振动对轨道的影响;合理设置外轨超高;钢轨打磨。经过国外30余年的实践,打磨已发展成为多功能的现代化养护维修的技术。钢轨打磨后的使用寿命可延长50%~100%不等。

2)轨枕

轨枕是轨道轨下基础的重要部件。轨枕承受来自钢轨的压力,并传递给道床,同时,有效地保持轨道的几何形位,特别是轨距和方向。轨枕按使用目的分为:普通轨枕、岔枕、桥枕;按材料分为木枕、混凝土枕、混凝土宽枕;按构造及铺设方法分为横向轨枕、纵向轨枕、短枕。轨枕间距与每公里配置的轨枕根数有关。我国铁路规定,一般木枕轨道每公里最多为1920根,混凝土枕最多为1840根,每公里最少均为1440根。轨枕的级差为每公里80根。

(1)木枕

轨枕最初采用木材制造,经过防腐处理的木枕,使用寿命在15年左右。普通木枕标准长度为2.5m,木岔枕为2.6~4.85m。但随着森林减少和环保意识的增强,从20世纪50年代起,人们开始普遍生产钢筋混凝土轨枕。

(2)混凝土枕

混凝土枕长度为2.3~2.7m,一般均采用2.5m。混凝土枕按使用部位分为普通混凝土枕、混凝土岔枕、混凝土桥枕;按结构形式分为整体式、组合式、半枕,见图2-4;按配筋方式分为普通钢筋混凝土枕、预应力混凝土枕。

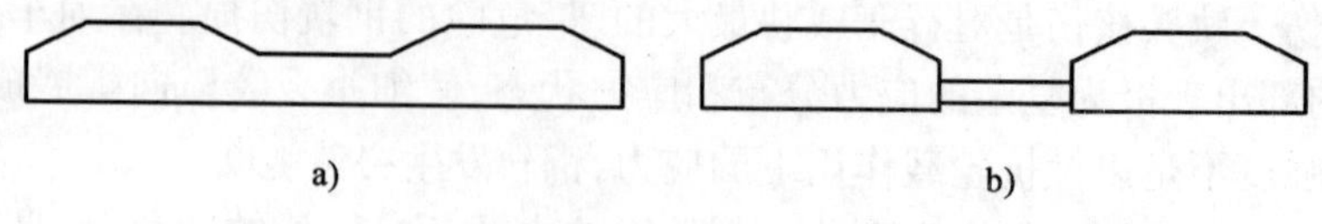

图2-4 混凝土轨枕

a)整体式;b)组合式

混凝土枕使用寿命长，稳定性高，养护工作量小，损伤率和报废率比木枕要低得多。在无缝线路上，混凝土枕比木枕的稳定性平均提高15% ~20%。混凝土轨枕因应用范围不同，长度也不同。在我国，普通混凝土轨枕长度为2.5m，道岔用的混凝土岔枕和钢桥上用的混凝土桥枕，长度有2.6 ~4.85m多种。

(3)混凝土宽枕

混凝土宽枕是一种预制的混凝土板，与混凝土枕外形相似，又称轨枕板。其制造工艺与混凝土枕基本相同。宽枕长度与普通混凝土枕长度相同，而宽度约为后者的两倍。宽枕由于宽度较大，直接铺设在预先压实的道床面上，在制造中对其厚度的控制要求较严格。混凝土宽枕在道床上是密排铺设，每公里铺1760块，每块枕上安装一对扣件，由钢轨传来的力处于宽枕轴线的对称位置，可避免荷载的偏心，宽枕铺设如图2-5所示。宽枕由于宽度较大，在纵横两个方向上都有弯矩作用，是一块支承在弹性基础上的板。

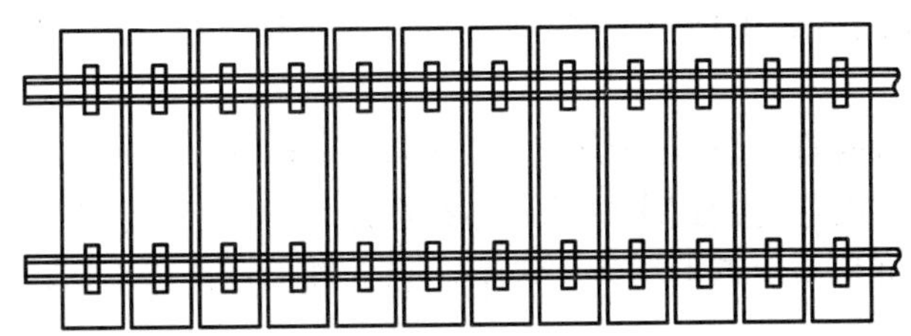

图2-5 宽枕铺设示意图

混凝土宽枕有以下五个优点：

①宽枕宽55 cm，支承面积较混凝土枕大一倍，使道床的应力大为减少。同时，每块宽枕的质量为500 kg左右，可以减小道床的振动加速度，使道床的变形减小，整个轨道结构得到加强。

②轨枕与道床接触面上的摩阻力增大，提高了轨道的横向稳定性，道床阻力增加约80%，有利于铺设无缝线路。

③宽枕密排铺设，枕间空隙用沥青混凝土封塞，把道床顶面全部覆盖起来，防止雨水及脏污侵入道床内部，从而有效地保持道床的整洁，延长道床的清筛周期。

④宽轨枕轨道的维修养护工作量很少，仅为混凝土枕轨道的1/4 ~1/2。再由于养护维修作业基本上可在轨道两旁进行，对行车干扰较少，比较适合于运输繁忙的铁路上使用。

⑤宽枕轨道外观整洁美观。

(4)横向轨枕、纵向轨枕和短轨枕

横向轨枕与钢轨垂直间隔铺设，是最常用的轨枕。纵向轨枕沿钢轨方向铺设，值得注意的是纵向布置的钢轨和轨枕之间的连接还是采用定距离配置螺栓、扣件的形式，即还是点支承的传力形式。但纵向轨枕在我国的线路中较少使用。短轨枕或称支承墩是在左右两股钢轨下分开铺设的轨枕，只用于混凝土整体道床上，我国普遍使用钢筋混凝土材料，钢筋混凝土短轨枕采用C30混凝土，宜在工厂预制，以期保证质量。

3)扣件

连接钢轨与轨枕的中间联结零件即扣件，其作用是将钢轨固定在轨枕上，即具有一定的扣压力，以保持轨距和阻止钢轨相对于轨枕的纵、横向移动。扣件必须具有足够的强度、耐久性和良好的弹性，结构力求简单，便于安装及拆卸；应具有良好的绝缘性能，以减少迷流。

扣件按扣件扣压钢轨方式，可分为弹性扣件和刚性扣件。刚性扣件本身刚度很大，扣压钢轨后，弹性很差，在城市轨道交通运营线路中很少应用，但在场线上时有使用。

扣件从其承受横向力方式，可分为有挡肩和无挡肩两种类型。一般来说，在调高量方面，无挡肩结构形式扣件优于有挡肩结构形式扣件。一般高架桥上应采用无挡肩结构形式扣件。

扣件从其扣压件紧固方式，可分为有螺栓和无螺栓两种类型。从养护维修角度考虑，无螺栓扣件比有螺栓扣件零部件少，养护维修工作量小，更适合城市轨道交通实际情况。从国内情况来看，无螺栓扣件弹条在材料的材质强度和稳定性等方面还需要进一步研究。

4）道砟道床

早期修建的地铁，如巴黎、纽约等城市，无论在隧道还是高架结构中均采用了这种道砟道床轨道。但有砟轨道存在自重大、不易保持轨道几何形态、维修工作量大、易脏污等缺陷，在新建的高架、地下轨道交通线路中已不采用有砟轨道，目前其只在轨道交通的地面线、站场线中使用。

可以用作道床材料的有碎石、熔炉矿渣、筛选卵石、有50%以上卵石含量的天然砂卵石以及粗砂和中砂等。在我国首选的道床材料是碎石道砟，多采用双层道床，上面是面砟层，下面是底砟，道床厚度（枕底以下算起）为25～50cm。道床断面如图2-6所示。

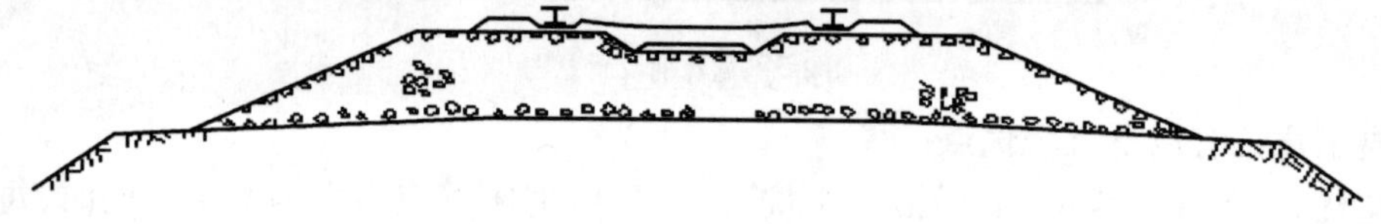

图2-6　道砟道床的断面

5）道岔

车辆由一条线路转向或越过另一条线路时的设备称为道岔。道岔有线路连接、线路交叉及线路连接与交叉等三种基本形式。常见的线路连接设备有普通单开道岔、单式对称道岔及三开道岔。线路交叉设备有直角交叉及菱形交叉。连接与交叉设备有交分道岔及各种交叉渡线。道岔类型如图2-7所示。

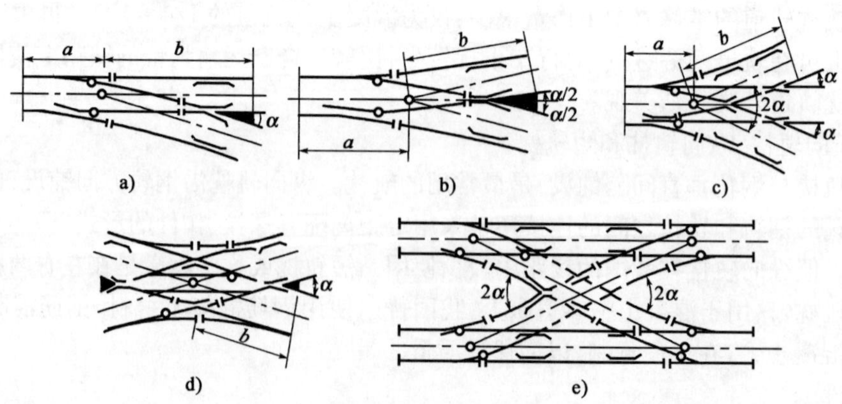

图2-7　道岔的基本类型

a）普通单开道岔；b）单式对称道岔；c）三开道岔；d）交分道岔；e）交叉渡线

城市轨道交通是布设在城市内的,基本采用双线线路,线路中间站通常不设配线,两个方向线路之间,在线路中区段内也很少有交叉、连接存在。城市轨道交通线路的道岔设备主要用于设有渡线和折返线的车站,通过设置道岔来实现车辆的转线;在车场、车辆段内,停放车辆的股道通过道岔与走行线连接。普通单开道岔占全部道岔总数的95%以上,即大多数的折返线路、停车场、车辆段的股道设置等均可由单开道岔与线路的组合来完成。单开道岔有左开和右开之分,以适应不同用途的需要。普通单开道岔由引导列车的轮对沿原线行进或转入另一条线路运行的转辙部分(或称转辙器)、为使轮对能顺利地通过两线钢轨的连接点而形成的辙叉部分、将转辙部分和辙叉连接的连接部分以及岔枕和联结零件等组成,如图2-8所示。

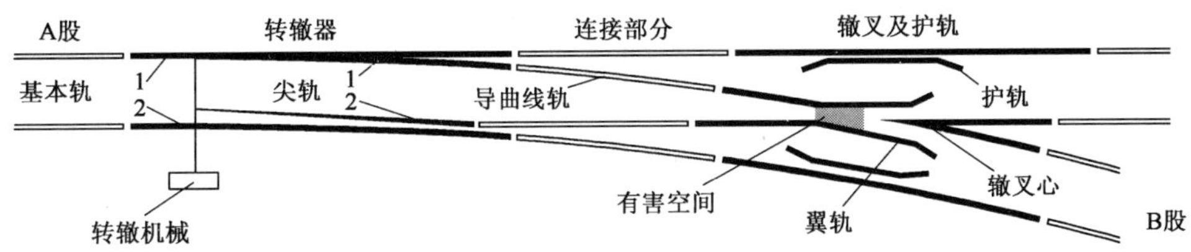

图2-8 普通单开道岔的组成

(1)转辙部分

单开道岔的转辙部分由两根基本轨、两根尖轨、各种联结零件和道岔转辙机构组成。最常用的道岔转换设备的种类有机械式和电动式。道岔转换设备必须具备转换道岔、锁闭道岔、显示道岔位置和报警等基本功能。

(2)辙叉及护轨

辙叉是使车轮从一股钢轨越过另一股钢轨的设备,它设置于道岔侧线钢轨与道岔主线钢轨相交处。辙叉由心轨、翼轨及联结零件组成,如图2-9所示。辙叉按平面形式分有直线辙叉和曲线辙叉两类;按构造分有固定式辙叉和可动式辙叉两类。在单开道岔上以直线式固定辙叉最为常用。

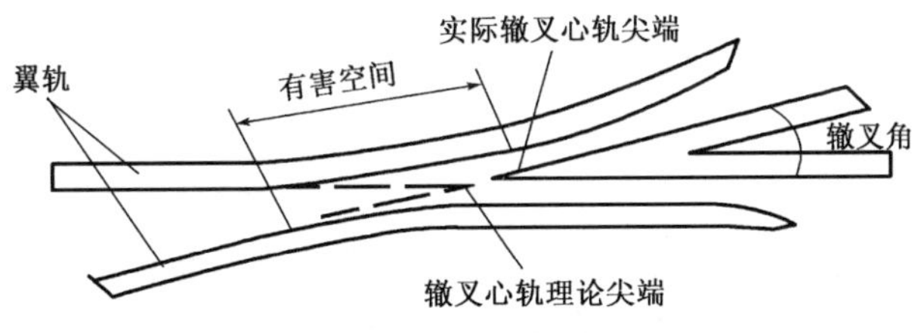

图2-9 辙叉部分结构

叉心两侧作用边之间的夹角叫辙叉角α。道岔号数和辙叉角的关系为:$N=\cot\alpha$。辙叉心轨两个工作边的延长线的交点称为辙叉理论中心(理论尖端)。由于制造工艺的原因,实际上的叉心尖端有6~10 mm的宽度,此处称为心轨的实际尖端。翼轨与心轨形成必要的轮缘槽,使车轮轮缘能顺利通过。两翼轨工作边相距最近处称辙叉咽喉。从辙叉咽喉至心轨实际尖端之间的轨线中断的距离叫有害空间。道岔号数越大,辙叉角越小,这个有害空间就越大。车轮通过有害空间时,叉心容易受到撞击。为保证车轮安全通过有害空间,在辙叉两侧相对位置的基本轨内侧设置了护轨以引导车轮的行驶方向。

(3)连接部分

连接转辙部分和辙叉部分的轨道为道岔的连接部分,它包括直股连接线和曲股连接线,如图 2-9 所示。连接部分使用的短轨,一般不短于 6.25 m,在困难的情况下不短于 4.5 m。

6)车挡

车挡设置在尽头线末端,用于阻止城市轨道交通车辆冲出尽头线或撞坏其他构筑物。国外有磁力式、液压式和滑动式车挡等类型。前两种车挡构造复杂,造价高;滑动式车挡构造较简单、适用。国内常见车挡有以下几种。

(1)沙堆弯轨式车挡

北京地铁一、二期工程采用沙堆弯轨式车挡,这种车挡被列车撞过后,车挡损坏难以修复,同时沙堆长期埋住钢轨及扣件,容易使其受到腐蚀。

(2)DT 型车挡

上海地铁 1 号线隧道内采用了国内研究设计的 DT 型车挡,如图 2-10 所示。

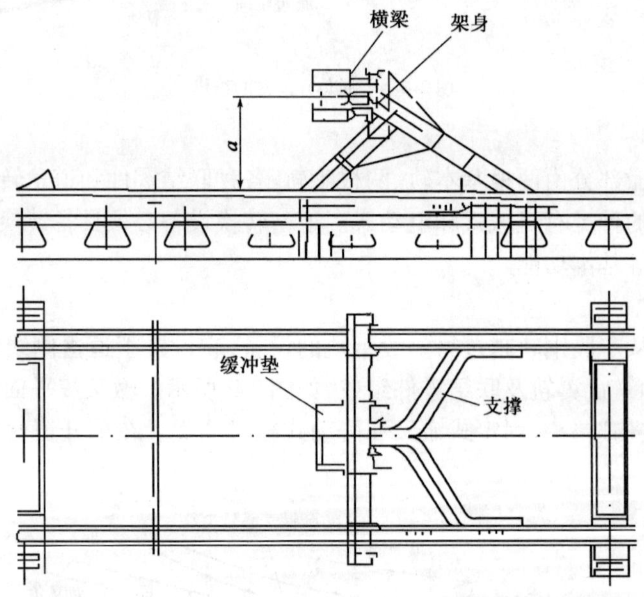

图 2-10 上海地铁使用的 DT 型车挡

这种车挡构造简单,主体架采用钢轨制造,用夹板与走行轨连接。车挡前面设有缓冲垫,能减缓撞击,又能限制车钩摆动。虽然较沙堆弯轨式车挡有较大改进,但因是固定式,被列车撞过后,车挡性能难以复原。

(3)缓冲滑动式车挡

这种新型车挡技术先进、构造合理,车挡长度 2m 左右,见图 2-11。其主要有主体架、制动轨卡和挡卡三部分。主体架用钢轨制造,底部用制动轨卡夹紧走行轨,以增加摩擦,消耗列车动能,上部设有缓冲垫阻撞车钩。两对制动轨卡分别设在主体架后面 100mm 和 180mm 左右,亦是夹紧走行轨,增加摩擦,消耗列车动能。这种车挡安装和维修简便,造价较低,外形整洁美观。车挡能阻撞车钩,滑行一段距离使列车停止,不损坏车辆和车挡,确保人身安全。

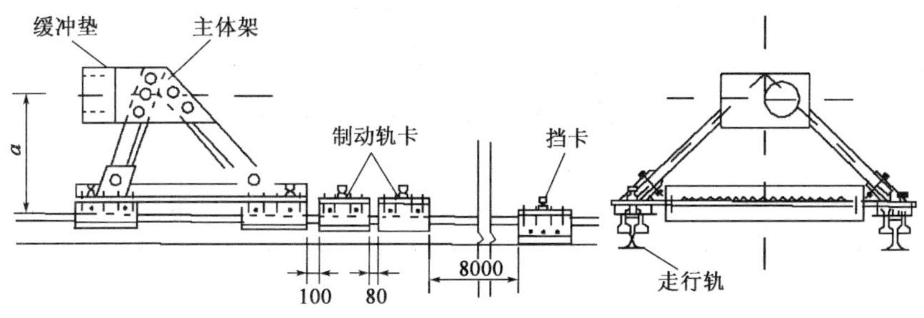

图 2-11　缓冲式车挡(尺寸单位:mm)

此外,车辆段库内可见到月牙式车挡、固定车挡、液压固定车挡及新型摩擦式车挡等多种简易车挡,如图 2-12 所示。其中,月牙式铸钢车挡构造简单实用,采用居多。

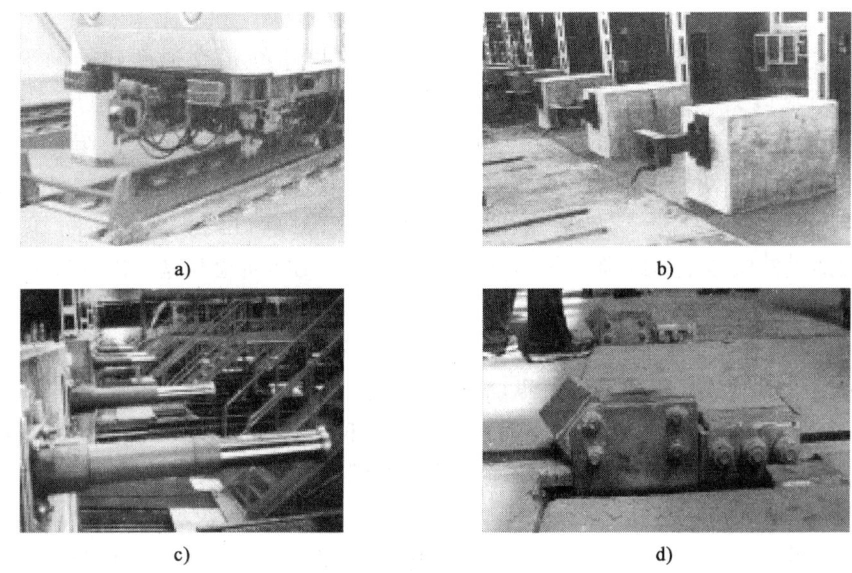

图 2-12　多种车挡图片

a)库内线月牙式车挡;b)库内线固定车挡;c)库内线液压固定车挡;d)库内线新型摩擦式车挡

2.1.3　新型轨道

1)无缝线路

无缝线路又称焊接长钢轨线路,是一种把普通钢轨焊接起来不留轨缝的线路,焊接钢轨每根长不少于 200m,实际应用的一般为 800 ~ 1000m 或更长一些。长轨是在规定温度范围内铺设并固定在轨枕上的。长轨端部有轨缝,而中间部分不能随温度升降而伸缩。钢轨中段夏季将产生很大的温度压力,冬天将产生很大的温度拉力,需要采用强大的线路阻力来锁定轨道,限制了钢轨的自由伸缩。在我国是采用高强螺栓、扣板式扣件或弹条扣件等对钢轨进行约束。实验表明,直径 24mm 的高强螺栓和六孔夹板接头可提供 400 ~ 600kN 的纵向阻力。

无缝线路大量减少了钢轨接头,减少了车轮通过接头时对钢轨的冲击。据统计,与普通线路相比,无缝线路至少能节省 15% 的日常维修费用和延长 25% 的钢轨使用寿命。新建的城市轨道交通多采取这种新技术,如北京昌平线和大兴线等。

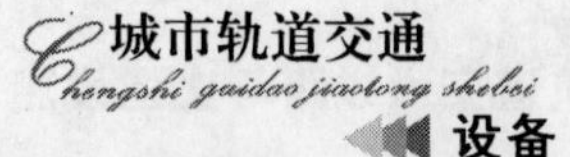

无缝线路分温度应力式与放散温度应力式两种类型。目前世界各国大多数采用温度应力式无缝线路,如图 2-13 所示。由于无缝线路中钢轨所承受的温度力的大小与轨温的变化有直接关系,锁定钢轨时必须正确、合理地选定锁定轨温,以保证钢轨冬天不被拉断、夏天不至于胀轨跑道,避免危及行车安全。

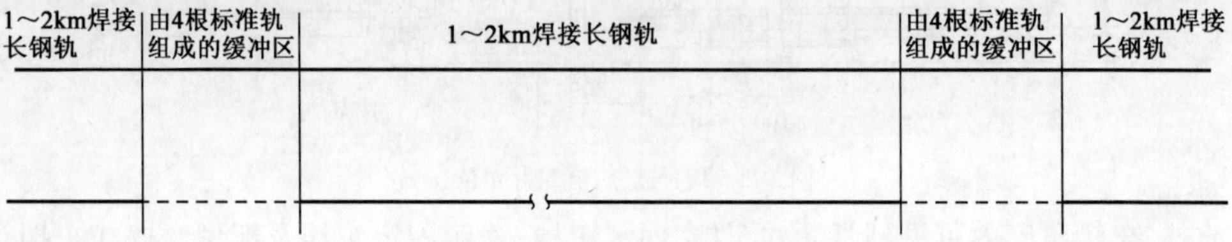

1～2km焊接长钢轨 | 由4根标准轨组成的缓冲区 | 1～2km焊接长钢轨 | 由4根标准轨组成的缓冲区 | 1～2km焊接长钢轨

图 2-13　温度应力式无缝线路示意图

2)无砟轨道

无砟轨道中常见整体钢筋混凝土道床。例如北京城市轨道交通新建的昌平线、房山线以及武汉城市轨道交通 1 号线等新建的城市轨道交通线路多采用整体道床。整体道床完全取消了道砟,路基底上是钢筋混凝土,可以保证线路稳定平顺,维修工作量很小,许多地下铁道都使用这种不使用普通轨枕及碎石道床的新型线路结构。这种线路外观整洁,适用于运量大、维修困难的地段,特别适用于隧道、地下铁道、港口码头及石质路基上铺用。中国在隧道内铺设的整体道床线路总长 300 多公里以上。无砟轨道与基床的连接形式主要有以下几种。

(1)整体灌筑式

采用就地连续灌筑混凝土基床或纵向承轨台。国外一些国家修建铁路隧道时常采用这种形式,我国香港的地铁和新建的轻轨交通也采用了这种形式,简称 PACT 型轨道。这种形式结构简单,建筑高度较小,但施工时需采用刚度较大的模架,施工较为复杂。

(2)轨枕式

把预制好的混凝土枕或短木枕与混凝土道床浇筑成一整体。早在 20 世纪 50 年代,前苏联铁路隧道整体道床就采用了这种形式,新加坡的轻轨交通和上海地铁也采用了这种形式。其最大优点是可采用轨排施工,施工进度快,施工精度也容易保证。

(3)支承块式

把预制的钢筋混凝土支承块或短木枕与混凝土道床浇筑成一体。这是世界上许多国家铁路整体道床大量采用的形式。莫斯科地铁曾使用短木枕作为支承块,我国北京和天津地铁也均采用混凝土的支承块。这种形式整体性及减振性能较差,施工较整体灌筑式简单,而比轨枕式复杂,成本较低,施工精度较整体浇灌式易保证。

(4)板式

京津城际采用了改进的板式轨道,日本铁路在新干线上也已推广使用板式轨道。这是一种新型无砟轨道,是用钢筋混凝土大板,并在大板下先用乳化沥青水泥砂浆作为调整层,也可加铺一层高分子弹性材料作垫层构成的轨道,如图 2-14 所示。这种轨道适用于石质路基或无砟桥面上,若铺在土质路基上则须另设压实的沥青混凝土承重层。这种轨道整体性好,线路稳定,维修工作量小,但成本高,施工期长。当下部结构沉降或变形过大,超出扣件可调范围时,由于轨枕板与结构或基床混凝土之间填充沥青水泥砂浆,可在此处进行调节,从这个意义上说它也优于其他整体道床的轨道结构。日本的板式轨道在板和基础结构间填充水泥沥青材料，如果换成弹性材料则可演化成降振减噪的浮置板结构轨道形式。

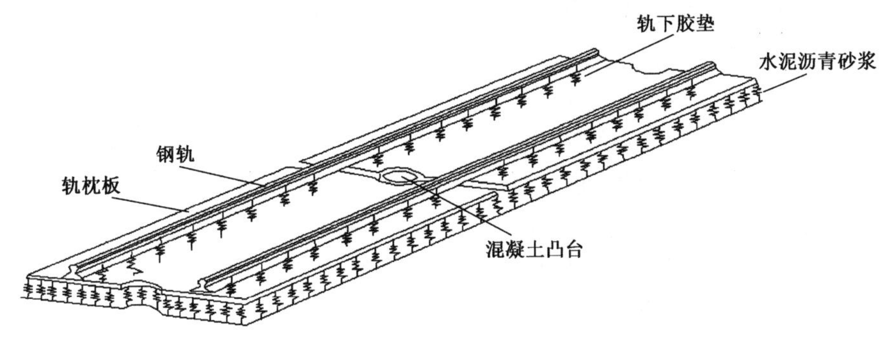

图 2-14　板式轨道结构

2.2　高架工程与地下隧道

2.2.1　高架工程

城市轨道交通的高架工程实质是指城市轨道交通中的桥梁工程。为了节省城市轨道交通系统总投资，采用高架线时，对高架结构就要求有较小的建筑高度。城市轨道交通高架工程包括高架区间和高架车站两部分，均属城市永久性建筑，在其结构设计时，必须考虑以下几点。

①高架结构的造型要与城市景观相协调。高架区间的桥梁高跨比，既要经济，又要美观；高架车站的造型要有地区特色、简明大方而不追求豪华。区间高架桥梁应注意防水、排水、伸缩缝、栏杆、灯柱、防撞墙等构件的功能和外观。

②高架桥在必要地段要设置隔声屏障，以减轻车辆运行的噪声；桥上应设置养护、维修人员及疏散旅客的安全通道。

③当高架桥跨越铁路、公路、城市道路时，桥梁孔径及桥下净空应满足有关规范的限界规定。上海城市轨道交通线规定桥下的最小净高对一般道路为 5m、城市主要道路为 5.5m、国铁支线为 5.7m、国铁和电气化铁路为 6.75m。

④当高架桥跨越一般河流时，桥梁孔径应保证设计频率洪水、流冰及其他漂浮物或船只通过的安全要求。

⑤高架结构的主要技术标准，除采用 1435 mm 的标准轨距外，其他尚未有统一标准。上海轨道交通明珠线规定的技术标准为：区间直线地段线间距不小于 3.6m；站内直线地段线间距为 3.6 ~ 4.0m；线路区间最小曲线半径为 300m；车站站台困难地段可设在半径不小于 800m 的曲线上。车场线路最小曲线半径为 150m；线路最大纵坡区间正线为 30‰，其他线为 35‰，车站站台在困难地段可设在 5‰的坡道上；线路竖曲线半径一般情况为 5000m，困难地段为 3000m。

⑥在直线及 $R \geqslant 400$m 的曲线地段，应设钢筋混凝土护轮矮墙结构，在 $R < 400$m 的曲线地

段，应设安全护轮轨。

⑦高架结构的施工，应考虑到尽可能避免对城市交通和市民生活的干扰，在施工现场，应不中断原有市内交通，设法降低噪声，特别要避免在邻近原有建筑物采用打入桩，对地下管线要调查探明，若与结构基础有干扰，要采取适当的措施。

1）桥梁的组成及分类

桥梁一般讲由五大部件和五小部件组成，五大部件是指桥梁承受运输荷载的桥跨上部结构与下部结构，是桥梁结构安全的保证，包括桥跨结构（或称桥孔结构、上部结构）、支座系统、桥墩、桥台、墩台基础。五小部件是指直接与桥梁服务功能有关的部件，过去称为桥面构造，包括桥面铺装、防排水系统、栏杆、伸缩缝、灯光照明。

桥梁按不同属性有不同的分类方法。

①按用途，桥梁分为公路桥、铁路桥、公路铁路两用桥、农用桥、人行桥、运水桥和专用桥梁（如管路电缆）等。

②按桥梁全长和跨径，桥梁分为特大桥、大桥、中桥和小桥，见表2-1。

桥梁按照跨径的分类 表2-1

桥 梁 分 类	多孔跨径总长 L(m)	单孔跨径 L_0(m)
特大桥	$L>500$	$L_0>100$
大桥	$100\leqslant L\leqslant 500$	$40\leqslant L_0\leqslant 100$
中桥	$30<L<100$	$20\leqslant L_0<40$
小桥	$8\leqslant L\leqslant 30$	$5<L_0<20$
涵洞	$L<8$	$L_0<5$

③按结构，桥梁分为梁式桥、拱桥、钢架桥、缆索承重桥（斜拉桥和悬索桥）四种基本体系，此外还有组合体系桥。

④按主要承重结构所用材料，桥梁分为混凝土桥（包括砖、石、混凝土桥）、钢筋混凝土桥、预应力混凝土桥、钢桥和木桥等。

⑤按跨越障碍物的性质，桥梁分为跨河桥、跨线桥（立体交叉）、高架桥和栈桥等。

⑥按上部结构的行车道位置，桥梁分为上承载式桥、下承载式桥和中承载式桥。

⑦按使用年限，桥梁分为永久性桥、半永久性桥和临时桥。

高架线路桥的上部结构，一般多采用简支梁或连续梁或刚架，悬臂梁较为少见。用简支梁时，为保证桥面行车平顺，常做成桥面连续的简支梁。桥的跨度不大时，为了美观，可用板式结构，板的厚度可以是不变的，或只有沿横桥方向是变化的，也有做成筒状结构的。跨度较大时，常做成箱形截面。箱形截面的两侧伸出桥面板以扩大桥面，其下用窄墩，形成脊骨式的结构，特别是在曲线桥中，较为美观、实用、经济，很受欢迎。桥梁总体规划的基本内容包括：桥位选定、桥梁总跨径及分孔方案的确定、选定桥型、决定桥梁的横纵断面布置等。

我国现在桥梁设计一般分初步设计阶段、施工图阶段两阶段设计。桥梁设计前一般需要做如下资料准备：调查桥梁的使用任务、测量桥位附近的地形制成地形图、调查和测量河流的水文情况、探测桥位的地质情况、当地施工单位的技术水平、施工机械装备情况、施工现场的动力和电力供应情况、建桥地点的气象资料和河流上下游原有桥梁的使用情况等。桥梁工程设计过程中要点包括:选择桥位、确定桥梁总跨径与分孔数、桥梁的纵横断面布置、桥型的选择等。

2)高架区间桥跨结构

桥跨结构形式,是指高架工程的上部结构采用何种结构形式的桥型,一般有:梁式桥、拱式桥、刚架桥、斜拉桥、悬索桥等。

(1)梁式桥

梁式桥是一种在竖向荷载作用下无水平反力的结构。梁式桥按承重结构的静力体系分类包括简支梁桥、悬臂梁桥、连续梁桥。

其中简支梁桥属单跨静定结构,易于工厂化施工,目前应用广。这种结构形式简单,施工方便,适用于对地基承载力的要求不高、通常跨径在25m以下的桥梁。当跨度大于25m并小于50m时,一般采用预应力混凝土简支梁式桥的形式。城市轨道交通高架工程中常用的是连续梁、连续钢构、系杆拱之类的大跨度桥梁组合结构体系。

连续梁桥是两跨或两跨以上连续的梁桥,主梁连续支承在几个桥墩上,属于超静定体系,如图2-15所示。连续梁在恒活载作用下,主梁的不同截面上有的有正弯矩,有的有负弯矩,而弯矩的绝对值均较同跨径桥的简支梁小,产生的支点负弯矩对跨中正弯矩有卸载的作用,使内力状态比较均匀,因而梁高可以减小,可以增大桥下净空。墩台的不均匀沉降会引起梁体各孔内力发生变化,连续梁一般用于地基条件较好的条件,在中等跨径桥梁中常用,在30~120m跨度内常是桥型方案比选的优胜者,预应力混凝土连续梁桥是其主要结构形式,它具有桥面伸缩缝少、刚度大、整体性好、承载能力大、行车平顺舒适等优点。

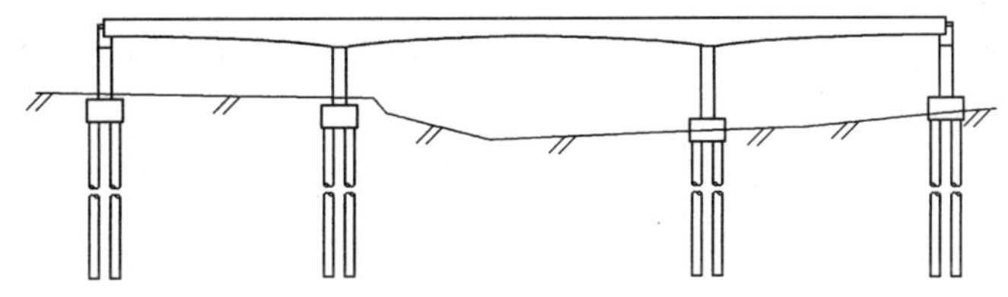

图2-15 钢筋混凝土连续梁示意图

高架区间桥梁可以区分为一般地段的桥梁和主要工程节点的桥梁。一般地段的桥梁结构形式简单,工程数量却可能占据全线高架桥的大部分份额,例如上海轨道交通明珠线一期工程一般地段桥梁全长18.71km,占高架线80%以上。

高架工程结构形式的选择必须多方比较。从城市景观和道路交通功能考虑,宜选用较大的桥梁跨径给人以空透舒适感;按桥梁经济跨径的要求,当桥跨结构的造价和下部结构包括墩台和基础造价接近相等时最为经济;着眼加快工程进度时宜大量采用预制预应力混凝土梁。实际上,一般地段桥梁形式的选定往往是因地制宜综合考虑的结果。

跨越主要道路、河流及其他市内交通设施的主要工程节点可以采用任一种适用于城市桥梁的大跨度桥梁结构体系,但必须与当地城市景观相协调。采用最多的也是连续梁、连续钢构、系杆拱之类。例如,上海轨道交通明珠线横跨中山西路桥采用跨度80m+112m+80m的双壁墩预应力混凝土连续钢构;跨中山北路桥采用30m+55m+30m的连续梁,边孔为预应力混凝土梁,中孔为钢与钢筋混凝土结合梁的混合式结构;跨漕溪路桥采用54m+128m+54m的预应力混凝土系杆拱连续梁;跨苏州河桥采用跨度25m+64m+25m的中承式钢管混凝土拱。

(2)其他种类桥

拱式桥是以拱圈或拱肋作为主要承载结构。这种结构在竖向荷载下,桥墩或桥台将承受水平推力。拱的跨越能力大,外形也较美观,因此一般修建拱桥是经济合理的。

钢架桥的主要承重结构是梁或板和立柱或竖墙构筑成整体的钢架结构,且梁与柱的连接处具有很大的刚性。因此在竖向荷载作用下,梁主要承受弯矩,而柱脚处也有水平反力,其受力状态介于梁式桥和拱式桥之间,对钢架桥,通常是采用预应力混凝土结构。

斜拉桥由斜拉索、塔柱和主梁所组成,是一种高次超静定的组合结构体系。斜拉桥根据跨度大小的要求以及经济上的考虑,可以建成单塔式、双塔式或多塔式等不同类型。通常的对称断面及桥下净空要求较大时,多采用双塔式斜拉桥。一般地,在跨度为 200 ~ 700m 的桥梁中,斜拉桥在技术上和经济上都具有相当优越的竞争力。

悬索桥,也称为吊桥,采用悬挂在两边塔柱上的吊索作为主要承重结构。在竖向荷载作用下,通过吊杆的荷载传递使吊索缆绳承受很大的拉力,因此,通常需要在两岸桥台的后方修筑非常巨大的锚锭结构。悬索桥也是具有水平反力的结构。在现代悬索桥结构中,广泛采用高强度钢缆绳,以发挥其优异的抗拉性能。

除了以上几种桥的基本形式外,在工程实践中,还采用几种桥型的组合结构,如梁和拱的组合体系,斜拉索与悬索的组合体系等。

3)高架结构墩与基础

高架工程的下部结构包括墩和基础。在高架结构的总体设计中,下部结构除应有足够的强度和稳定性以避免在荷载作用下的过大位移和转动外,对其造型亦有严格的要求。但造型常受地形、地貌、交通等限制,又与城市建筑及环境密切相关,合理的选型能使上、下部结构协调一致、轻巧美观,使行人有一种愉快的感觉。确定高架桥的下部结构,应遵循安全耐久,满足交通要求、造价低、维修养护少、预制施工方便、工期短、与城市环境和谐、桥墩位置和形状要尽量多透空、少占地等原则。对于全线高架桥,宜减少桥墩类型。

(1)高架桥墩形式

桥梁的支承结构为桥墩与桥台。桥台是桥梁两端桥头的支承结构,是道路与桥梁的连接点。桥墩是多跨桥的中间支承结构,桥墩由墩帽、墩身和基础组成。桥墩的作用是支承从其左右两跨的上部结构通过支座传来的竖向力和水平力。桥墩在结构上必须有足够的强度和稳定性,在空间上应满足通航和通车的要求。目前,适用于城市高架桥的桥墩形式有 T 形桥墩、双柱式桥墩和 Y 形桥墩等。

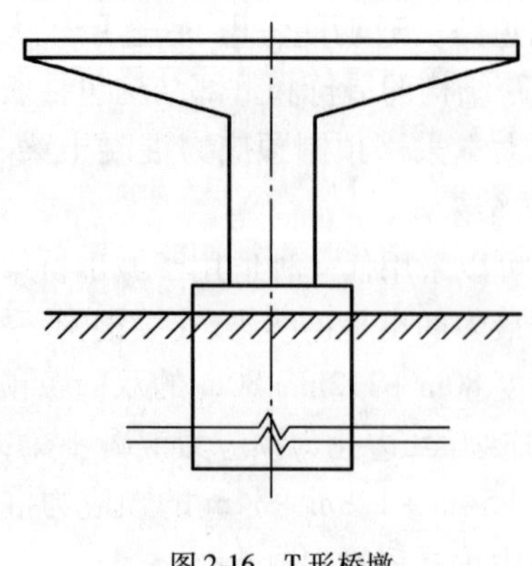

图 2-16　T 形桥墩

①T 形桥墩:占地面积小,是城市轨道交通高架桥中最常用的桥墩形式。这种桥墩既为桥下交通提供最大的空间,又能减轻墩身重量,节约用工材料,轻巧美观,特别适用于高架梁和地面道路斜交的情况。T 形桥墩由基础之上的承台、墩身和盖梁组成,如图 2-16 所示。墩身一般为普通钢筋混凝土结构,圆形、矩形或者六角形。大伸臂盖梁,承受较大的弯矩和剪力,可采用预应力混凝土结构。墩身高度一般不超过 8 ~ 10m。

②双柱式桥墩:在横向形成钢筋混凝土刚架,受力情况清晰,稳定性好,其盖梁的工作条件比 T 形桥墩的盖梁有利,无须施加预应力,其使用高度一般在 30m 以内,常用的形式如图 2-17a)所示。河中桥墩为了避免被较大的漂流物卡在两柱之间影响桥梁安全,可做成如图 2-17b)所示的哑铃式。在城市立交桥中,哑铃式墩可抵抗更大的侧向撞击力,也可在高水位以上或撞击高度以上分为两柱,以下部分端为实体圆形墩,如图 2-17c)所示。上海轨道交通明珠线的双柱式桥墩设计成无盖梁结构,上部结构箱梁直接支承在双柱上,双柱上部设一横系梁,这种构造须在箱梁内设置强大的端横隔板。

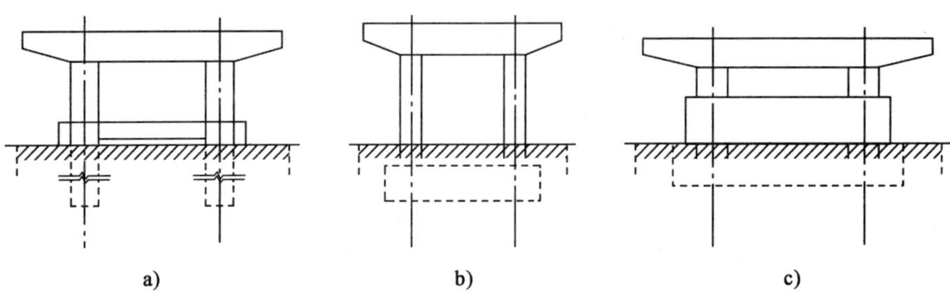

图 2-17　双柱式桥墩

③Y 形桥墩:如图 2-18 所示,它结合 T 形桥墩和双柱式桥墩的优点,Y 形桥墩下部呈单柱式,占地面积小,有利于桥下交通,空透性好;而上部则呈双柱式,对盖梁工作条件有利,无须施加预应力,造型轻巧美观,施工虽然比较复杂,尚无太大困难。

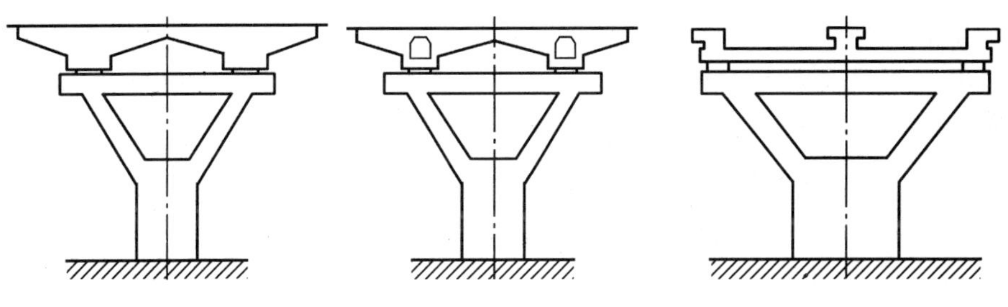

图 2-18　Y 形桥墩

(2)高架结构基础

高架工程下部结构与地基接触的部分称为基础。基础是高架工程最下部的结构,它直接坐落在岩石或土地基上,其顶端连接桥墩或桥台,合称为桥梁下部结构。基础的作用是承受上部结构传来的全部荷载,并把它们和下部结构荷载传递给地基。因此,为了全桥的安全和正常使用,要求地基和基础要有足够的强度、刚度和整体稳定性,使其不产生过大的水平变位或不均匀沉降。

与一般建筑物基础相比,桥梁基础埋置较深,其原因是:由于作用在基础上的荷载集中而强大,加之浅层土一般比较松软,有必要把基础向下延伸,置于承载力较高的地基上;对于水中墩台基础,由于河床受到水流的冲刷,桥梁基础必须有足够的埋深,以防冲刷基础底面而造成桥梁沉陷或倾覆事故。一般规定桥梁的明挖、沉井、沉箱等基础的基底按其重要性和维修加固难易,应埋置在河床最低冲刷线以下至少 2 ~5m。对于冻胀土地基,基底应在冻结线以下至少 0.25m;对于陆地墩台基础,除考虑地基冻胀要求外,还要考虑生物和人类活动及其他自然因素对表土的破坏,基底应在地面以下不小于1.0m;对于城市桥梁,常把基础顶置于最低水位或地面以下,以免影响市容。按构造和施工方法不同,高架工程基础类型可分为:明挖基础、桩基础、沉井基础、沉箱基础和管柱基础。高架结构基础除了所述基本类型外,还可根据不同地质和水文条件而采用一些组合型基础结构。

①明挖基础:也称扩大基础,系由块石或混凝土砌筑而成的大块实体基础,其埋置深度可较其他类型基础浅,故为浅基础。立面往往砌成台阶形,平面将根据墩台截面形状而采用矩形、圆形、T形或多边形等。在陆地开挖基坑,将视基坑深浅、土质好坏和地下水位高低等因素判断是否采用坑壁支持结构,在水中开挖则应先筑围堰。明挖基础适用于浅层土较坚实,且水流冲刷不严重的浅水地区。由于构造简单,埋深浅,施工容易,可以就地取材,造价低廉,广泛用于中小桥涵及旱桥。中国赵州桥就是在亚黏土地基上采用了这种桥基。

②桩基础:是由许多根打入或沉入土中的桩和连接桩顶的承台所构成的基础。外力通过承台分配到各桩头,再通过桩身及桩端把力传递到周围土及桩端深层土中,属于深基础。在深基础中桩基础的结构轻,施工机械化程度较高,施工进度较快,是较经济的基础结构。有时基础要承受较大的水平力,如桥墩基础要承受来自左右方向的水平荷载,其桩基可采用双向斜桩。有一些梁式桥的桥台主要承受来自一侧的土压力,多采用单向斜桩。若桩径很大,比如常用的大直径钻孔桩具有相当大的刚度,则可不加斜桩而做成垂直桩基。桩基础常用的桩材为木材、钢筋混凝土和钢材。钢筋混凝土桩的强度和耐久性均较木桩为优,多用于较大或重要桥梁,但当遇到含盐量较高的水文地质条件,也有腐蚀问题,应采取防护措施。在城市轨道交通高架结构中钢筋混凝土桩基础使用较多。

③沉井基础:沉井是四周有壁下部无底,上部无盖通常是钢筋混凝土做成的筒形结构物,一般先在地面或人工岛面上制作井筒,就地在井下不断挖土、运出。随着井内土面逐渐挖深,沉井依靠本身自重,克服井壁与土层之间阻力及脚下土的阻力不断下沉,直至预订的设计高程。该基础是一种古老而且常见的深基础类型,刚性大,稳定性好,与桩基相比,在荷载作用下变位甚微,具有较好的抗震性能,尤其适用于对基础承载力要求较高,对基础变位敏感的桥梁。如大跨度悬索桥、拱桥、连续梁桥等。

④沉箱基础:在桥梁工程中主要指气压沉箱基础。它主要用于大型桥梁,当水下土层中有障碍物而沉井无法下沉,桩无法穿透时;或地基为不平整的基岩且风化严重,需要人员直接检验或处理时,常采用沉箱基础。气压沉箱是一种无底的箱形结构,因为需要输入压缩空气来提供工作条件,故称为气压沉箱或简称沉箱,工作人员用机具、机械挖除沉箱底下的土石,使沉箱在其自重及其他压重作用下,克服阻力下沉。沉箱工程施工难度大,水下下沉深度也受到一定限制,故现今一般较少采用。

⑤管柱基础:是一种深基础,管柱外形类似管桩,其区别在于:管柱一般直径较大,最下端一节制成开口状,在一般情况下,靠专门设备强迫振动或扭动,并辅以管内排土而下沉,如落于基岩,可以通过凿岩使锚固于岩盘;而管桩直径一般较小,桩尖制成闭合端,常用打桩机具打入土中,一般较难通过硬层或障碍,更不能锚固于基岩。大型管柱的外形又类似圆形沉井,但沉井主要是靠自重下沉,其壁较厚,而管柱是靠外力强迫下沉,其壁较薄。管柱基础适用于较复杂的水文地质条件,尤其在某些特殊条件下,更能显示其广泛适应性。如中国武汉长江桥桥址

的条件为:持力层在水面之下深达40m而洪水期长达8个月,河床覆盖层很浅,不能用管桩基础;基岩表面不平,在同一墩位处高差达5~6 m,也不能用沉井基础。在此情况下,以管柱基础最为适宜,它不受水深限制,且下端可锚固于岩盘,无需较厚的覆盖层维持柱体稳定,而基础是由分散的柱体支承于岩面,故岩面不平也易于处理。

4)高架车站结构

随着城市轨道交通的迅速发展,线路高架化越来越多,高架车站也应运而生。高架车站属地上高架结构,轨道列车运行于结构最上层,既非单一的房屋结构,也非单一的桥梁结构,而是桥梁和房建融合在一起的结构体系。在高架车站结构设计时,需综合考虑各方面因素,才能进行结构的选型和设计。

高架车站的结构形式,首先应满足车站的功能布置要求,并结合当地的城市规划、地面道路及工程地质条件等综合考虑而定。目前,国内外高架车站多为2~4层,站台层位于结构最上层,与区间高架桥连接。一般采用现浇或预制钢筋混凝土结构,优先采用预应力混凝土结构。高架车站常见的结构形式有钢筋混凝土空间框架结构、桥梁式结构、框架+桥梁式结构三种。

(1)空间框架结构

空间框架结构属桥梁、房建结合方案,如图2-19所示。高架车站先形成空间框架结构,再于其上形成连续板梁,同时将桥墩作为房屋框架结构的一部分。该结构体系柱网简单,受力合理,结构整体性和稳定性好。此外,框架纵、横梁对桥墩均能起到约束作用,减少了桥墩计算高度,降低了线路高程和建筑标高,可节省工程造价。

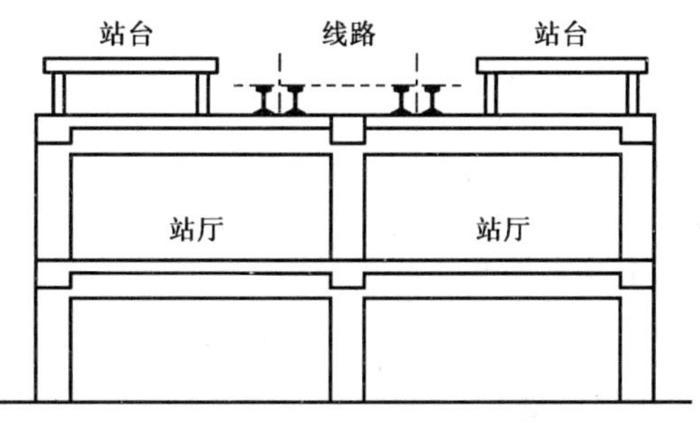

图2-19　钢筋混凝土空间框架车站结构示意图

高架车站的荷载与房屋建筑一般所受荷载完全不同,活载比重大,受载点不断变化。框架结构受载不均匀易造成基础的不均匀沉降,特别是在地质条件不好的地段。一旦发生基础不均匀沉降,将损坏结构,修复困难。

当列车以一定速度通过高架车站时,高架车站会产生振动。高架车站的振动控制成为结构分析和设计的关键问题。南京地铁南北1号线工程共有5座高架车站,均采用空间框架结构体系,框架横向为三柱两跨,纵向柱距为8~12m,行车道梁采用钢筋混凝土板梁,简支或连续支承于框架横梁上。

(2)桥梁结构

该结构属于桥建结合方案,高架站先形成桥梁结构,再在桥上布置站台,如图2-20所示。

桥跨结构可选择的断面形式有箱梁、T形梁、板梁和槽形梁等。箱梁截面抗扭刚度大,整体受力性能和动力稳定性好,广州地铁2号线高架车站采用了箱梁。T形梁刚度大,材料用量省,还可采用预制吊装法施工,宜优先采用。

(3)框架+桥梁式结构

框架桥梁结构属于桥建分离方案,如图2-21所示。主体结构分为两个部分,即车站建筑和高架桥。车站建筑包在高架桥之外,高架桥从房屋建筑中穿过,两者在结构上完全分开,受力明确,传力简洁。

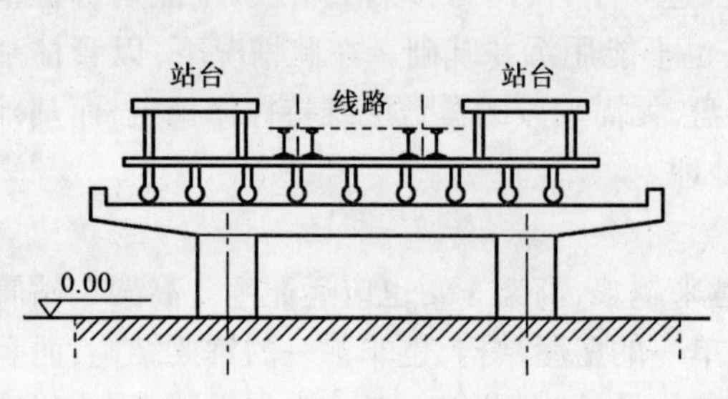

图 2-20　T 形梁双柱墩桥梁车站结构

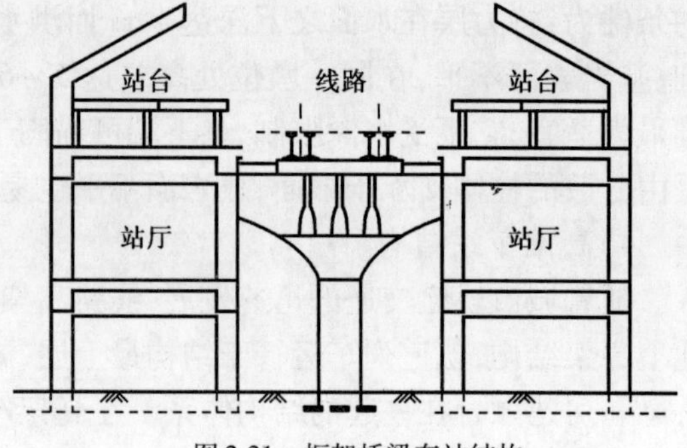

图 2-21　框架桥梁车站结构

车站建筑和高架桥受力分别自成系统,可防止列车运行对车站的不利影响,解决基础的不均匀沉降和车站建筑的振动问题。明珠线部分高架车站采用了这种结构形式。

上述三种结构体系,从使用功能上看,空间框架结构体系和框架桥梁结构体系适用于大中型车站,桥梁结构体系适用于小型车站和中间站。对于大型车站而言,从结构性能上对比,框架桥梁结构优于空间框架结构,框架桥梁结构体系可发挥桥梁结构和框架结构各自的特点和优越性。高架桥适于承受列车快速移动荷载,框架结构在各类车站站房中广泛采用,给车站的功能布置和使用带来方便。

2.2.2　地下隧道

隧道就是地下通道,隧道可以为行人、脚踏车、机动车、铁路车辆、水或其他特定对象包括军事及商业物流等提供通道。城市轨道交通地下隧道是专门为城市轨道车辆提供通道的建筑物。隧道结构由主体建筑物和附属建筑物两部分组成。隧道的主体建筑物由衬砌和洞门组成,附属建筑物是为了养护维修工作以及供电、通信等需要修建的,包括:防排水设施、避车洞、电缆槽、通风道等。本节只介绍主体部分。

1)隧道的结构类型

(1)隧道断面形式

隧道有矩形、拱形、圆形、多圆形及椭圆等断面形式。矩形断面分单跨、双跨两种,其内轮廓与区间隧道建筑限界接近,内部净空可以得到充分利用,便于顶板上敷设城市地下管网设施。一般矩形断面形式及大致尺寸如图 2-22 所示。

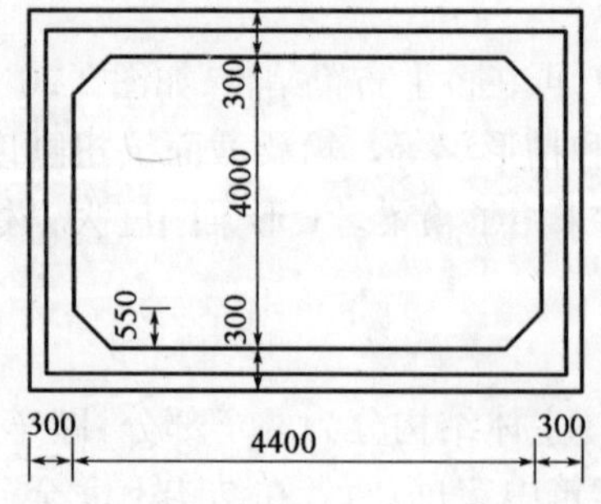

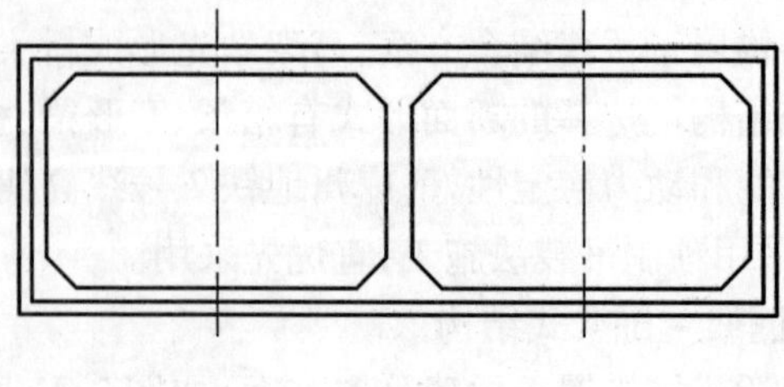

图 2-22　矩形断面形式(尺寸单位:mm)

拱形断面有单拱、双拱和多跨连拱三种形式，如图 2-23 所示。前者多用于单线或双线的区间隧道或联络通道，后两者多用在停车线、折返线或喇叭口岔线上。圆形断面形式具有结构受力合理、线路纵向坡度、平面曲线半径变化不会改变断面形状、对内净空利用的影响少等特点，如图 2-24 所示。目前国内广州、上海、南京等城市的地铁圆形区间隧道内径均为 5.3m。近年来开发了双圆、三圆、马蹄、椭圆、矩形等多种盾构断面形式，双圆的盾构断面形式如图 2-25 所示。

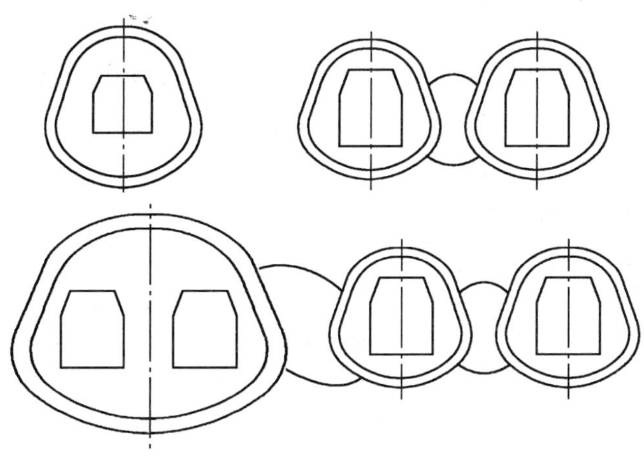

图 2-23　拱形断面区间隧道示意图（单跨、双跨、多跨）

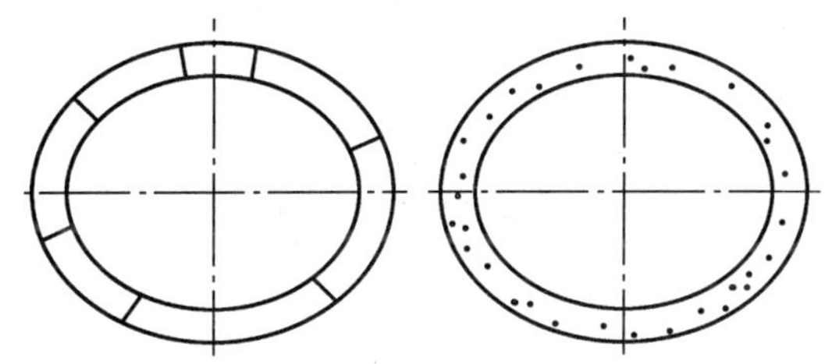

图 2-24　圆形断面区间隧道示意图
（单层装配式、挤压混凝土整体衬砌）

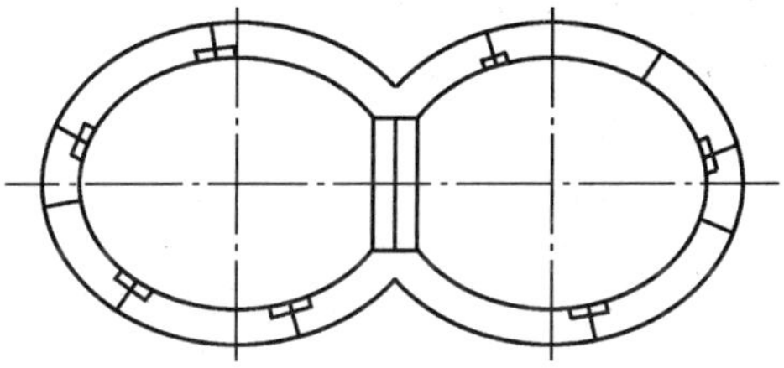

图 2-25　双圆形断面区间隧道示意图

（2）隧道的衬砌结构

隧道开挖后，为了保持围岩的稳定性，一般需要进行支护，即为衬砌。隧道衬砌方式有三种：一是从外部支撑坑道的围岩，如整体式混凝土衬砌、砌石衬砌、拼装式衬砌、喷射混凝土衬砌等；二是对围岩进行加固提供围岩的稳定性，如锚杆支护、锚喷支护、压入浆液等；三是混合支护，采用内部外部混合一起的衬砌。明挖法建造的矩形断面隧道衬砌可采用整体浇筑和装配式钢筋混凝土结构。整体浇筑的衬砌整体性好、防水性能容易得到保证，适用于各种工程地质和水文地质条件。装配式衬砌整体性较差，防水较困难，目前已较少采用。

①拱形断面隧道的衬砌结构

拱形断面隧道的衬砌，一般是由初期支护、防水层和二次衬砌组成的复合式衬砌结构，图 2-26 为北京地铁单线区间隧道的复合式衬砌。外层为喷锚支护，对围岩起加固作用，并控制围岩变形，防止围岩松动失稳，一般应在开挖后立即施作，并应与围岩密贴。所以，最适宜采用喷锚支护，根据具体情况选用锚杆、喷混凝土、钢筋网和钢支撑等单一或并用而成。内层为模筑混凝土或喷混凝土二次衬砌，通常在支护封闭后尽快施作，其承受的荷载与施作的时间有关，并承受外静水压力、围岩蠕变或因围岩性质恶化和初期支护腐蚀后引起的后续荷载，提供光滑的通风表面等。防水层的作用是防水和减少二次衬砌因混凝土收缩而产生的裂缝，一般选用抗渗性能好、化学性能稳定、耐久性好，并有足够的柔性、延伸性和抗拉、抗剪的塑料或橡胶制品。

干燥无水的坚硬围岩中的隧道衬砌亦可采用单层的喷锚支护，不做防水隔离层和二次衬砌，但此时喷混凝土的施工工艺和抗风化性能都应有较高的要求，衬砌表面要平整。不允许出现大量的裂缝。在防水要求不高，围岩有一定的自稳能力时，区间隧道亦可采用单层的模筑混凝土衬砌，不做初期支护和防水层。

②圆形断面隧道的衬砌结构

盾构法修建的圆形断面隧道衬砌结构，常见有单层和双层衬砌。单层衬砌是在盾尾内一次拼装组成的，施工中起到支撑围岩和承受盾构推力的作用，成环后成为永久性结构；双层衬砌，包括一次衬砌和二次衬砌，一次衬砌的结构与单层衬砌相同，二次衬砌通常是用来提高结构的刚度、加强管片防水和防锈的能力，起到内部装修的作用，在地铁中，还以此作为防振措施。

单层衬砌一般采用施工迅速、安装容易的预制装配式管片结构或挤压混凝土整体式衬砌结构。国内现有的地铁盾构隧道，以单层管片衬砌为主，预制装配式衬砌环的分块方式，如图 2-27 所示。

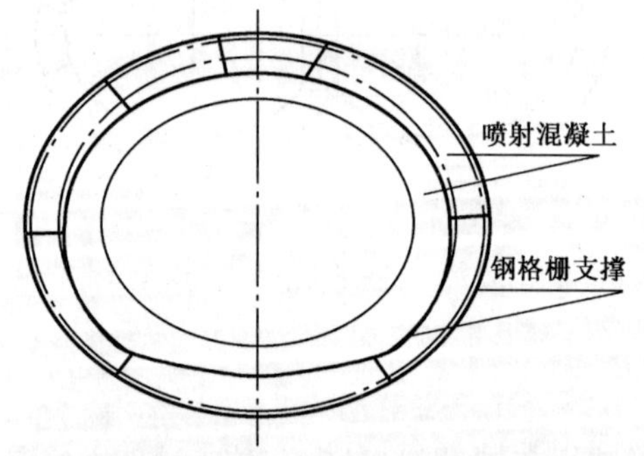

图 2-26　北京地铁单线区间隧道的复合式衬砌示意图

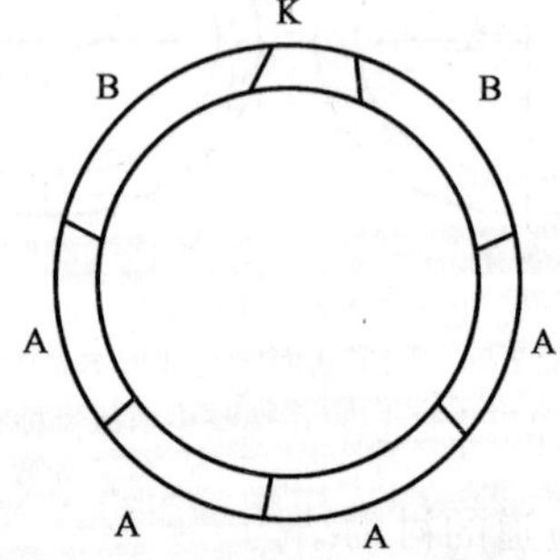

图 2-27　一环衬砌环的分块示意图

从防水和拼装速度方面，希望衬砌环分块越少越好，但从运输和拼装方便方面，又希望分块数多些。通常直径小于 6 m 的隧道衬砌环，以分 4 ~ 6 块为宜；直径大于 6 m 时，以分 6 ~ 8 块为宜。上海和广州地铁均为 6 块。衬砌环的拼装方式有错缝和通缝两种，错缝即沿着隧道纵向每环的衬砌块接缝错开，这样可使接缝均匀，减少接缝以及整个衬砌环的变形，整体刚度较大。

挤压混凝土衬砌是随着盾构机的掘进，用一套衬砌施工设备在盾尾同步灌筑的混凝土或钢筋混凝土整体式的衬砌，主要用以承受盾构千斤顶推力的挤压作用。挤压混凝土衬砌可以是素混凝土、钢筋混凝土或钢纤维混凝土，该结构具有内表面光滑、衬砌背后无空隙、控制地层移动特别有效的特点，但需要较多的施工设备，如混凝土成型用的框模、拼拆框模的系统、混凝土配制车、泵、阀、管等组成的混凝土制备输送系统等。此外，混凝土的制备输送、钢筋架立等工艺较为复杂，该工艺在渗漏性较大的土层中要达到防水要求尚有困难。双圆盾构隧道的衬砌结构比圆形断面隧道形式更复杂一些，衬砌管片形式更多样一些。

2）隧道的施工方法

在城市中修建城市轨道交通隧道，要根据隧道埋深、地面环境和城市环保要求，从技术和经济等方面综合考虑选择施工方法。常用的方法有明挖法、新奥法、浅埋暗挖法和盾构法。在场地开阔、建筑物稀少、交通及环境允许的地区，应优先采用施工速度快、造价较低的明挖法施工。新奥法是应用岩体力学理论，以维护和利用围岩的自承能力为基点，采用锚杆和喷射混凝土为主要支护手段，及时进行支护，控制围岩变形和松弛，使围岩成为支护体系的组成部分，并通过对围岩和支护的量测、监控来指导隧道施工和地下工程设计施工的方法和原则。

城市地铁工程采用新奥法施工，在世界范围内应用取得了相当大发展。如智利的圣地亚哥新地铁线采用新奥法施工地铁车站，车站位于城市道路下7～9m，开挖面积230m^2，相当于17m×14m；我国自1987年在北京地铁首次采用新奥法施工复兴门车站及折返线工程，车站跨度达26m。

（1）浅埋暗挖法

新奥法经过多年的完善与发展，开发了浅埋暗挖法。浅埋暗挖法是一项边开挖边浇注的施工技术。浅埋暗挖法的核心技术概括为18字：管超前、严注浆、短开挖、强支护、快封闭、勤量测。其原理是：利用土层在开挖过程中短时间的自稳能力，采取适当的支护措施，使围岩或土层表面形成密贴型薄壁支护结构的不开槽施工方法，主要适用于黏性土层、砂层、砂卵层等地质。浅埋暗挖法开创了地铁暗挖时代，在北京、广州、深圳、南京等地的地铁区间隧道、大跨度车站的修筑中得到应用。

（2）盾构法

盾构法是暗挖隧道的专用机械在地面以下建造隧道的一种全新施工方法，它是使用盾构机械在地中推进，通过盾构外壳和管片支承四周围岩，防止发生往隧道内的坍塌，同时在开挖面前方用切削装置进行土体开挖，通过出土机械运出洞外，靠千斤顶在后部加压顶进，并拼装预制混凝土管片，形成隧道结构的一种机械化施工方法。构成盾构法的主要内容是：先在隧道某段的一端建造竖井或基坑，以供盾构安装就位。盾构从竖井或基坑的墙壁预留孔处出发，在地层中沿着设计轴线，向另一竖井或基坑的设计预留孔推进。盾构推进中所受到的地层阻力，通过盾构千斤顶传至盾构尾部已拼装的预制衬砌，再传到竖井或基坑的后靠壁上。盾构法已广泛用于世界各地的隧道工程中。

盾构机基本构造包括：盾壳、刀盘、推进油缸、拼装机、螺旋输送机、油缸顶块、人行闸、拉杆、双梁系统、盾尾密封系统、工作平台等。不同盾构机组成略有区别，图2-28是一种具体的盾构机组成示意图。图2-29是盾构法施工工艺。

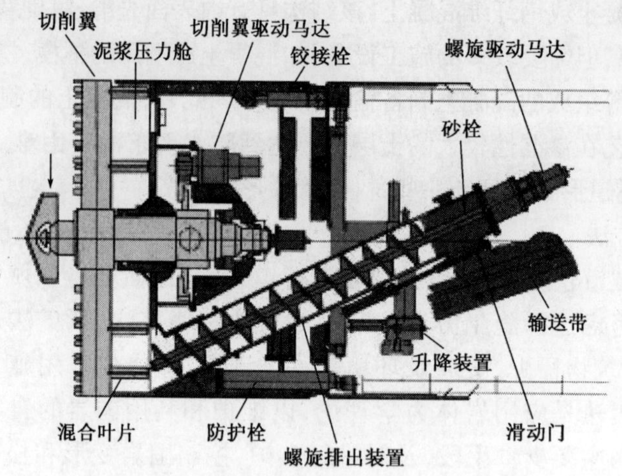

图 2-28　一种具体的盾构机组成示意图

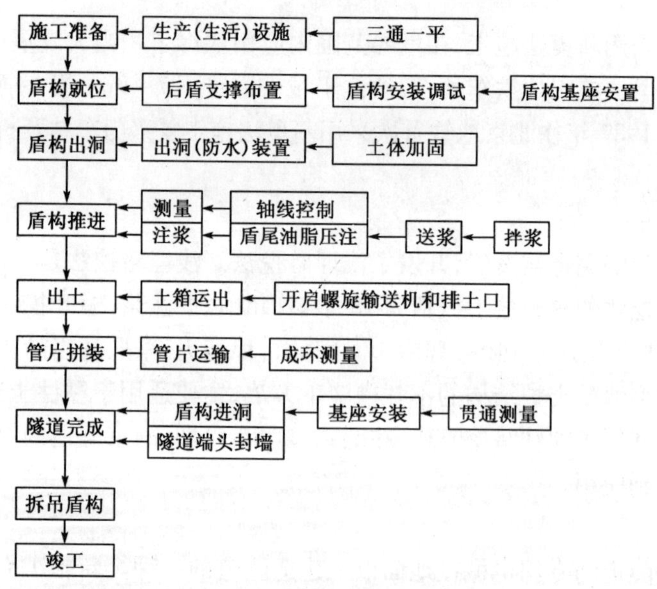

图 2-29　盾构法施工工艺

2.3　限界

限界是指列车沿固定的轨道安全运行时所需要的空间尺寸。若城市轨道交通车辆在隧道内运行,一方面,隧道结构内部要有足够的空间,以供车辆通行和布置线路结构、通信信号、供电、给排水等设备;另一方面,城市轨道交通线路无论是在地面、高架还是在隧道内,为了确保列车安全运行,凡接近城市轨道交通线路的各种建筑物及设备,必须与线路保持一定的距离。因此,城市轨道交通规定有车辆限界、接触轨限界、设备限界、建筑接近限界等。城市轨道交通工程区间隧道的断面尺寸就是根据这些限界确定的。限界越大,安全度越高,但工程量和工程投资也随之增加。因此,合理限界的确定既要考虑保证列车运行的安全,又要考虑系统建设成本。

1)车辆限界

车辆限界是根据车辆外轮廓尺寸和主要技术参数,并考虑车辆在平直线路上静态和动态情况下横向和竖向偏移量及偏转角度,按可能产生最不利情况进行组合计算确定的车辆横断面最大轮廓尺寸。

2)设备限界

设备限界是在车辆限界的基础上考虑轨道的轨距、水平、方向、高低等在某些地段出现最大容许误差时引起车辆的附加偏移量,以及在设计、施工、列车运行中不可预计的因素在内的安全预留量。设备限界是一条轮廓线,所有固定设备以及土木工程的任何部分都不得侵入此轮廓线内,它是保证城市轨道交通系统中的列车等移动设备在运营过程中的安全所需要的限界。

3)建筑限界

建筑限界是指在行车隧道和高架桥等结构物的最小横断面所形成的有效内轮廓线基础上,再考虑其施工误差、测量误差、结构变形等因素,为满足固定设备和管线安装的需要而必需的限界。换言之,建筑限界以内、设备限界以外的空间,主要是为各类误差、设备变形和其他管线安装所预留的空间。

上述限界一般是按车辆在平直线轨道上运行时制订,对于曲线和道岔区的限界,一般应在直线地段限界的基础上根据车辆的有关尺寸以及不同的曲线半径、超高、道岔类型等,再分别考虑适当的加宽和加高量。

4)区间隧道的限界

(1)直线地段的限界

区间隧道限界是在既定的车辆类型、受电方式、施工方法及结构形式等基础上确定的隧道的限界。它可以分为矩形隧道限界、圆形隧道限界、马蹄形隧道限界三种类型。

①矩形隧道限界。明挖法施工形成的矩形隧道,其单洞单线隧道建筑限界宽度为4000mm,高度为4300mm。

②圆形隧道限界。盾构法形成的圆形隧道,不论在直线和曲线地段,只能采用同一直径的盾构,所以应按最小曲线半径选用盾构进行施工,才能满足圆形隧道的建筑限界要求。当线路最小平面曲线半径为300m时,圆形隧道建筑限界的直径宜为5200mm。

③马蹄形隧道限界。新奥法和浅埋暗挖法形成的隧道多采用马蹄形断面,其建筑限界最大宽度为5000mm,最大高度为4800mm。

(2)曲线地段及道岔区建筑限界

城市轨道交通车辆在曲线上运行时,由于车辆纵向中心线是直线,而轨道中心线是曲线,故车辆产生平面偏移。此外,在曲线地段,轨道一般都需要设计一定的超高,它也将引起车辆的竖向中心线发生偏移。因此,对曲线或道岔地段而言,运行中的车辆在平面和立面上都产生一定的偏移量,故其建筑限界应进行加宽和加高。曲线加宽应分内侧加宽和外侧加宽,加宽量根据计算来确定。在曲线地段,矩形和马蹄形隧道建筑限界应按直线地段的建筑限界分别进行加宽和加高。

5)车站限界

地下车站隧道断面多为矩形和直墙拱形。站内线路中心线至隧道边墙内侧面的距离,如无特殊要求,一般与区间相一致。直线站台有效长度范围内,其边缘至线路中心线的距离,应根据车厢宽度进行确定,一般站台边缘与车厢外侧面之间的空隙设置100mm为宜。站台有效长两端以外的所有用房的外墙面距线路中心线的距离宜不小于1800mm,且外墙面不允许安装各种设备和管线。

车站建筑限界的高度,一般与区间相同,就能满足设备限界的要求。但由于建筑装修和有些设备及管线安装的需要,因此车站建筑限界的高度都比区间大。直线地段站台面的建筑高度,应为车厢地板面至轨顶的垂直距离所控制,一般站台面低于车厢地板面50~100mm较为合适。

高架车站桥面建筑限界的宽度与车站形式有关,一般多采用侧式车站。如有需要也可采用岛式车站。侧式车站桥面建筑限界的总宽度与选用的车辆宽度和侧站台的宽度有关,如选用车辆的宽度为2800mm,侧站台的宽度为4000mm,其建筑限界的总宽度值为14600mm。

本章小结

城市轨道交通线路的敷设有三种基本形式:地面、地下和高架。地面线路的路基有路堤和路堑两种基本形式,路基按填料构成包括土质路基和石质路基两种。路基由路基本体和路基设备两部分组成。轨道结构是由钢轨、轨枕、联结零件、道床、道岔和其他附属设备等组成的构筑物。轨道驱动导向列车的运行,承受列车荷载并传递给基础。高架区间桥跨结构一般有:梁式桥、拱式桥、钢架桥、斜拉桥、悬索桥等,高架工程的下部结构包括墩和基础。城市高架桥墩形式有T形桥墩、双柱式桥墩和Y形桥墩等。高架工程基础类型有明挖基础、桩基础、沉井基础、沉箱基础和管柱基础等。高架车站常见结构形式有钢筋混凝土空间框架结构、桥梁式结构、框架+桥梁式结构三种。隧道的断面形式有矩形、拱形、圆形、多圆形及椭圆等断面形式。隧道的施工方法常用的有明挖法、新奥法、浅埋暗挖法和盾构法等。

为了确保列车安全运行,城市轨道交通规定有车辆限界、接触轨限界、设备限界、建筑接近限界等限界,以保证其他建筑物及设备与线路保持一定的距离。本章对城市轨道交通线路的组成、高架工程和地下隧道等相关知识做了重点讲述,同时对限界知识也做了简要介绍。

练习题

1. 路基由哪几部分组成?轨道结构由哪几部分组成?
2. 新型轨道线路有哪些形式?
3. 高架区间桥跨结构有哪几种形式?
4. 隧道结构有哪几种类型?
5. 什么是限界?一般有哪几种限界?

参考文献

[1] 谭复兴,高伟君.城市轨道交通系统概论.北京:中国水利水电出版社,2007.
[2] 毛保华.城市轨道交通.北京:科学出版社,2001.
[3] 周顺华.城市轨道交通结构工程.上海:同济大学出版社,2003.
[4] 杨广庆.高速铁路路基设计与施工.北京:中国铁道出版社,1999.
[5] 吴芳.铁路运输设备.北京:中国铁道出版社,2007.
[6] 赵惠祥.城市轨道交通土建工程.北京:中国铁道出版社,2003.

第3章 城市轨道交通车站与换乘枢纽

【本章概要】

1. 城市轨道交通车站的作用、影响分布因素及分布原则;
2. 城市轨道交通车站主要技术设备构成及部分设施定量计算方法;
3. 城市轨道交通车站及换乘枢纽设计基础;
4. 城市轨道交通车站诱导系统。

【关键词汇】

轨道交通;车站;布局;换乘;诱导系统

3.1 城市轨道交通车站布局、种类及设施

3.1.1 城市轨道交通车站的作用、影响分布因素及分布原则

车站是城市轨道交通系统重要的组成部分,是乘客上下车、换乘的场地,也是列车到发、通过、折返的地点。可以说车站既是城市轨道交通系统对外提供客运服务的窗口,又是系统内部最主要的生产基地。此外,部分城市轨道交通大型车站同时建有地下购物厅或商场等设施,也可以说车站还是部分乘客购物、休闲的场所。当然,车站也具有城市景观功能,车站建筑风格应力求达到安全、实用、经济、美观、易识别,其内涵设计应同时突出一定的地域特征。

车站分布的影响因素包括:车站总体布局要求、大型客流集散点数量、城市规模、人口密度、线路长度及站间距要求、城市地貌及建筑物布局特点、城市轨道交通路网及城市道路网状况等。就一条线路而言,车站数目的多少,直接影响着市民的出行时间。车站多,市民步行到站距离短,节省步行时间,短程乘客的吸引量明显增加;车站少,可提高运行速度,减少乘客车内停留时间,对于两端点出行吸引量则显著增强,但对于大部分中途乘降乘客,其走行距离会大大增加。

车站分布应遵循一定的原则。车站分布,应尽量避开地质不良地段,尽可能减少对周围环境的干扰;应尽可能靠近大型客流集散点,方便乘客出入与乘车;应与城市建设密切结合,与旧城房屋改造和新区土地开发相结合,在兼顾各车站间距离均匀性的同时,城市交通枢纽、地铁线路之间及与其他轨道交通交会处设置的车站,应设计良好的换乘条件;大型客流集散车站要考虑突发性客流特点,留有足够的乘客集散空间,并设计快捷的进出站条件;有列车折返运行需要的车站,在考虑列车车站运营能力的同时,还应考虑车站配线的设置;有与建筑物开发结

合要求的车站，应考虑结构的统一性，并分清各种客流的流向，使进出站客流有独立的通道，并尽量减少与其他客流的交叉干扰。

新型城市轨道交通车站，在满足乘客出行服务要求的同时，还应进行一定的服务功能与规模的延伸，包括车站与城市其他交通方式的结合，与地下市政公共设施的结合，与商业、服务设施的结合，与民防工程设施的结合等。例如在上海地铁1号线火车站，地铁与大铁路的出入通道相互贯通，使两种交通方式的乘客可以做到不出站换乘，对双方互为有利；上海地铁1号线人民广场站与迪美购物中心、香港名品街等大型商业中心连接在一起，既方便了民众，同时也保持了大量稳定的客流。

由于车站造价高，车站数量对整个轨道交通的工程造价影响较大，在进行线路规划时，对于部分车站，需要制订2~3个关于车站数量与分布的方案并进行比选。比选时，应分析乘客使用条件、运营条件、周围环境、地形地貌特点以及工程难度和造价等方面错综复杂的影响因素，通过全面、综合评价，确定合理推荐方案。

3.1.2　城市轨道交通车站的分类

车站可按其运营功能、集散乘客能力、空间位置、站台形式、施工方法及断面结构这六种属性特征分别加以分类。对于一个车站，应存在几方面的特性。

（1）按运营功能的不同，车站分为中间站、换乘站和终点站。

①中间站：一般仅供乘客乘降使用。有的中间站还设有折返设备，可供列车折返和列车运行调整，以便相邻区段组织密度不同的列车运行，或用于恢复正常的列车运行秩序。

②换乘站：设在不同线路的交汇地点，除供乘客乘降之用外，还供乘客由一条线路的列车去换乘另一条线路的列车。

③终点站：线路两端的车站，除供乘客乘降之外，还供列车折返、停留和临时检修使用，即同时满足车站对外及对内的多项服务。

（2）按乘客集散能力的不同，车站分为甲等站、乙等站、丙等站三个等级。

①甲等站：高峰小时客流量在3万人次以上的车站。

②乙等站：高峰小时客流量在2万~3万人次的车站。

③丙等站：高峰小时客流量在2万人次以下的车站。

（3）按空间位置的不同，车站可分为地下车站（图3-1）、地面车站（图3-2）和高架车站（图3-3）。

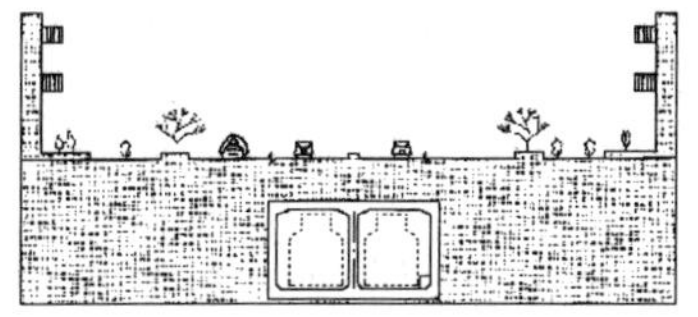

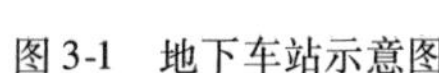

图3-1　地下车站示意图

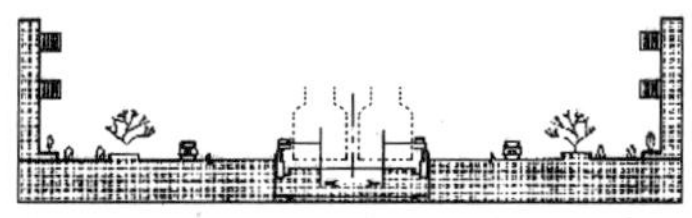

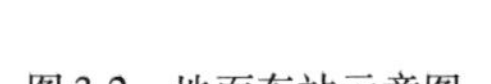

图3-2　地面车站示意图

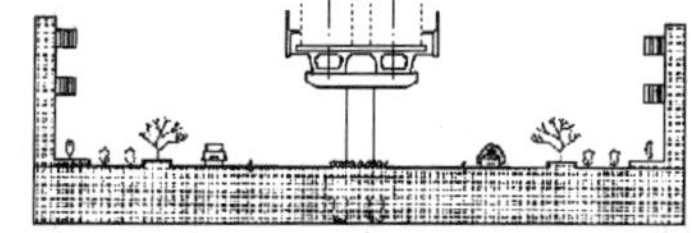

图3-3　高架车站示意图

（4）按站台形式的不同，车站分为岛式车站（图3-4）、侧式车站（图3-5）和岛侧混合式车站（图3-6）。

（5）按施工方法的不同，车站分为明挖式（又分为深埋式、浅埋式）车站和暗挖式车站。

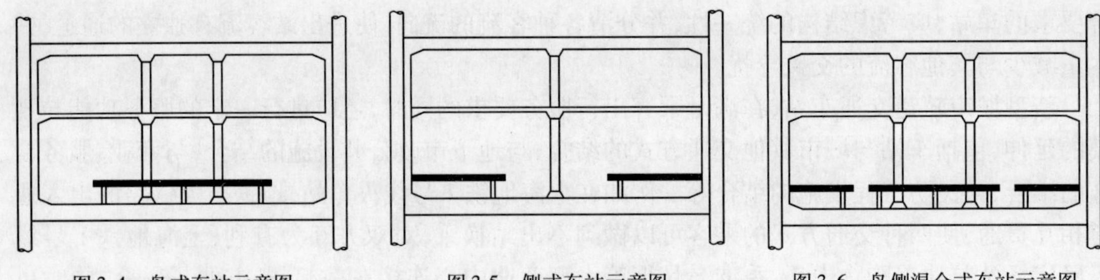

图 3-4 岛式车站示意图　　图 3-5 侧式车站示意图　　图 3-6 岛侧混合式车站示意图

(6)按断面结构的不同,车站分为矩形车站(又分为单层、双层、多层)、拱形车站(又分为单拱、多跨连拱)、圆形车站(又分为正圆、椭圆)和马蹄形车站等。

3.1.3 城市轨道交通车站主要技术设备

乘客服务质量表现在安全、迅速、准确、舒适、便利、经济几个方面。为了使城市轨道交通车站保障列车不间断运营及提供给乘客全面优质的服务,车站不仅要保持环境协调舒适,而且必须配置种类齐全、布局合理的各种设备。

车站设备构成见图 3-7,主要包括线路、信号、通信等行车设备;站台、出入口、站厅、售检票、通道、楼梯、自动扶梯及导向设施等乘客服务设备;列车供电系统、照明及动力用电设施等供电设备;通风、空调等环控与给排水设备以及防灾报警设施、屏蔽门等安全保障设备。此外,车站设备还包括各种车站用房,供车站相关人员及部分乘客日常工作、生活及安装各种设备使用。

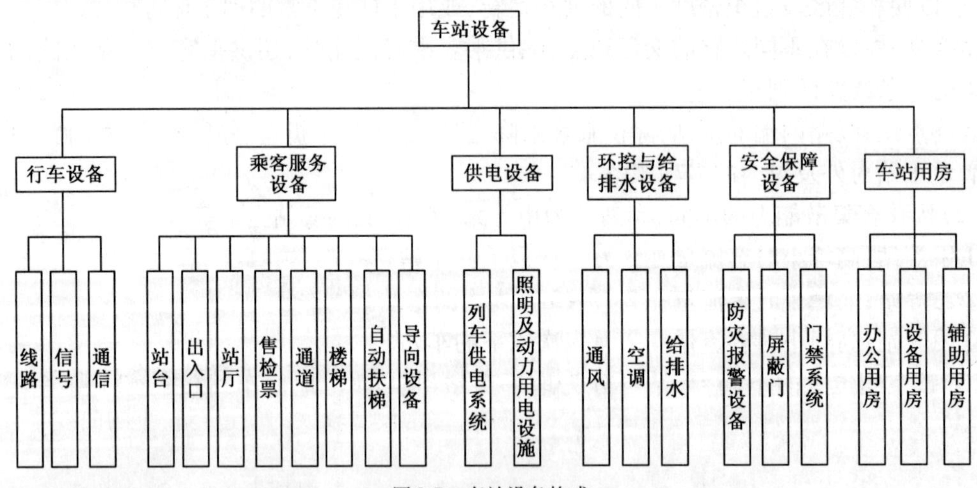

图 3-7 车站设备构成

车站各项设备,应满足可靠、先进及实用的原则,同时各相关设备之间始终应保持能力的协调。车站连接线路越多,其规模越大,设备种类及数量也越多,设备布局也越需要科学合理的规划。

1)行车设备

(1)线路

车站线路除贯通区间的供接发列车的正线外,还包括折返线、存车线、渡线、联络线、出入线、停车线及车场线等用于调车或存车的各种配线。

①正线

正线是贯通车站与区间的线路，供列车在站内到发、通过、停留。正线一般按双线设计，并且实施右侧行车制惯例。正线线路一般为全封闭，与其他线路相交时采用立体交叉。车站与两端的区间线路通常采用凸形断面设计，以便于列车在进站前上坡缓行、出站后下坡加速。为保证列车能够克服启动阻力，同时也为了防止列车在制动失效情况下发生溜逸事故，车站线路的坡度一般不大于3‰。

②折返线、存车线、渡线

折返线是为列车正常运行中调头转线及夜间存车而设置的线路，折返线形式很多，常见的如图3-8a)~图3-8g)所示。

存车线是供故障列车停放及夜间存车使用的线路。

折返线和存车线布置形式一般相同，功能也可互换。《地铁设计规范》(GB 50157—2003)规定："线路的终点站或区段折返站应设置专用折返线或折返渡线。当两个具备临时停车条件的车站过远时，根据运营需要，宜在沿线每隔3~5个车站加设停车线或渡线。"

渡线是为增加运营列车调度灵活性，用道岔将上行线、下行线及折返线连接起来的线路。渡线又分为单渡线[如图3-8a)中虚线所示]和交叉渡线[图3-8c)、图3-8d)]。

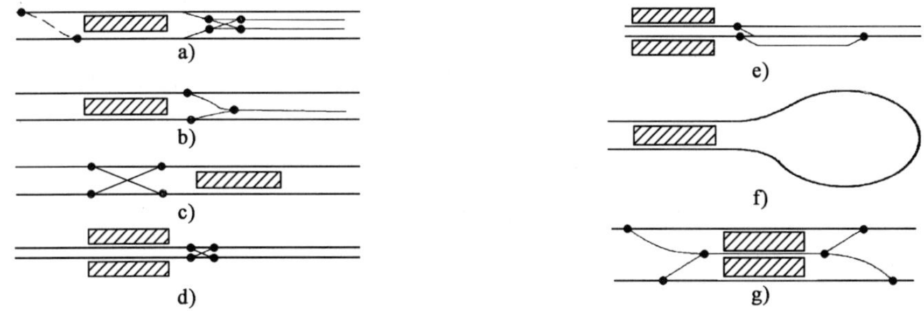

图3-8　折返线形式示意图

a)站后及站前折返；b)站后折返；c)站前折返；d)侧式站台站后折返；e)带有存车线的折返站站后折返；f)灯泡线折返；g)越行站用于两段小交路的中间接续

③联络线

联络线是为沟通两条单独运营线路而设置的连接线，主要为两线间车辆或列车调运过线而服务。由于联络线仅供调运车辆、设备使用，所以设置单线即可，这样技术条件也可以低一些。同时由于其所连接的线路往往不在一个平面，常常设置较大的坡道与较小的曲线半径，所以列车运行速度也会在此位置受限。图3-9为北京地铁复兴门站联络线示意图。

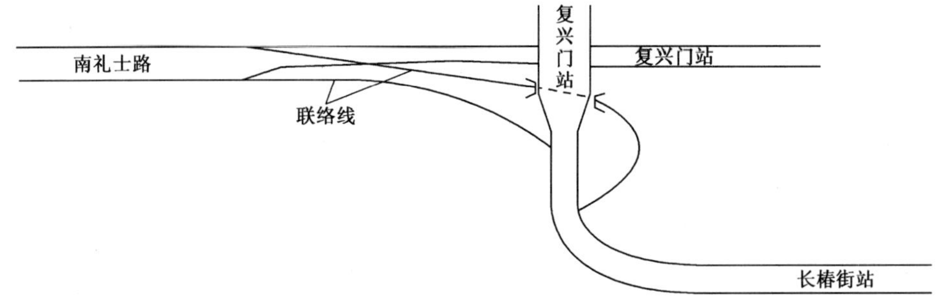

图3-9　北京地铁复兴门站联络线

④出入线

出入线是正线与车辆段、停车场等之间的站场联络通道。《地铁设计规范》(GB 50157—2003)规定:"车辆段出入线应连通上下行正线。当出入线与正线发生交叉时,宜采用立体交叉方式。设置单线或双线出入线,应根据远期线路的通过能力与运营要求计算确定。"一般尽端式车辆段出入线宜采用双线,停车场规模较小时,出入线可采用单线,贯通式车辆段可在车辆段两端各设一条单线。常见的出入线形式如图 3-10 所示。

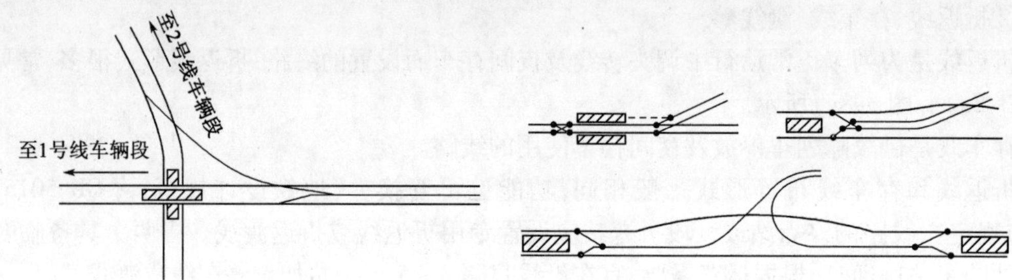

图 3-10 出入线形式示意图

⑤停车线

停车线一般设置在端点站,专门用于停车及进行少量检修作业等。在车辆段则拥有很多专用停车线,供夜间停止运营后的列车停放。需要进行检修作业的停车线同时设有地沟。

⑥车场线

车场线是指车辆基地内的各种作业线,具体包括以下三种。

a. 检修线:设置在车辆基地检修库内,专门用于检修车辆的线路,部分检修线还配有地沟和架车设备。

b. 试验线:设置在车辆基地,用于对检修完毕的车辆进行运行状态检测的线路。

c. 洗车线:专门用于清洗车辆的线路。

(2)信号与通信设备

为保证行车作业安全和行车作业效率,车站设置有信号、联锁、闭塞设备和通信设备。

信号是对列车运行和调车作业人员发出的指示,车站信号设备通常有进站信号机、出站信号机、进段(场)信号机、出段(场)信号机、道岔防护信号机、调车信号机等。

联锁设备是保证车站内列车进路安全的设备,城市轨道交通车站及车辆段联锁设备主要采用微机联锁。

闭塞设备是保证区间列车运行安全的设备,闭塞设备保证了在规定区段只有一列列车运行的安全状态,现代城市轨道交通依据其不同的闭塞方式和控制作用原理,可分为固定闭塞、准移动闭塞及移动闭塞。

车站通信设备包括:行车调度电话、车站集中电话、公务电话、行车无线调度电话、广播设备和闭路电视监控设备等。

2)乘客服务设备

(1)站台

站台主要供列车停靠和乘客候车、上下车使用。

①站台类型及特点

站台按形式不同,有岛式站台、侧式站台、混合式站台,见图3-11。岛式站台的优点是利用率高,管理集中和乘客换乘方便;缺点是存在客流交叉,工程费用较高。侧式站台的优缺点恰好与岛式站台相反。而混合式站台兼顾两者优点,但工程造价更高,适宜于几条线路交汇的换乘站。

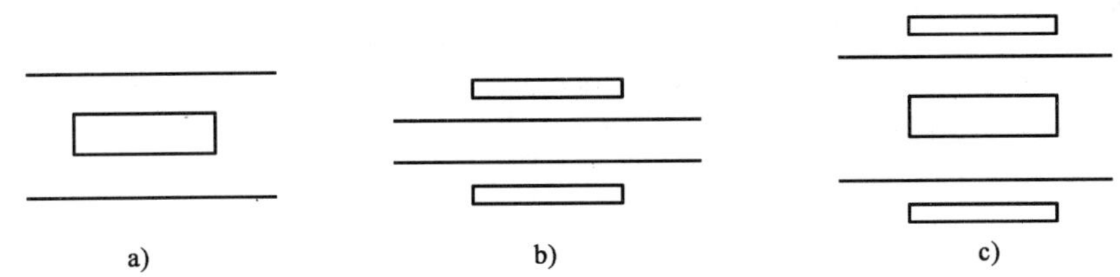

图3-11 站台的形式

a)岛式站台;b)侧式站台;c)混合式站台

②站台长度

城市轨道交通远期高峰时期站台最大聚集人数决定了站台面积的大小。一般地,站台有效长度由远期高峰时段列车编组辆数与平均车辆长度的乘积加列车停车安全余量总和确定。

$$L_{站台} = L_{车} n_{编} + a \tag{3-1}$$

式中:$L_{站台}$——站台有效长,即站台全长扣除两端楼梯外侧长度,m;

$L_{车}$——车辆全长,即车辆两端车钩内侧(铰接分界点)间距离,m;

$n_{编}$——远期高峰时段设计最大编组辆数;

a——列车停车安全余量,m,一般需预留4m左右。

城市轨道交通列车运行的间隔较短、速度较快、机动性要求较高。因此,在预测确定远期客流量后,需确定列车编组辆数及发车间隔数,保证较大的运输能力。

③站台宽度

站台宽度应满足高峰时段客流候车、集散的需要。站台宽度由站台形式、楼梯位置、高峰客流量和行车间隔等因素决定。具体计算方法及步骤如下。

a.某一方向客流所需候车面积。

$$F = Pc \tag{3-2}$$

式中:F——某一方向客流所需候车面积,m^2;

P——远期高峰时段同时到达站台候车的某一方向最大乘客数,人;

c——每位乘客候车占用站台面积,m^2/人,一般取0.33~0.75m^2/人。

b.单侧站台宽度的计算见式(3-3),其中0.45为安全带宽度,其单位为m。

$$b_{单} = F/L_{计} + 0.45 \tag{3-3}$$

式中:$b_{单}$——一个方向列车候车乘客所需站台宽度,m;

$L_{计}$——列车计算长度,即列车全长减去车头至第一位车门和车尾到最末位车门距离(共计约7m)。

c.站台总宽度的计算。

◆侧式站台单侧总宽度计算:

$$B_{侧} = b_{单} + b_{o} \tag{3-4}$$

式中：$B_{侧}$——侧式站台单侧总宽度，m；

b_o——乘客纵向移动所需宽度，取2～3m。

◆岛式站台总宽度计算：

$$B_{侧} = 2b_{单} + b_o \quad (b_o 取 3m) \tag{3-5}$$

在此基础上，考虑站台上楼梯或者自动扶梯占用面积等因素，最终站台设计宽度应取比计算值稍大一些的数值为宜。侧式站台宽度取值范围一般为4～6m，岛式站台宽度取值范围一般为10～15m。为设计、建设及运行方便，一般确定若干个等级宽度标准，如对于岛式站台，一等站统一为14m，二等站为10m等。

④站台高度

站台高度指站台到轨顶面的高度，与车型有关。按站台高度不同又分为高站台和低站台。站台与车厢地板高度相同称为高站台，一般适用于流量较大、车站停车时间较短的场合。高站台对残疾人、老年人上下车也很有利。考虑到车辆满载时弹簧的挠度，高站台的设计高度一般低于车厢地板面50～100mm。

⑤轨道中心线与站台边缘距离

轨道中心与站台边缘距离，应根据车辆类型、建筑限界及施工误差（误差≤10mm）确定。若轻轨车体宽度为2.6 m，则轨道中心线至站台边缘的距离可选定为1.4 m。当车站设在曲线上时，轨道中心与站台边缘距离应适当加宽。

（2）出入口、站厅、通道和升降设备

①出入口

出入口是乘客进出车站的重要场所，是站内外的分界口，其规模一般根据设计年度高峰小时的客流量乘以1.2～1.3不均衡系数确定。出入口要确保地下通道顺畅但又不宜过长。为了满足防灾要求，每个地铁车站出入口不得少于两个，且必须位于车站的两端。布置在街道交叉口附近的出入口，位置应适当，以便大范围均匀吸引和疏解客流，如图3-12a）、b）所示。若地形条件许可，图3-12中a）比b）更便于乘客的出行和各出入口流量的均衡。一般每个出入口宽度不得少于2m，净高不得少于2.5m。有些地下车站出入口通道还可兼做人行过街设施（图3-13）。

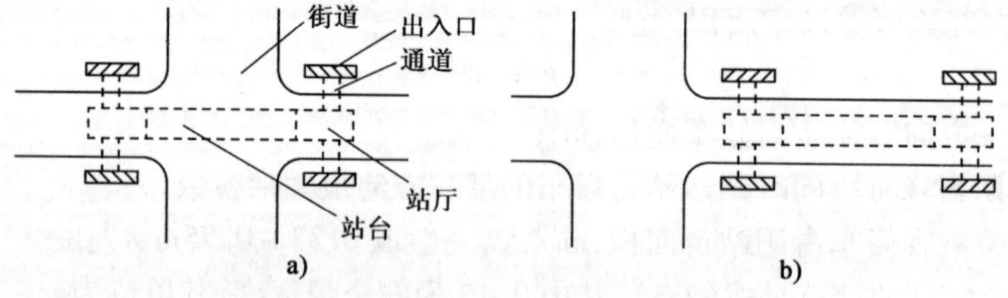

图3-12　地铁车站出入口布置方式示意图

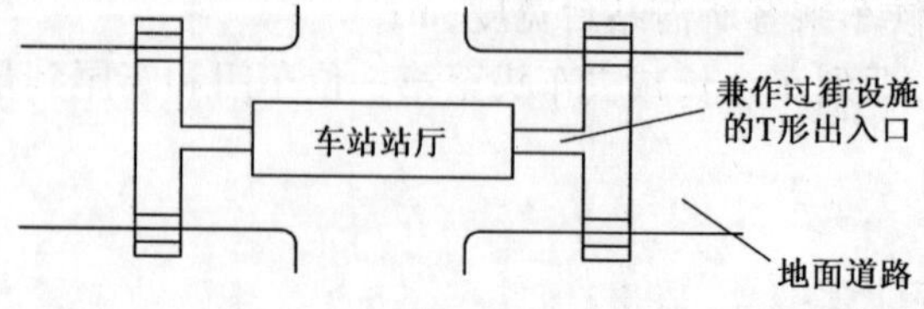

图3-13　出入口兼作人行过街设施布置示意图

②站厅

站厅即车站大厅是用于售票、检票、布置部分服务与控制设备的场所。站厅有付费区和非付费区功能区别。非付费区包括售票区、乘客集散区、进站检票区等；付费区包括部分站厅、站台、楼梯、自动扶梯、出站检票区等（部分进、出站检票区合设在非付费区和付费区的分界处）。付费区部分的站厅是乘客进出站闸机和站台间的缓冲区域，一票通轨道交通线路间换乘也在此区域内完成。站厅规模应与集散客流量匹配，有些地铁的站厅还可考虑与地下商业街连接在一起布置。

③通道

通道是乘客进出站厅的专门化场所。通道把站台、站厅和出入口连接起来，客流通道口主要位于站厅层的公共区，分左右两侧均匀布设并连接地面道路两侧出入口。根据《地铁设计规范》（GB 50157—2003），通道口最小宽度不能小于2.4m。

对于换乘通道，其宽度的主要影响因素有通过通道的总换乘客流量、换乘客流在通道内的平均走行速度、前后乘客在通道中走行时的间隔距离等。我国部分车站的换乘通道两端有楼梯或者自动扶梯相连，旅客在楼梯、自动扶梯等换乘设施中的行走速度与通道内的行走速度不同，计算时以通道与相连的楼梯或自动扶梯之间速度最低的设施为计算依据（通常取上行楼梯）。则其通行能力计算公式如下：

$$n_{步} = \frac{v}{m} + 1 \tag{3-6}$$

式中：$n_{步}$——每条步行道通行能力，人/min；

v——通道内乘客的行走速度，m/min；

m——通道内行走中前后乘客的间隔距离，m/人。

通道宽度可由式(3-7)表示：

$$D = \frac{P_{通道}}{n_{步}} \times d \tag{3-7}$$

式中：D——通道宽度，m；

$P_{通道}$——通道在远期高峰时期内每分钟的流量，人/min；

d——一条步行道宽度，m。

④升降设备

升降设备包括垂直电梯、倾斜方向自动扶梯及楼梯等。站厅层与站台层之间宜设上下行扶梯。当通道提升超过7.2m时，应设上行自动扶梯；提升高度超过10m时，宜设上下行扶梯。客流量不大且高差小于5m时，可用楼梯代替下行扶梯；自动扶梯输送能力大、效率高，相应造价也较高，当停电或零件损坏时，可做楼梯使用。

自动梯和楼梯数量按式(3-8)计算：

$$n = \frac{PK}{N_1\mu} \tag{3-8}$$

式中：n——自动梯和楼梯台数，台；

P——预测高峰期上、下行出站客流量，人/h；

K——超高峰系数，取1.2~1.4；

N_1——每小时输送能力 8100 人/h（自动梯梯宽 1m，梯速 0.5m/s，倾角为 30°）；

μ——楼梯的利用率，选用 0.8。

楼梯和通道宽度在考虑满足防灾要求的基础上，按式(3-9)计算：

$$B = \frac{Q}{N} + M \tag{3-9}$$

式中：B——楼梯或通道宽度，m；

Q——远期楼梯或通道每小时预计通行人数，人/h；

N——楼梯和通道的理论通过能力，人/(h·m)；

M——楼梯或通道附属物宽度，m。

(3)售、检票设备

售、检票系统设置位置及规模，应方便于乘客，保证车站人员流动顺畅，并尽可能减少乘客在站内的停留时间。售票可分为人工售票、半自动售票及自动售票三种。半自动售票的方式为人工收费找零、机器出票。售票机作为主要售票设备，逐步取代了完全由人工操纵的售票形式，目前已普遍使用；自动售票系统进一步解放了售票人员，服务质量也得到更进一步的提升。无论哪种形式的售、检票系统，售、检票机数量的确定，均与高峰期高峰小时上下行客流总量、购票人数、售检票方式、售票作业效率等有关。

人工售票亭、半自动或自动售票机数量 N_1 的确定，取决于乘客数量及服务能力。其计算见式(3-10)：

$$N_1 = \frac{M_1 K}{m_1} \tag{3-10}$$

式中：N_1——售票机数量，台；

M_1——高峰小时使用售票机的人数或上下行上车的客流总量，人/h；

K——超高峰系数，选用 1.2～1.4；

m_1——每人(机)每小时售票能力，人工售票、半自动售票取 1000～1200 人/h；自动售票机取 600 人/h。

进出站检票口的数量也必须根据高峰小时客流量来计算。

检票口数量 N_2 计算见式(3-11)：

$$N_2 = \frac{M_2 K}{m_2} \tag{3-11}$$

式中：N_2——检票口数量，台；

M_2——高峰小时上、下行进站客流量或上、下行出站客流量总量，人/h；

K——超高峰小时系数，选用 1.2～1.4；

m_2——检票机每台每小时检票能力，取 1200 人/(h·台)。

自动售、检票系统(Automatic Fare Collection，AFC)是城市轨道交通综合自动化系统中不可缺少的重要组成部分，也是城市轨道交通运营管理现代化的一项重要标志。AFC 系统由自动售票机、自动检票闸机、车站和中央控制计算机组成，可集中进行票务管理、财务结算、客流统计分析的自动化管理。该系统集计算机、网络、通信、自动控制、非接触式 IC 卡、大型数据库、机电一体化、模式识别、机电一体化、模式识别、传感和精密仪器加工等多种高新技术为一体，通过高度安全、可靠、保密性能良好的自动售检票系统结合各种AFC终端设备，完成城市轨道交通中的自动售票、检票、计费、收费、单程票回收、现金稽查、客流收费统计和售检票设备监控等。该系统可实现计程或计时收费、不同线路及公交之间换乘“一票通”、“一卡通”等，方便乘客出行。同时，通过系统对不同时段、不同区段客流的统计、分析，可以帮助运营管理人员更合理地安排车辆的运行密度，为运营决策提供依据。城市轨道交通网络全面启用AFC系统后，可以通过联机分析处理(On-line Analysis Processing，OLAP)系统获得完整且准确的路网进出站客流信息以及OD客流信息，为乘客日常出行诱导系统建设提供基础条件。

为方便乘客购买车票，大部分城市轨道交通自动售票系统使用了具有良好的图像界面，可以接受硬币、纸币、信用卡和IC卡等多种支付手段的触摸式自动售票机(图3-14)。除类似于常规公交的月票外，车站以票卡作为乘客乘车的唯一有效凭证，票卡记载着乘客的出行和费用信息，票卡按计价方式可分为计次票和计程票。票卡按车票使用性质可分为单程票、储值卡和许可票。目前，AFC系统已在北京、上海、广州、深圳、南京等城市轨道交通上广泛使用，并获得了一致好评。

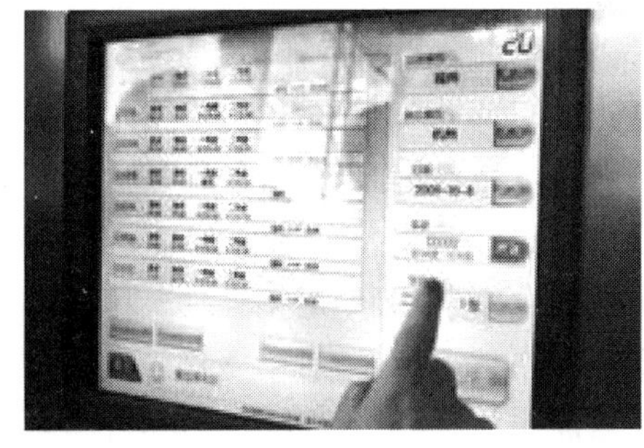

图3-14 触摸式自动售票机

自动售检票系统设备，主要包括：分拣编码机、自动检票机、自动售票机、半自动售/补票机和自动充值机等。

①分拣编码机

分拣编码机的作用主要是对车票进行批量处理。分拣即将一批车票按照某个或某几个特征值分开，分别存放到不同的票箱中；编码即对车票进行某种功能的批量处理，如初始化、预赋值、注销和更新等操作。分拣编码机的组成包括分拣编码工作站、主控制器、车票处理装置、车票读写器、打印机以及紧急按钮和不间断电源(UPS)等几个部分。分拣编码机处理的一次任务包含多笔交易，所有交易都在车票处理装置内完成。

②自动检票机

根据功能的不同，可将自动检票机分为进站检票机、出站检票机和双向检票机。一般进站检票机在非付费区，出站检票机在付费区，双向进、出站检票机可以灵活调整检票方向，适应大客流情况。根据阻挡装置的类型不同，可将自动检票机分为杆式检票机和门式检票机；根据通道宽度的不同，可将自动检票机分为普通检票机和宽通道检票机。图3-15、图3-16分别为杆式双向检票机和门式双向检票机。

图3-15 杆式双向检票机

图 3-16 门式双向检票机

③自动售票机

自动售票机可接受乘客的购票选择，并在购票过程中给出提示，接受乘客投入的现金并完成自动识别、自动计算现金数量及购票金额、自动找零、自动完成车票校验及车票出售的工作。自动售票机还能对各部件的工作状态进行自动监测，并向车站计算机系统上报工作状态，同时接受车站计算机系统下发的参数和控制命令，并执行相应的操作、存储并上传交易信息以及对本机接收的现金及维护操作进行管理等。

④半自动售/补票机

半自动售/补票机可以售(补)包括单程票、储值票和纪念票在内的各种类型车票，可对车票进行有效性分析，并查询车票的历史交易信息。此外，对无法正常完成进出站的车票进行票务更新；可发售出站票，接受退票处理，受理车票挂失、车票续期、查询票价及其他服务。半自动售/补票机有两种工作模式：第一种是售票模式，即安装在非收费区内，通常工作在售票模式下，可以发售除出站票以外的各种车票，并可以进行票务处理及其他服务；第二种是补票模式，即装在收费区内，通常工作在补票模式下，只允许发售出站票，用于无票的乘客补票使用，该模式下还支持车票更新操作。

⑤自动充值机

自动充值机可以进行储值卡的充值，允许乘客使用现金或银行卡对储值卡进行充值操作。同时，可以用于乘客验票，显示出车票内的各种信息和历史交易状况。此外，还增加了自助查询功能，提供多媒体查询服务。

(4)导向设施

在大型城市轨道交通车站或综合性枢纽站的特殊地点，如出入口、售票处、通道、站台等乘客经过的地方，通过广播、指示牌(板)、线路图、电子显示屏等发布有关运行和换乘的静、动态信息，可引导客流迅速疏散，减少站内驻留，从而达到提高运营效率的目的。静态导向信息又可划分为方向性、警告性及服务性三类。方向性导向标志包括公交站点位置、进出站方向、购票方向、站内路径引导、对外交通车辆运行方向标志等；警告性导向标志包括乘客停留标志、乘客禁止进入标志等；服务性导向标志包括交通系统营运线路图、沿线停靠站点及接驳交通、枢纽周边区域地图、标志性建筑及接驳交通换乘站地点，以及其他公共服务设施导向标志等。静态信息是客运站换乘系统正常运营所应具备的条件，是确保旅客换乘效率的基础。动态信息主要包括交通车辆到离站时空信息、交通与其他交通方式换乘时空信息、车内拥挤程度等反映车辆行驶状态和枢纽停车等设施利用情况的实时交通信息。

3)供电设备

(1)列车供电系统

列车供电系统负责提供列车及设备运行的动力能源,担负着运行所需电能的供应与传输,是城市轨道交通安全可靠运行的重要保证(详见第7章相关内容)。

(2)照明及动力用电设施

除列车供电外,车站、区间、车辆段、控制中心等其他建筑物还需要照明及动力用电设施提供稳定的低压电能,以维持车站及区间照明及动力设施正常运转。照明方式包括整体照明、局部照明和灯箱照明。整体照明是城市轨道交通车站照明的主要形式,它要考虑布置方式及照明灯具的形式,一般以长条形日光灯为主,可采用放射式和树干式相结合的方式;对于需要进行空间限定和引导的场所,如不同断面的分隔显示、楼梯踏步、紧急出口等可以使用表面亮度适当的LED自发光埋地灯或嵌在垂直墙面的灯具进行局部指示照明;此外,在站厅、站台及车站出入口处还应设置灯箱广告照明。站厅、站台和出入口等处的公共区照明与设备管理用房等场所的照明在配电上应独立设计。

通常在车站的站台层和站厅层两端各设置一间照明配电室,内设照明配电箱,就近向本层的照明设备供电。除照明外,通风机、空调、自动扶梯、电梯、水泵、AFC系统、FAS、BAS、通信系统、信号系统等也需要动力用电,其用电亦由照明配电室统一供给。

无论照明或动力用电,均应设置应急供电。应急供电由两路电源互为备用,满足用电特殊需求。对于应急照明正常工况时由变电所低压母线供电,当两路电源全部失电时,还可自动切换到蓄电池逆变的交流220/380V电源。

4)环控与给排水设备

(1)通风与空调

城市轨道交通的地下车站和地下区间隧道除出入口等少部分与外界连通外,基本上与外界隔绝,加之车站客流量大,机电设备多,空气不流通,站内湿度大,为了创造一个舒适良好的环境,及时排除车站内的污浊空气及余热余湿,并给车站和区间隧道提供足够的新风,需在城市轨道交通车站内设置通风与空调等环控系统,保证其内部环境的空气质量、温度、湿度、气流速度、噪声、灰尘和气味等均能满足乘客和工作人员的生理及心理条件要求和设备正常运转的要求。通风与空调等环控设施,不仅应保证日常运营要求,在发生事故和火灾情况下,还应保证能给地下车站和区间隧道火灾区域提供安全疏散所必需的新鲜空气,并及时排除烟气以及尽可能控制烟气的高度、温度、浓度、毒性和流向,使其符合防灾要求。

早期国内外修建的轨道交通工程,没有过多的环控设备,其大多采用自然通风方式,即利用地面风、列车在隧道内运行的活塞风和站内外温差等与地面空气进行交换,由于这种通风方式通过设置风井、风亭通风,其效率有限,当然效果也不理想。

在自然通风方式中,地下车站一般设置风井,包括进风井、排风井和活塞风井等基础通风设施。一般在车站一端设置一个进新风井、一个排风井以及两个进出隧道的活塞风井。进风井、排风井为强制室内外空气对流而设置,而活塞风井是为了站隧间的通风而设置。风井可以集中布置也可分散布置,这取决于地面建筑的现状或规划要求。为了控制车站规模,缩短城市轨道交通车站的总长度,节约投资,部分环控设备也可设在通风道内。

地面风亭的位置、数量与采取的通风和空调方式有关,一般按周围地区环境状况及环控要求确定。对于独建的风亭，可采用敞口低风井，风井底部应设置排水设施，风口最低高度应满足防淹要求，开口处应设有安全装置。上海等城市的地下车站大都采用了低风井方案，并配以绿化，颇有新意。独建或与其他建筑物合建的风亭，其开口部距其他建筑物距离应不小于5m。当风亭设于路边，风亭开口底部距地面的高度应不小于2m。

除此之外，随着社会的发展和科学技术的进步，近期国内外修建的城市轨道交通车站，逐步采用了以机械强制通风为主的通风方式，同时普遍采用了环控设备，使车站内温度、湿度得到有效控制，地下环境得到很大的改善，同时也使得各种运营设施的安全性得到了进一步提升。

环控系统的结构，包括中央级监控系统、车站级监控系统和现场级监控装置三级。一般属于隧道使用的通风设备采用三级控制，属于车站范围使用的通风空调设备采用二级控制。中央级监控系统，主要负责监视全线各站通风空调、给排水和自动扶梯设备的运行状态，必要时直接向车站控制室发出控制指令，并可显示主要设备的非正常状态。车站级监控系统，以车站监控工作站为基础，包括车站监控局域网、打印机和后备操作盘等设备，主要功能包括监视车站及所辖区域的通风空调、给排水、自动扶梯的运行，按环控要求及负荷参数，使设备按既定模式进行运转，确保车站设备协调工作，必要时人为干预。现场级监控装置，由各类传感器、执行器、远程I/O模块、接口模块或装置组成，设在设备机房内，可直接操纵设备的运行。其主要功能包括向车站控制室传送所控制设备的工作状态，执行车站控制室发出的控制指令，在车站控制室发生故障时独立地进行设备监控，在维修及更换设备时进行现场调试等。

车站环境控制涵盖的地点包括车站站厅、站台、隧道、设备及管理用房等。环控系统可分为开式环控系统、闭式环控系统和屏蔽门式系统。具体采用哪一种形式的环控系统，应根据地下车站所在线路通过能力、当地气候条件、人员舒适性和运行维护费用等因素进行综合技术经济比较而确定。

开式环控系统是指活塞效应及机械通风使轨道内部与外界交换空气，为保证较好的通风效果，一般需要设置较密的风井。当活塞通风不能满足要求时，应设置活塞通风与机械通风的联合系统。一般情况下，车站与区间分别设置独立的机械通风系统。车站通风采用横向的送排风系统，区间采用纵向的送排风系统，这些系统应同时具备排烟功能。

闭式环控系统基本上与大气隔断，站内采用空调系统调节温度、湿度，并供给足量的满足乘客所需的新鲜空气。区间隧道借助“活塞效应”携带一部分车站空调冷风来实现。这种系统多用于当地最热月的月平均气温高于25℃，且客运量较大，高峰时间每小时的列车运行列数和每列车编组数的乘积大于180节的城市轨道交通系统。

在城市轨道交通工程中，通风空调系统的主要设备如冷水机组、冷却塔、多联空调机组等，虽然实现了国产化，但核心技术仍然掌握在美国、日本等国外的几个厂家。对于冷却塔的设计制造，多数不能提供冷水机组要求的制冷能力，使得车站及设备管理用房区空调设备的除湿能力差，目前国内对于新型的低温送风系统、蓄冷系统、水环(源)热泵系统、地源热泵系统、温湿度独立控制空调系统等技术正在开展相关研究及逐步投入实践应用之中。

环控系统的运行模式，包括正常运行模式、列车阻塞模式和紧急情况运行模式。正常运行模式是一种占主导地位的运行方式，应保证乘客在车站及列车内所需要的舒适环境，同时能满足站内各种设备的不同温、湿度要求；列车阻塞模式是指在阻塞期间列车环控模式，应保证向阻塞区间提供一定的新风，保证列车空调冷凝器能继续运转，以维持列车内乘客在短时间内能接受的环境条件；紧急情况运行模式是指发生火灾时的环控模式，应保证能根据火灾发生的具体位置，开启通风排烟设施，为乘客安全撤离事故现场和消防人员快速灭火创造条件。

(2)给排水系统

为满足城市轨道交通沿线各车站及区间生产、生活及消防的需要，需设给水、排水及消防系统。其中，给水系统可供各车站、车辆及机电维修部门等地的正常生产、生活用水及消防用水；排水系统主要排除各车站、区间内产生的生活污水及生产废水、结构渗入水、消防废水及地下结构渗漏水、雨水等；各车站及地下区间隧道设消火栓系统，地下车站公共区域及地下车站的重要电气设备用房还设有自动喷水灭火系统。所以也可以说城市轨道交通给排水系统包括给水系统、排水系统和水消防系统三个子系统。

①给水系统

城市轨道交通给水系统负责车站、车辆维修工厂、车辆停车库、基地设备维修部门等单位的生活用水、生产用水和消防用水。生活用水在车站主要有卫生间、浴室和茶水室等的用水；生产用水主要是空调冷却系统的循环冷却水及补充水，站厅层、站台层和出入口通道等处的地面清洗冲洗水；消防用水主要是消火栓供水系统。一般地，城市轨道交通车站多采用生产、生活和消防分开的给水系统。即生产、生活给水由市政自来水公司引一路给水管进入车站，敷设在车站站厅层及站台层，不必构成环状，直供即可。而消火栓给水系统的敷设是在车站及区间隧道设两根给水干管，并在车站两端及区间隧道连通，构成环状管网给水系统。

城市轨道交通车站的生产、生活给水系统包括水源(城市自来水)、水池、水泵、水塔(水箱)、气压罐、管道和阀门。消防给水系统包括水源、消防地栓、水泵结合器、消防水泵、管道、阀门、消火栓和水流指示器。消防地栓为消防车提供水源，其分为地上式、地下式和墙壁式。

②排水系统

a. 车站排水系统。车站排水系统的主要任务是及时排除卫生间等生活污水、消防废水、设备冲洗与冷却等生产废水、敞开式出入口部分的雨水以及隧道结构渗水。排水采用分类集中，就地排放的原则。对污水、废水及雨水应分类集中并简单处理，就近排至城市污水、雨水排水系统中。地下车站污水设污水泵房，局部设有废水泵站，地下线路的最低点设有主排水泵站，地下区间洞口、车站敞开出入口、风亭等也设有雨水泵站。

车站污水排放系统主要由集水井、压力井和化粪池等组成。用排水管道将车站内厕所等处生活污水汇集到集水井，经潜水泵提升到压力井消能，地面化粪池简单处理后，排入城市污水管网。压力井是污水进入市政排水管网前的消能设施，其构造要求进出水管道不得在同一高程上，且侧壁必须有冲洗设施。

车站废水排放系统由集水井和压力井等组成。由车站站厅、站台层的地漏排入车站轨道两侧明沟和站台下排水沟，经汇集至车站端头废水池内，由排水泵提升排入地面市政排水管道。用排水管道或排水沟将车站内的生产和消防废水、结构渗漏水汇集到集水池，经潜水井提升到压力井消能后排入城市污水管网。车站雨水排放系统流程基本上和废水系统相同，地下结构渗漏水和车站风井的雨水一般汇集于就近的集水池，由排水泵提升排入地面市政排水管道。

此外，在区间隧道也设置独立的排水系统，其泵房设在区间隧道的最低处，明挖隧道的废水泵房设在隧道外侧或联络通道内,区间隧道内的结构渗漏水、生产废水或消防废水等沿着车辆轨道两侧明沟汇集至区间排水泵站的集水池,由排水泵提升排入地面市政排水管道或排入车站端头废水池内。

b. 基地排水系统。城市轨道交通的地面基地设有车辆停车库、车辆维修工厂、机电设备维修部门等,因此城市轨道交通的地面基地区域范围较大,在基地区域内设有独立完整的室内外给排水系统。

城市轨道交通的地面基地区域内建筑所排出的污水(仅指厕所污水)、废水分别汇集至区域内的污水泵站和排水泵站,由排水泵提升排入市政污水管道和地面市政排水管道。

城市轨道交通的地面基地区域内的雨水,由区域内的地面明沟和地下雨水管道将雨水汇集至排水泵站,由排水泵提升排入地面市政排水管道。

城市轨道交通的基地区域内因维修车辆等而产生的污水须经过污水处理,达到国家污水排放要求,方能汇入排水泵站。

③水消防系统

城市轨道交通车站水消防系统由城市自来水管网二路给水。地下车站和地面基地设有消火栓系统和自动喷水灭火系统。地面车站和高架车站一般仅设有消火栓系统。水消防系统分为"生产、生活和消防共用的给水系统"及"生产、生活和消防分开的给水系统"。前者在地下车站及区间隧道设两条给水干管,并在车站及区间将两条给水干管连通,构成环状网供水系统。后者的生产及生活给水系统设在车站,可以由地面城市自来水管引入一根给水管,敷设在车站站厅层及站台层,不必构成环状。消火栓给水系统的敷设是在车站及区间隧道设两根给水干管,并在车站两端及区间隧道连通,构成环状管网给水系统。

5)安全保障设备

(1)防灾报警设施

为保证城市轨道交通运行安全以及正常运营,保护全线所有建筑物,城市轨道交通线路都应配备具备自动监测及自动报警功能的防灾报警系统(参见第8章防灾报警系统),并同时设计火灾等突发状况下必要的预案。

(2)屏蔽门

1988年,世界第一套地铁屏蔽门设备成功安装在了新加坡地铁的NEL线上。当列车到达车站和离站出发前,该设备能自动进行活动门的开、关门控制。

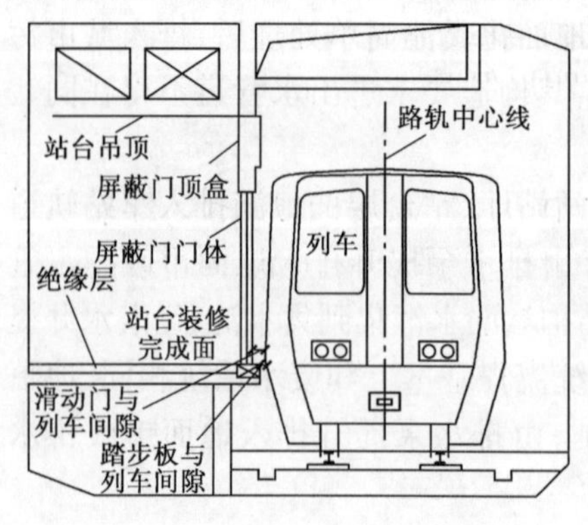

图3-17　站台屏蔽门立面布置

站台屏蔽门设在站台边缘,将站台区域与列车运行区域相互隔开。列车未进站时,屏蔽门处于关闭状态,保证了乘客候车的安全,防止了可能出现由于站台拥挤导致乘客掉下站台和盲人乘客掉下站台的各种意外事故,同时站台屏蔽门还可以降低站台的噪声,有效控制站台粉尘,减小活塞风对站台乘客的影响,改善乘车环境,节约运营成本。

根据屏蔽门在站台上的立面布置(图3-17),结合车辆外轮廓线,屏蔽门设备在多种外力载荷(风压荷载、人群挤压荷载、冲击荷载等)的叠加下,门体的结构设计应考虑允许的最大弹性变形量10～15mm;加上规范要求的不小于25mm的安全间隙,屏蔽门最外突出点距车辆限界的间距应不小于40mm。

通常站台屏蔽门的开、闭采用与车厢门有同等可靠性的压缩空气为动力,驱动气缸安装在站台门顶部的仓盖内。站台屏蔽门系统的室外设备主要由门体、门机(控制门的开关)和电源系统组成,其控制系统主要由中央接口盘(PSC)、手动控制盘(PSL)、远程监视盘(PSA)、门控单元(DCU)等几个主要部分构成。站台屏蔽门系统控制子系统包括DCU组、PSL、PSA、安全门单元控制器(PEDC)以及各种接口等,系统内部采用现场总线和硬线连接两种方式。

一般情况下,当列车进站后,列车车门与站台屏蔽门自动严格对准,司机在打开车门的同时,站台屏蔽门也联动开启(关闭车门时也是如此),以供乘客上下车,待乘降结束后,车门与站台门同步关闭;为了防止意外情况下司机操纵失灵而打不开屏蔽门,每个屏蔽门都设有个别操纵开关,供特殊情况或联动故障时站务员在站台侧用钥匙手动打开;为进一步保证安全,屏蔽门系统还设有不带动力的应急门,供紧急情况下乘客在轨道侧用开门把手打开滑动门逃生。此外,在车站的调度室和运输调度所均设有相应的控制显示设施和开关,以供在车站或隧道内如发生火灾等意外情况时,综合监控屏蔽门系统并实施远程控制,从而保证屏蔽门开、闭的绝对安全性。

(3)门禁系统

门禁系统是实现轨道交通内外出入通道智能化控制与管理的安全管理系统,它集微机自动识别技术和现代安全管理措施为一体,涉及电子、机械、光学、计算机技术、通信技术、生物技术等诸多新技术。门禁系统由系统通信网络、中央级门禁管理系统、车站级门禁管理系统和现场级门禁设备四大部分构成。在运营中常常采用中心级、车站级两级管理,中心级、车站级、就地级三级控制的管理模式。其中中心级主要负责ACS门禁系统的日常设备运行管理、设备运行统计、故障报警统计、门禁卡的授权管理、设备控制参数及安全参数管理、系统数据管理等;而车站级主要负责出入口设备监视、进出权限设置、故障报警、设备控制等功能,并可实现与其他报警、消防等系统的联动。各站点门禁管理数据信息通过光纤通信网络上传至中央级门禁系统统一管理。门禁系统具有在线、离线、灾害三种运行模式,可根据需求自动转换相应模式,必要时还可同时启动相应的门禁管理应急预案。

6)车站用房

车站用房包括办公用房、设备用房及辅助用房三部分。车站办公用房是为保证车站具有正常运营条件和营业秩序而设置的房屋,是直接或间接为列车运行和乘客服务的场所,其包括站长室、行车值班室、业务室、会议室、售票室、广播室、问讯处、保卫处和清扫员室等,主要供站务人员进行运营管理和服务工作使用。设备用房是为保证列车正常运行、保证车站内具有良好环境条件及在事故灾害情况下能够及时排除灾情不可缺少的房屋,包括通风与空调环控机室、通信机械室、变电所、控制室、机电设备用房、泵房、工区用房等,供安装各种设备而设置,以便直接或间接为列车运行及乘客提供服务。辅助用房是为保证车站内部工作人员正常工作生活所设置的用房,包括卫生间、茶水间、更衣室、储藏室等,供站务人员及部分乘客日常生活必要时使用。

车站用房应根据运营管理需要设置,在不同车站只配置相应的必要房间,尽可能减少用房面积,以降低车站投资。表3-1为车站办公用房、辅助用房面积参考表。为方便站务人员及乘客，运营管理及辅助用房一般分设于站厅和站台端部，而技术设备用房是整个车站的心脏所在地，与乘客没有直接联系，一般设在离乘客较远的地方。

车站办公用房、辅助用房面积参考表　　表3-1

房间名称	参考面积	位置
站长室	15~18m²	站厅层，靠近控制室
车站控制室（含防灾控制）	35~50m²	站厅层客流大的一端
警务室	(12~15m²)×2	一条线上另加设1~2间警署室，每间12~15m²
交接班室（兼会议、餐室）	1.2~1.5m²/人	按一班定员计
更衣室（分男、女）	0.6~0.7m²/人	按车站全部定员计
茶水室	8~10m²	附洗涤池
卫生间	女2~3个坑位，男1个坑位、2个小便斗	管理人员用
清扫室（站厅、站台各一间）	10~20m²	附洗涤池、2个站厅、侧式站台另增
站务员室	15m²×2	侧式车站站台设2间（面积可适当减小）
收款室（即票务室）	15m²×2	
库房	8m²	
供电值班室（每座降压变电所配一间）	6m²×2	如SCADA同步实施，可不设
列检室	10~15m²	交路折返站
司机休息室	8m²×2	交路折返站
维修巡检室	6m²×2	宜每站1间，至少3~5站1间

3.2　城市轨道交通车站选型布局与相关设计

3.2.1　城市轨道交通车站选型及设计原则

(1)城市轨道交通车站的选型种类及施工特点

车站的建筑形式必须结合城市特有的发展规划、地理条件及经济状况，并与各种车站的建筑施工特点结合起来因地制宜地进行选型。各种车站的建筑施工各有其不同的特点。

①岛式站台车站。岛式站台车站是国内最常用的一种车站形式，一般采用明挖法施工，必要时也可采用暗挖法施工，它的埋置深度一般不超过20m。岛式站台最大的优点是便于乘客换乘其他车次。同时，岛式站台两条单线以单隧道的布线方式在城市地下工况复杂的情况下穿行也具有较大的灵活性。

②侧式站台车站。侧式站台车站的轨道布置较为集中，有利于区间采用大的隧道或双圆隧道双线穿行，施工具有一定的经济性。但在城市地下工况复杂的情况下，大隧道双线穿行反而又缺乏灵活性。此外，侧式站台不利于乘客换乘其他车次。

③矩形箱式车站。矩形箱式车站大都采用地下连续墙后大开挖的现浇钢筋混凝土结构，施工时对周边环境的影响较大，土方量也较大，容易影响地面交通。

④圆形或椭圆形的车站。这种车站一般在地质条件较好、地面不具备敞口明挖的地段采用，可采用盾构法施工，因而施工土方量较少，对周边环境的影响较小，但技术要求较高，施工难度相对较大。

⑤浅埋式车站。浅埋式车站的施工土方量较小，技术难度不大，节省投资。同时，由于是浅埋式，客流上下行进高程较小。

⑥深埋式车站。深埋式基坑的技术难度增加，施工土方量增加，投资加大。同时，由于是深埋式，客流上下行进高程较大。

(2)城市轨道交通车站的设计原则

①一致性原则。车站选址要与城市规划、城市交通规划及城市轨道交通路网规划的要求相一致，以满足远期规划的要求。

②适用性原则。车站选址要综合考虑该地区的地下管线、工程地质、水文地质条件、地面建筑物的拆迁及改造的可能性等情况；设计应能满足远期客流集散量和运营管理的需要，应具有良好的外部环境条件，最大限度地吸引乘客；要满足客流高峰时段所需的各种面积要求，楼梯、通道宽度要求以及设备用房和管理用房的要求。

③协调性原则。车站总体设计要注意与城市景观、地面建筑规划等各种自然及人文环境相协调。

④安全性原则。车站要有足够明亮的照明设施，足够宽的楼梯及疏散通道，具有指示牌及防灾设施等。

⑤便利性原则。车站站位应尽可能地靠近人口密集区和商业区，最大限度地方便乘客出行。

⑥识别性原则。车站设计应体现现代交通建筑的特点，简洁、明快、大方并易于识别，同时车站及相关设施都要有明显的特征和标志。

⑦舒适性原则。车站的设计要以人为本，要有舒适的内部环境和现代的视觉观感，并解决好通风、温度和卫生等问题。

⑧经济性原则。车站的设计应尽可能地与物业开发相结合，使土地的利用最充分，并尽可能降低造价、节约投资。

(3)城市轨道交通车站总平面布局设计的步骤

①分析影响因素及确定边界条件。影响车站站位和总平面布局的因素包括周围环境、建筑物拆迁和管线改移条件、施工方法、客流来源与方向以及综合开发的条件。

②确定车站平面布置原则。站厅层布置应分区明确，依据站内结构及设施配置情况对客流进行合理的组织，避免和减少进出站客流的交叉，站台、自动扶梯、电梯、售票机、检票机、空调通风等设施应合理布置其位置及数目，满足系统运营要求。

③根据功能要求构思总体方案。以换乘为主的车站，尽可能减少换乘距离而进行设计，并留有足够的换乘能力；大型客流集散点的车站，要考虑突发性客流特点，留有足够的乘客集散空间，并创造快捷的进出站条件；有列车折返运行需要的车站，以列车在车站的运营能力为主，考虑车站配线设置以及由此带来的车站站位及平面布局的变化。

④确定出入口、风亭数量和位置。单独修建的地面出入口和地面通风亭,其位置应符合当地城市规划部门的规划要求 。车站出入口应尽可能与城市过街地道、天桥和下沉广场相结合,以方便乘客,节约投资。

⑤绘制车站总平面布置图。其主要包含车站中心的详细位置,包括线路里程、坐标等;车站主体的外轮廓尺寸,包括端点的线路里程、关键点的位置坐标等;出入口、风亭通道的位置、长度、宽度等;车站线路及区间的连接关系,车站周围地面建(构)筑物情况、地形条件等;与车站有关的设施情况等。

3.2.2 城市轨道交通车站平面布局设计要点

城市轨道交通车站的平面组成基本上分为两大部分,一部分是与客流直接有关的公共区域,包括站厅层、站台层及出入口通道;另一部分是涉及车站运行的技术设备用房及管理用房,一般设在站厅和站台的两端部。城市轨道交通车站平面布局应尽可能满足减少乘客在站停留时间、提高乘车安全性及舒适性,便利乘车及换乘等基本需求,同时还应兼顾土木建筑工程坚固、美观、防灾减灾及有利于进一步发展等特性。

(1)站厅层布局设计

设备管理用房基本分设于车站两端,一端大、一端小,中间作站厅公共区。设备用房中最大的是环控机房,其中包括冷冻机房、通风机房及环控电控室。在管理用房中主要解决的是站控室及站长室的位置、消防疏散兼工作楼梯的位置以及厕所的位置。

(2)站厅层公共区设计

条件允许的车站应尽可能合理安排设置自动售票机完成售票。此外,在进出站检票口设置付费区和非付费区隔离栏。进出站检票机旁还需设置人工开启栅栏门,便于较大行李的出入和特殊情况下的使用;进站检票口应设有监票亭;检票口周围设栏板,以隔离非付费区和付费区,一般非付费区比付费区的面积大。

(3)站台层的公共区设计

站台的有效长度一般按车辆的编组长度加上车辆停靠的误差来决定。对于远期列车编组在6~8辆的城市轨道交通系统,站台长度一般为130~180m。

(4)地铁车站的环控设计

车站公共区域的环控系统主要是站厅、站台的制冷送风(包括新风)回风系统,车站的排风(排烟)系统,站台层列车及车道产生的热量和废气的排热、排烟系统,车站活塞风及区间隧道发生灾变时的送风排烟系统,以及各管理用的小环控系统。

3.2.3 城市轨道交通车站剖面设计

剖面设计主要解决的是车站的结构形式、结构尺寸、设备和建筑所需的空间高度以及车辆通行停靠的限界要求。站厅层的净高不小于4m,安装及装修后的尺寸不小于3m;从站台到顶部的净高为4.1~4.3m,装修后的高度不低于3m;从站台面至下部底板面的高度为1.62m,可以满足设备安装要求。

3.2.4 城市轨道交通车站的其他设计

(1)无障碍设计

无障碍设计突出应遵循“以人为本”的设计理念,必须具有高安全性,必须便于使用。图3-18为正在使用中的轮椅升降台。这种轮椅升降台一般设置在楼梯的两侧,残疾人乘坐轮椅可通过轮椅升降台下到站厅层,然后再经设置于站厅的垂直升降梯下达到站台。轮椅升降台使用完毕后可以折叠,以免对其他乘客正常使用楼梯造成影响,图3-19为折叠后的轮椅升降台。

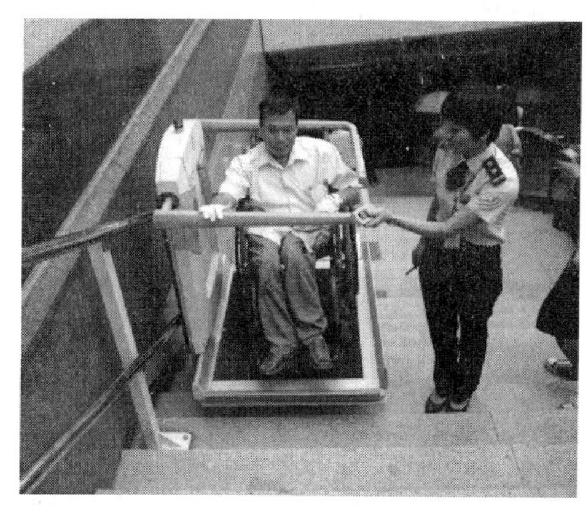

图3-18　使用中的轮椅升降台

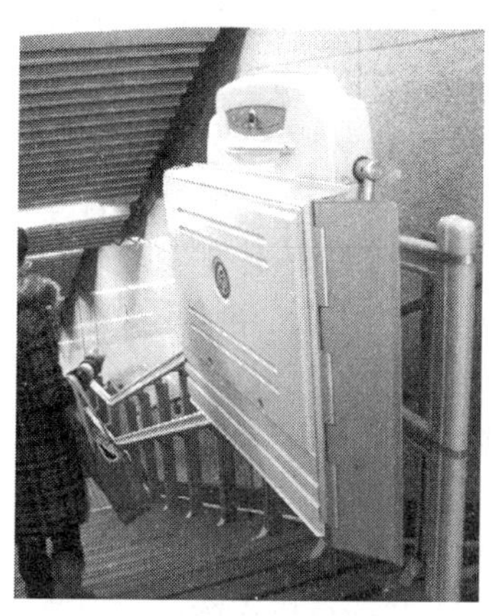

图3-19　折叠后的轮椅升降台

无障碍设备应设在车站广场、停车位、入口、台阶、楼梯、扶手、电话、售票窗口、自动查询台、检票通道、厕所、车厢及标志牌等区域。乘客通行的楼梯、站台候车处、将乘客引向无障碍电梯及无障碍检票通道或无障碍车厢等处的通道,均应设盲道。城市轨道交通相应区域须设低位服务设施,包括电话、售票窗口、自动售票机、查询机等,还应设无障碍检票通道。此外,新建线须设无障碍车厢,改造线也应增设无障碍车厢。

(2)防灾设计

防灾设计包括人防设计、紧急疏散设计、车站消防设计、车站防洪涝设计要素。

①人防设计。在车站的人防设计中应结合“平、战结合”的原则按六级抗力等级设防。将一个车站加一个区间隧道作为一个防护单元,在相邻防护单元间要设置一道防护隔断门;在出入口密闭通道的两端各设活置式门槛防护密闭门;每个车站还要设置不少于两个人防连通口,且连通口净宽不小于1.5 m。在附近没有人防工程或暂不知是否有人防设施的情况下,人防连通口做完后,通道要预留接口;在进、排风风口及活塞风口须设置一道防护密闭门;内部装修应考虑防震抗震要求。

②紧急疏散设计。在车站的紧急疏散设计中,车站内所有的人行楼梯、自动扶梯和出入口宽度的各项总和应分别能满足在紧急情况及远期高峰小时设计客流量下,将一列满载列车的乘客和站台上候车的乘客(上车设计客流)及工作人员在6min内疏散到安全地区。此时车站内所有的自动扶梯、楼梯均作上行,其通过能力按正常情况下的90%计算。垂直电梯不计入疏散能力内。车站设备用房区内的步行楼梯在紧急情况下也应作为乘客紧急疏散通道,并纳

入紧急疏散能力的验算。车站通道、出入口处及附近区域,不得设置和堆放任何有碍客流疏散的设备及物品,以保证疏散的畅通性。

③车站消防设计。车站内须划分防火分区,中间公共区(售检票区或站台)为一个防火分区,设备用房区为另一个防火分区;有物业开发区的车站,物业开发区为独立的防火分区。每个防火分区内设两个独立的、可直达地面的疏散通道;所有的装修材料均按一级防火要求控制。

④车站防洪涝设计。车站防洪涝设计按有关设防要求执行,地面站应考虑防洪要求。

(3)空间形态及内部环境设计

依靠顶面的形体变化或者利用装饰材料的不同机理组合,显示其空间形态的变化。空间布局及色调以浅色为主,以改善地下空间封闭、沉闷和压抑的感觉。环境设计既要考虑全线车站的统一性,还要考虑每个车站各自的个性。空间形态及内部环境设计应以舒适、美观、安全、通畅、易识别等为前提,装修设计手法、材料、色彩力求与地面环境、车站规模以及站内环境相协调,力求简洁明快,体现交通建筑的特色。城市轨道交通车站的地面、墙面、顶面及柱面装修材料具有不燃、无毒、经济耐久等性能;地面材料要耐磨、防滑、易清洁并具有足够的抗冲击性。在设备与管理用房及公共部分考虑采用具有吸音、防潮性能的装修材料;墙体壁面一般做成离壁式衬墙,以免渗水现象发生。顶面材料为铝合金条板、方板等,柱面在设计中装饰时要尽量减少棱角的出现。

(4)其他公用设施配置

站内的其他公用设施包括各类信息显示设施及照明灯具。信息显示设施应保证信息的清晰、准确与及时,设施包括乘客信息系统终端设备;PDP 等离子显示屏、LED 单元模块化结构显示屏、LCD 液晶显示器、高清晰度电视和触摸式查询机等乘客资讯系统终端设备。照明灯具的布置也应因地制宜,恰如其分。如站厅、站台公共区照明应以嵌入式格栅灯和筒灯为主,无吊顶房间照明采用管吊式荧光灯和筒灯为主,有吊顶房间照明采用嵌入式格栅灯、筒灯和吸顶灯,有火灾危险的场所照明采用防爆灯。

3.3 城市轨道交通换乘枢纽

3.3.1 城市客运交通枢纽概述

城市客运交通是由多种交通工具和交通方式组成的立体化大系统。除私人交通方式外,通常情况下,采用一种交通工具或同一路线,不可能完成所有的门到门服务,因而,各交通工具之间或同一工具不同路线间的相互转换便是不可避免的。

城市客运交通枢纽(站)是城市客运交通系统中的关键性节点,承担着衔接各种不同交通方式中转换乘等重要功能,其运行效率的高低,直接关系到城市客运交通系统中各种交通方式的衔接配合以及功能的充分发挥,关系到以公共交通为主的客运交通体系的建立,关系到居民出行的方便程度,关系到城市客运交通系统综合运输效率。换乘枢纽(站)不仅是连接城市各功能分区、实现交通方式和线路转换的功能体,更为客运系统中各子系统间的有机衔接、协调、连续运转提供了有利的条件。

从交通功能的转换来说,换乘表现为城市"对外交通"与"市内交通"的转换以及"市内交通间"的转换两种形式。城市"对外交通"位于机场、火车站、码头等,主要解决对外交通与市内交通的乘客换乘问题,主要方式有长途汽车,铁路、航空、长途航运等;"市内交通"服务于市内各种交通方式之间及内部中转换乘为主要的需求,市内交通方式主要包括地铁、轻轨、公共汽车、出租车、轮渡等。另外,从交通方式的转换来说,换乘又可分为不同交通方式间的转换(包括交通方式及交通线路的转换)、同种交通方式间的转换(主要指线路间的转换)两种形式。

3.3.2　城市轨道交通换乘枢纽的特点

目前,我国大城市把"建立以轨道交通方式为骨干,地面常规公交为主体,私人交通方式(步行、自行车、私人小汽车等)为补充的多元化、多层次、立体化的城市客运交通系统"作为城市的发展战略目标。国外大城市的客运交通枢纽,大部分都是城市轨道交通枢纽,只有在轨道线网覆盖不到的区域,其客运交通枢纽才设置成常规公交枢纽。与此同时,在对外交通换乘枢纽内,城市轨道交通作为对外交通与城市交通的一种衔接工具,日益发挥着重要的作用。在此,对于城市轨道交通枢纽应加以重点分析。

城市轨道交通换乘枢纽或车站是线网上的重要节点,它连通着至少 2 条城市轨道交通线路以及其他交通方式,客流以该节点作为到达地、始发地或中转地,其主要特点表现如下。

(1)规模大

大型轨道交通换乘枢纽(站)中除有各条线路的站台、站厅外,一般需要设置 1 套以上的行车设备、车站客运设备及车站机电、消防设备等。由于设备所需空间的要求,车站的占地面积及空间体积相对于一般城市轨道交通车站要大很多。

(2)设备种类多且数量大

由于大型换乘枢纽或车站规模大,出入口、通道也比较多,换乘枢纽或车站多处设有售检票、消防、行车、电梯、导向、供电、通风、制冷制热、信号等设备,各种设备数量也非常多,而且其连接的线路越多,设备也越复杂。

(3)客流量大且组成复杂

大型换乘枢纽或车站,一般都是多种交通方式下的混合换乘,会有大量的换乘客流。枢纽内线路的敷设方式不同、站厅与站台的布置方式不同,换乘交通种类不同,则客流的换乘方式及效率也各不同。一般除各种交通方式之间的换乘客流外,有的车站具有社会通道功能,会形成通道客流;还有一部分车站甚至存在参观或购物等客流。这些车站不仅客流量大,而且客流组成更为复杂。

3.3.3　换乘枢纽设计原则

轨道交通换乘应实现出行者在轨道交通内部或城市轨道交通与其他交通方式之间交通行为的改变,包括出行者通过步行、自行车、小汽车、摩托车等方式到达或离开城市轨道交通车站,在不同轨道交通线路之间转乘,以及在城市轨道交通与对外交通(铁路、飞机)之间转乘。随着城市规模的不断扩大,人们的出行距离日益增加,居民从起点到终点的一次出行往往需要使用多种交通工具。城市轨道交通枢纽将私人交通、常规公交和城市轨道交通结合成一个有机的客运运输整体，提高了运输效率，给乘客带来极大的效益。

因此，城市轨道交通要发挥快速、准时的优势，除了其自身的速度与正点性之外，还要考虑同其他轨道交通、地面交通方式的有效衔接。这种衔接既直接关系到城市轨道交通的吸引力，也影响着城市轨道交通系统的服务水平。

各种交通方式之间的换乘布局应有益于节约乘客的换乘时间，在平面和垂直方向上都要力求保证换乘枢纽空间规划布局的紧凑性。作为城市轨道交通系统与其他交通方式联系的纽带，换乘枢纽(站)规划设计和管理原则主要有以下七方面：

①尽量缩短换乘距离，换乘路线要明确、简捷，尽量方便乘客。

②尽量减少换乘高差，降低换乘难度。

③换乘客流宜与进、出站客流分开，避免相互交叉干扰。

④换乘设施的设置应满足乘客换乘客流量的需要，且需留有改扩建余地。

⑤应周密考虑换乘方式和换乘形式，合理确定换乘通道及预留口位置。

⑥换乘通道长度不应超过100m；超过100m的换乘通道，宜设置自动步行道。

⑦尽可能降低造价。

3.3.4 换乘方式的基本类型

在以城市轨道交通为主的换乘枢纽内，换乘方式的基本类型包括轨道交通与其接驳系统换乘以及轨道交通与轨道交通间的换乘布局模式。而在以对外交通(铁路、航空)为主的换乘枢纽内，不仅要考虑与常规交通的布局，还要考虑对外交通的布局模式 。

1)枢纽内各种交通方式的布局

城市轨道交通不能像其他交通方式一样实现门对门的服务，必须与其他交通方式协调配合。城市轨道交通枢纽通常包括由轨道交通、常规公交、出租车、社会车辆、长途汽车、自行车等交通方式，通过地下通道、人行通道、人行天桥等交通服务设施的连接，实现彼此之间的衔接、换乘与接驳，为乘客提供方便的服务。

公共交通发达的城市，一般都有好几种相互联系并协调运作的交通方式。如城市铁路与城市内的轨道交通之间，城市铁路与地面公交之间，各种轨道交通方式之间，地面公交之间，轨道交通或地面公交与航空港或客运码头之间等的衔接与换乘。如何将各种交通方式分配到有限的空间内，使得各种交通方式之间的换乘协调、方便，换乘时间最省，是现代交通枢纽建设所面临的重要问题。为实现出行者换乘舒适、安全和换乘时间最短的目标，各种交通方式的合理布局是关键条件。

(1)常规公交

在枢纽站内，常规公交的换乘设施，主要是通过设置布局合理的公交车站，提供较为集中的公交车与乘客之间的换乘场所。枢纽常规公交换乘设施的主要组成要素为：公交乘降区，上客等待区，公交车回转区。这些功能区的设置，为公交车进出道路系统提供缓冲，为乘客在不同交通方式之间换乘提供了保障。

城市轨道交通枢纽公交车站的布置应强调轨道和公交之间的换乘便利性。公交车站的平面布置通常有周边分布式、并行排列式和岛屿式三种模式，具体如图3-20所示。

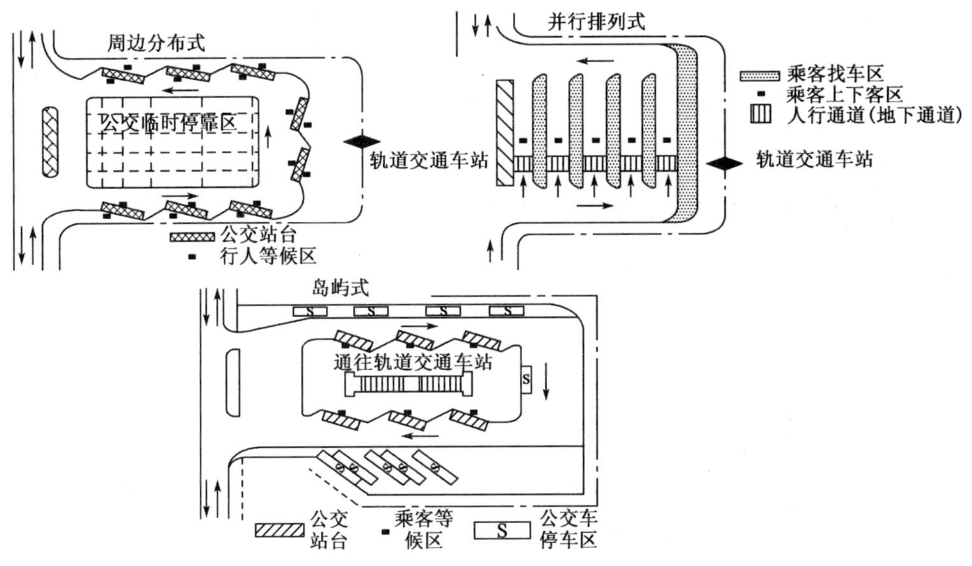

图3-20　公交车站的平面布置

①周边分布式:该模式的最大特点是灵活性大,临时停车集中在中央停车区,泊位可以按需要调整。乘客的上下车和换乘在周边步行区进行,不存在人车冲突。乘客区域较为分散,线路之间的换乘略费周折;乘客候车区域较大。中间的空间如果设置为公交停车场地,车辆从停放区进入站位会不太方便。

②并行排列式:该模式基于公交穿越式泊位,各线路进出站台较为方便。但换乘客流对各个站台的选择,易导致换乘客流与公交车之间的冲突。灵活性差,如果某一条线路停车空间不够,不允许其车辆驶入其他线路的站位,联系各个公交站台和轨道站台,需要配建多个楼梯和自动扶梯。

③岛屿式:轨道和公交的换乘可以通过地道连接"岛屿"或者二层行人走廊,其优点是人车之间的冲突较小,换乘客流的平均步行距离最小,将乘客集中到一个"岛屿"上,换乘更为便捷。需要保证乘客候车区的面积,在中央岛屿候车区可以提供各条线路统一的设施,便于提供高质量的候车环境。

(2)出租车

出租车交通系统主要有乘客、出租车、城市道路。出租车需要在良好的道路条件下覆盖大面积的区域接客;行人需要能够随时随地方便地搭乘出租车。因此,为了既满足出租车乘客的需求,又尽可能减少出租车对道路交通的干扰,需要建立一定的路外出租车换乘系统。

城市轨道交通枢纽出租车换乘设施,一般在道路空间外,通过设置出租车站,提供集中出租车和乘客之间换乘关系的场所。枢纽出租车换乘设施的主要组成要素包括:上、下客区,上客等待区,出租车循环区。具体换乘系统结构,如图3-21所示。

出租车的乘降区域可以在同一位置布置,也可以分散布置。一般尽可能设置在枢纽出入口附近区域。出租车进出、上下客的流线、等车循环区及乘客等待区应与常规公交线路分离,这样可减少出租车对常规公交停靠和行驶的干扰。

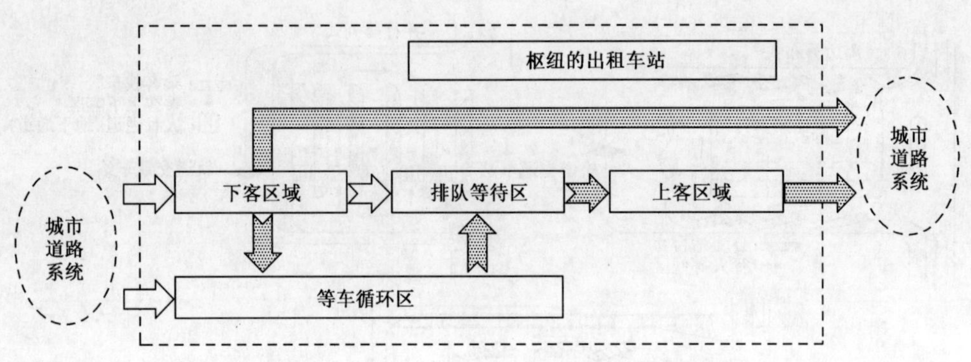

图 3-21 枢纽出租车换乘系统结构

(3)社会车辆

私人小汽车在枢纽站的换乘布局中,主要考虑停车换乘(Park and Ride,即 P + R)和开车接送(Kiss and Ride,即 K + R)两种模式。

停车换乘(P + R)方式是指将小汽车布置在城市外围停放,乘客换乘城市轨道交通而进入中心区的方式。停车换乘比较适合于城市外围周边地区枢纽站。枢纽必须提供足够规模的停车泊位,满足停车换乘的需求。其次,应保证小汽车出行者换乘距离较近。停车换乘设施必须保证车流的顺畅,避免造成枢纽内车流拥堵。

开车接送(K + R)方式通常采用路外停车的形式。为保证枢纽周边道路的通畅,通常应避免此类小汽车进入城市城市轨道交通枢纽内部,减少客流与车流的冲突。此种形式,换乘者的换乘距离一般比较长。

(4)自行车

自行车出行比较灵活,比较适合于短距离的出行。通常将城市轨道交通枢纽自行车的合理交通区规定在 3km 以内,在此范围内为骑自行车者设计安全、舒适、方便的自行车道。

设计自行车系统在城市轨道交通枢纽内的合理区域时,应注意以下几点:

①充分发挥自行车近距离出行的优势,尽量控制长距离自行车出行的比重,并开辟自行车专用道,使其从主、次干道的道路系统中分离出来,方便自行车出行者。

②形成自行车道网络系统,引导自行车向城市轨道交通的换乘,减少跨区域自行车出行量。

③对自行车的停放应加强管理,并提供专门的停放区域,要求按次序停放,以免影响交通。

④城市轨道交通枢纽内自行车的停放区应该设置在枢纽出入口,方便与城市轨道交通的换乘,但要防止其扰乱交通。

2)城市轨道交通与城市轨道交通间的换乘方式

城市轨道交通间换乘的乘客基本换乘方式有两种:一种是乘客同站台换乘,另一种是乘客通过楼梯、自动扶梯或通道到达另一个车站或本车站不同平面的站台进行换乘,又称不同站台换乘。前者两条线路分设在同一个站台的两侧,乘客可在同一站台由一线换乘到另一线,极为方便。后者列车分布在不同站台,呈“一”、“十”、“T”、“L”形停留,需增加一定的通道、天桥或地道等相应的设施完成换乘,一般要求流线合理,楼梯、电梯等设施宽度足额,以免造成乘客拥挤，甚至发生事故。

在换乘枢纽或换乘站，根据乘客主要借助的换乘设施和客流组织方式的不同，可将换乘方式分为站台换乘、站厅换乘和通道换乘等基本类型。

(1)站台换乘

站台换乘适宜于同一车站大部分平行线路或个别非平行线路间的换乘。站台的基本布局分为同一平面站台布置形式[图3-22a)]和双层站台布置形式[图3-22b)]。

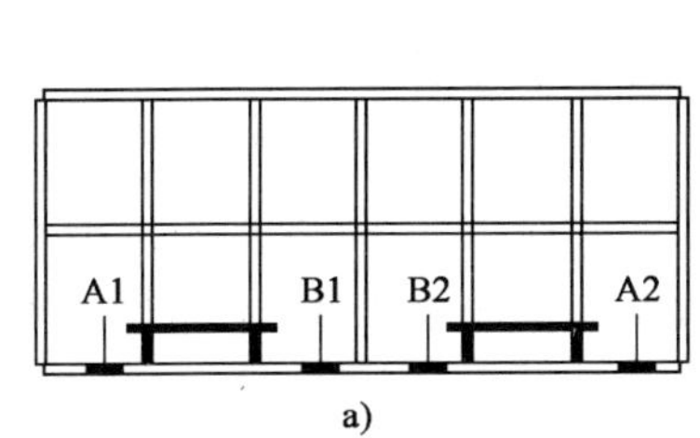

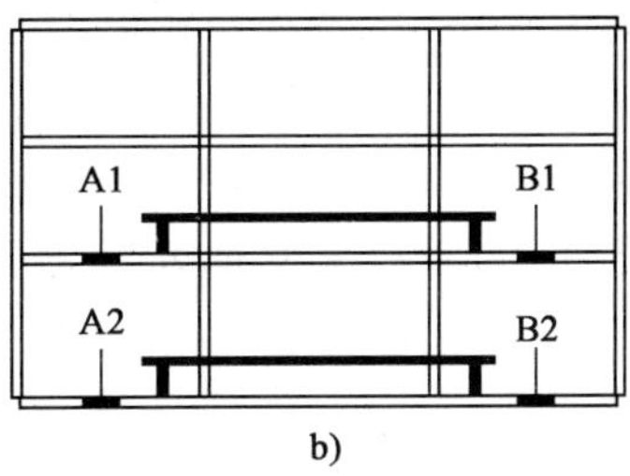

图3-22　站台基本布置形式

a)同一平面站台；b)双层站台

对于同一平面站台布置形式可实现同站台直接换乘。其换乘线路短，没有换乘高度的损失，乘客换乘非常方便，如工程条件许可，应积极采用。一般同站台换乘方式要求两条线要有足够长的重合段，应尽量在两线建设期相近或同步建成的换乘点上采用，否则需要将预留线车站及区间预留空间同期加以考虑，以便后期合理施工及营运。

双层站台布局须通过楼梯、自动扶梯等设施至不同平面完成换乘，便捷性稍有不足，但相比站厅换乘、通道换乘和站外换乘等其他方式的换乘，其仍然比较方便快捷。

(2)站厅换乘

站厅换乘一般用于相交车站的换乘。站厅换乘是指乘客由一个车站的站台通过楼梯或自动扶梯到达另一个车站的站厅或两站共用的站厅，再由此站厅到达另一个车站站台的换乘方式。在站厅换乘方式下，乘客下车后，无论是出站还是换乘，都必须经过站厅，再根据导向标志出站或进入另一个站台继续乘车。由于下车客流只朝一个方向流动，乘客行进速度快，在站台上的滞留时间减少，可避免站台拥挤，同时又可减少楼梯、电梯等升降设备的总数量，有利于控制站台宽度规模。

站厅换乘的换乘距离较长，换乘总高度也较大。若站台与站厅之间有自动扶梯连接，可改善换乘条件。这种换乘方式有利于各条线路分期修建、分期建成。此方式一般适用于侧式站台间换乘，或与其他换乘方式组合应用，可以达到较好效果。

(3)通道换乘

当两线交叉处的车站结构完全分离，车站站台相距稍远或受地形条件限制不能直接设计为通过站厅进行换乘时，可以考虑在相距较近的两个独立车站之间设置单独的换乘通道来为乘客提供换乘途径。用楼梯将两座车站站台直接连通，乘客通过该楼梯与通道进行换乘，换乘高差一般为5～6m，这种情况也称通道换乘。通道换乘设计要注意上下楼的客流组织，更应避免双方向换乘客流与进出站客流的交叉紊乱。

通道换乘方式布置较为灵活，对两线交角及车站位置有较大适应性，有利于两条线工程分期实施，其预留工程少，甚至可以不预留。换乘通道一般应尽可能设置在车站的中部，避免与出入站乘客交叉。由于受各种因素影响,换乘通道一般都较长,这样使得乘客的换乘距离和时间都比前两种换乘方式要长,一般应注意将通道长度控制在100m之内为宜。

(4)站外换乘

这种换乘方式是乘客在车站付费区以外进行换乘,实际上是没有专用换乘设施的换乘方式。其主要用于下列情况:

①高架线与地下线之间的换乘,因条件所限,不能采用付费区内换乘的方式。

②两线交叉处无车站或两车站相距较远。

③规划不周,已建线未作换乘预留,增建换乘设施十分困难。

采用站外换乘方式,往往是无线网规划而造成的后遗症,不予推荐。由于乘客增加一次进、出站手续,再加上在站外与其他客流交织以及步行距离长,导致换乘很不方便。对城市轨道交通自身而言,这是一种系统性缺陷的反映。因此,站外换乘方式在线网规划中应注意尽量避免。

(5)组合式换乘

在换乘方式的实际应用中,当多条线路在一个换乘点交织,或两条线路间有两种以上换乘方式时,往往采用两种或几种换乘方式组合,以达到完善换乘条件,方便乘客使用,降低工程造价的目的。例如,同站台换乘方式辅以站厅或通道换乘方式,使所有的换乘方式都能换乘;结点换乘方式在岛式站台辅以站厅或通道换乘方式,以适宜换乘能力;站厅换乘方式辅以通道换乘方式,可以减少预留工程量等。上述组合换乘,均是考虑到不仅在使用功能上要有足够的换乘通过能力,还要有较大的灵活性,为工程实施及乘客换乘提供方便。

3)城市轨道交通与对外交通的换乘

对外交通换乘枢纽主要位于火车站、机场等地点,是保证城市对内、对外交通有机衔接的重要场所。国外许多大城市的对外交通换乘枢纽已成为"交通综合体",即在同一建筑物内或区域中集中了机场、铁路、地铁、轻轨、公共汽车、小汽车等交通方式,各种交通方式可通过衔接设施实现相互之间的换乘。如法国巴黎的戴高乐国际机场换乘枢纽,在同一建筑物内,可以方便地实现与航空、法国新干线(TGV)、区域快速地铁(RER)、空港内部的小型地铁(Mini-Metro)相互换乘,成为世界空港建设的典范。我国上海虹桥机场枢纽建成后也可实现航空、城市轨道交通、长途汽车、出租车等交通方式之间的相互换乘。

3.3.5 换乘枢纽基本形式及设计实例

1)城市轨道交通间换乘的换乘枢纽基本形式

轨道交通间换乘的换乘枢纽车站形式分为以下几种。

(1)"一"字形换乘

两个车站上下重叠设置构成"一"字形组合的换乘车站,一般采取站台换乘或站厅换乘。图3-23描述了这种换乘站的简要示意图。

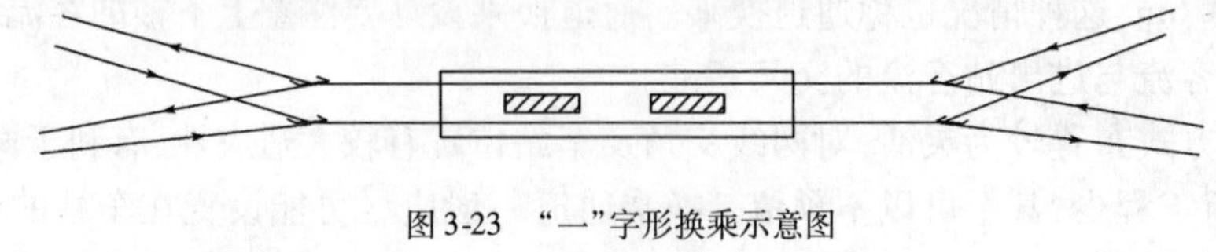

图3-23 "一"字形换乘示意图

(2)“L”形换乘

两个车站平面位置在端部相连构成“L”形，高差要满足线路立交的需要。这种车站一般在相交处设站厅进行换乘，也可根据客流情况，设通道进行换乘，其简要示意如图3-24所示。

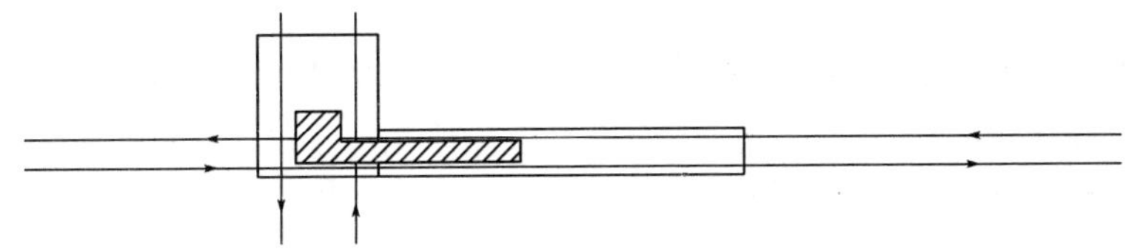

图3-24　“L”形换乘示意图

(3)“T”形换乘

两个车站上下相交，其中一个车站的端部与另一个车站的中部相连，在平面上构成“T”形，一般可采用站台或站厅换乘，如图3-25所示。

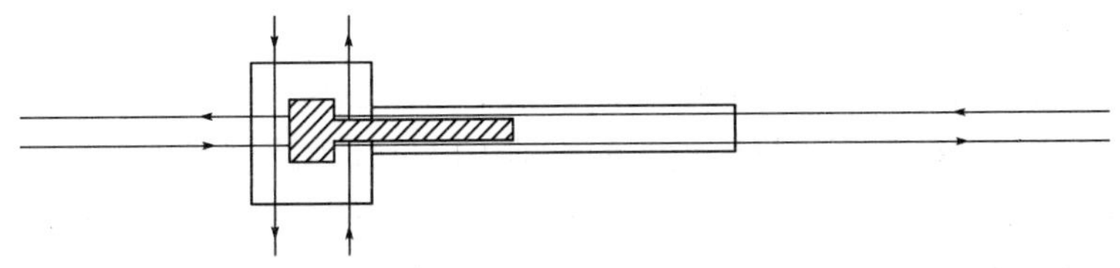

图3-25　“T”形换乘示意图

(4)“十”字形换乘

两个车站在中部相立交，在平面上构成“十”字形，这种车站一般采用站台直接换乘或站厅加通道换乘，其简要示意如图3-26所示。

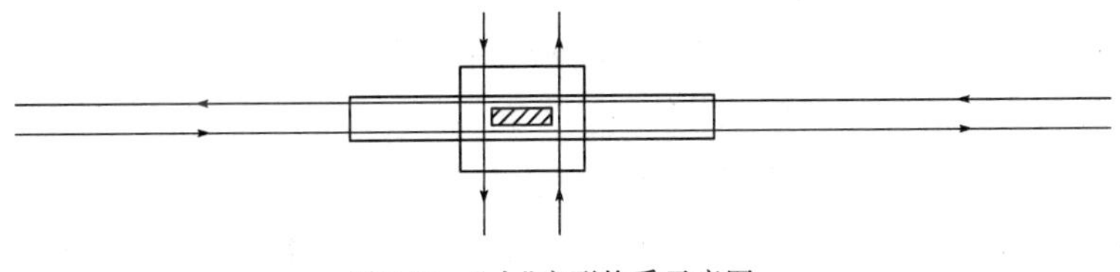

图3-26　“十”字形换乘示意图

(5)“工”字形换乘

两个车站在同一水平面设置，以换乘通道和车站构成“工”字形，这种车站一般采用站厅换乘或站台到站台的通道换乘。图3-27给出了“工”字形换乘站的简要示意图。

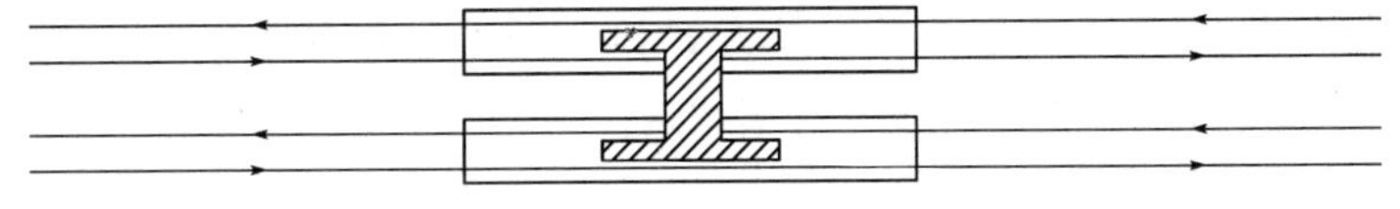

图3-27　“工”字形换乘站的简要示意图

我国城市轨道交通系统中，北京西直门站为“十”字形，复兴门站为“T”形，积水潭站为“L”形等。

2)换乘站设计要素

换乘站的设计在通常车站设计的基础上，应重点考虑以下几个方面。

(1)依据线路位置和客流方向,确定换乘形式

两条线路之间的换乘关系一般取决于两条线路的走向和站位条件,两条交叉的线路一般采用"十"字形换乘、"T"形换乘或"L"形换乘。两条平行的线路,可选择"一"字形换乘或"工"字形换乘。

换乘站周围的客流来源和方向是换乘站关系重点考虑的因素。一般"T"形、"L"形、"工"字形照顾的客流面比较大,可以使车站的客流吸引范围增大;而"十"字形和"一"字形换乘站可以提供相对快捷便利的换乘条件,以换乘客流为主的车站应尽可能采用后两种形式。

(2)依据车站形式,设计客流流线

通常来讲,根据车站站台形式确定的换乘方式可分为:岛岛换乘、岛侧换乘和侧侧换乘等几种换乘方式。

①岛岛换乘是指两个岛式站台车站之间的换乘。由于在这种方式中两车站之间直接换乘的节点只有一个,换乘能力受到局限,所以一般需要辅以通道换乘来解决客流换乘问题。如北京地铁复兴门车站就辅以通道完成岛岛换乘的。

②岛侧换乘是指岛式站台车站与侧式站台车站之间的换乘。由于其比"岛岛换乘"增加了一个换乘节点,在一些换乘客流量比较小的车站可以设计为站台到站台直接换乘的方式。

③侧侧换乘是指两个侧式站台车站之间的换乘,其换乘节点可进一步增加,为换乘客流创造了更方便的条件,因而可以根据站位及环境状况自如地处理客流的换乘。

无论采取哪种换乘方式,换乘客流流线均应与进出站客流分开,并尽可能便捷顺畅。同时换乘方式的设计,应使得枢纽紧凑,最大限度利用地下空间,保持枢纽最大的通行能力。

(3)充分考虑客流集聚因素,设计换乘楼梯(通道)等相关设施

换乘楼梯(通道)宽度的计算除采用一般车站(通道)宽度的计算方法外,换乘客流随着两条线路列车的到发而形成,一般具有集聚性间断流特点。因此,在一段时间内,其换乘客流量不仅取决于预测的小时客流量,还与两条线列车的运营间隔有关,在计算换乘楼梯(通道)宽度时,尤其要重点考虑这一因素,为换乘客流提供足够的条件。

另外,一般情况下换乘客流不需重新购票,一般不会形成聚集排队客流,但由于通道间的输送能力不同,如楼梯与通道交接处会形成客流聚集,还应在此特别考虑一定的空间集散条件。

(4)结合车站结构和施工条件,考虑远期预留

随着施工技术水平的进步,换乘车站的预留逐步从土建全部成型过渡到只预留将来可能施工的条件。即从土建预留到条件预留。这样可大幅度降低初期工程造价,避免投资的浪费。当然,要做到条件预留,必须对近远期的车站方案和工程实施方案进行周密的考虑,尤其应考虑在远期实施换乘车站时,不能影响已运营车站的使用,并确保运营安全。

3)典型的综合换乘枢纽实例

换乘枢纽(站)的设计不仅要考虑乘客在轨道交通系统之间的换乘便捷性及舒适性,更应充分考虑城市轨道交通与其他交通方式之间的"无缝衔接"。国外在换乘枢纽(站)规划设计中应用了许多先进的设计理念,尽可能方便每一位以各种交通方式到达或离开的乘客。他们大都综合利用土地,在枢纽车站地区提供全面的立体交叉步行系统,使行人和机动车完全分离。步行商业街、广场、人行天桥、地下通道等将车站与周边的公共设施、公交车站、机动车和

自行车停车场相联结，创造了方便、安全、连续、舒适的步行环境。

图3-28～图3-30是几个换乘车站的示意图。图3-28是德国柏林地铁5号线哈特奥斯（Rathaus）车站示意图。该站地下有两条地铁线，地面有电车和巴士，形成了一个综合枢纽车站。图3-29为俄罗斯大城市中多层地下综合体，这种高功能多层工程综合体，使得大楼、建筑物及交通设施相联系，并与不同形式的城市地下空间（车站、商业中心、地铁站等）相联。图3-30是我国香港"梦幻之城"将军澳，将军澳新市镇的发展基本按照城市轨道交通引导发展的原则。目前将军澳超过80%的人口居住在车站500m半径的范围内，出行十分方便。"梦幻之城"充分体现了以人为本和人车分离的规划理念，车站已经不是一个独立的个体，而是将上盖住宅、平台花园、购物中心以及居民出行联系在一起的节点，居民可以通过垂直交通设施，安全、舒适地步行到车站搭乘地铁出行。由于车站、道路和公共设施规划在花园平台下，梦幻之城大平台上拥有大量开敞空间，形成既便利又宜人的居住环境。

图3-28 柏林地铁5号线哈特奥斯车站图

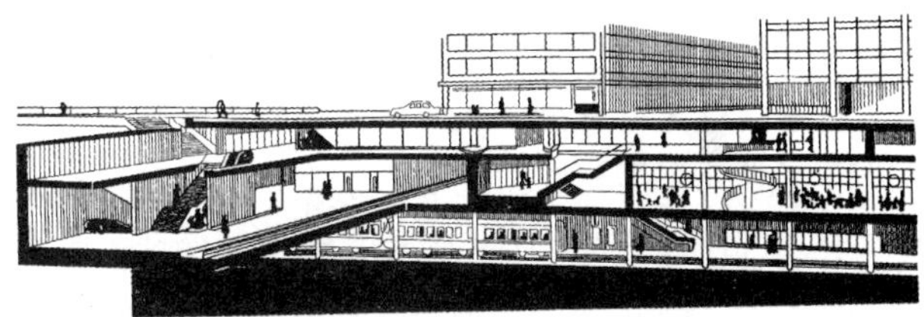

图3-29 俄罗斯大城市多层地下综合体

图3-30 "梦幻之城"整体布局剖面图

3.4 城市轨道交通车站导乘系统

3.4.1 概述

城市轨道交通有相当一部分线路处于地下空间，一定程度上造成空间封闭和照明不足，易使出行者产生压抑和惶恐的心理。在网络化运营的城市轨道交通系统环境中，出行者常常迷失方向或迂回绕路,导致出行效率降低。为了在城市轨道交通系统中让出行者消除压抑感或盲目性,方便顺利地到达目的地,以及在完全陌生的出行环境中减少出行者时空消耗,需要城市轨道交通系统提供视觉及听觉兼顾的信息服务,让各种各样的信息服务在城市轨道交通系统中汇集协调,以最优的信息形态展现给出行者,从而使出行者产生正确的决策,选择有效行为。由此可见,信息服务是保障出行效率和提高乘客满意度的重要因素之一,同时也是展现运营单位形象的重要窗口以及保障城市轨道交通系统正常运营所必须具备的基础条件。在复杂的城市轨道交通系统中,有序、及时和高效的出行者信息服务是建立起环境与行为相互关系的重要媒介,完善的城市轨道交通信息服务,对于减少出行者绕行距离,节约出行时间,提高出行效率具有十分重要的意义。因此,对出行者导乘信息服务形式及内容设计必须予以高度重视。

导乘信息服务主要目标是完成各种出行信息内容的传递,将信息及时准确地传递给出行者,使得出行者可以根据信息及时做出出行计划的选择和调整。在城市轨道交通信息服务前提下,出行者到达目的地的过程一般会经历三个阶段。首先,出行者会通过各种途径获取相关出行服务信息,如城市轨道交通系统线路图、列车班次和车站出入口位置等信息,并根据上述信息服务制订出行计划。其次,出行者从出发地沿街到车站外部出入口、站厅、站台一直到车辆内部完成乘车出行。最后,出行者下车并在足够的信息基础上,出站到达预期目的地。在此过程中,出行者通过对沿线方位信息、换乘衔接、服务信息、运营信息和其他系统运行规则等信息的认知、处理和决策,根据自己所在的位置与所获取的线路信息、换乘信息、售检票信息、上下车地点等信息进行互动,保证了出行的正确性和高效性。图3-31表示城市轨道交通出行信息服务作用机理示意图。

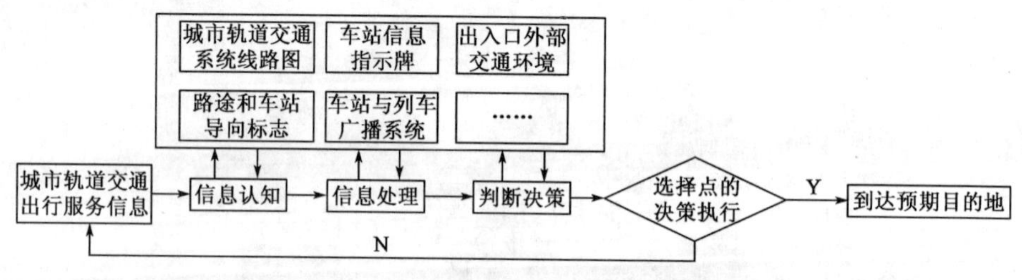

图3-31 城市轨道交通出行信息服务作用机理示意图

3.4.2 城市轨道交通信息服务体系

1)信息服务的类别

信息服务对于不经常使用城市轨道交通的本地出行者及外地乘客尤为重要。通常情况下,信息服务应保证为出行者在出行的各阶段均能提供必要的信息。依照出行时间顺序,具体的信息服务可以细分为出行前信息服务、路途信息服务、车站内信息服务、列车内信息服务四种。

(1)出行前信息服务

出行者在出行之前,通过网络、电视和手机短信等媒介获取城市轨道交通最佳出行路径、行程时间、出行费用和线路换乘等信息,制订出行计划,这将有助于出行者选择最佳出行路径,减少出行过程中的盲目性,达到减少出行延误和提高出行效率的目的。

(2)路途信息服务

缺乏城市轨道交通路途信息服务的道路环境,将会使出行者在出行过程中产生很大困难。

路途信息服务应注意以下两个方面：一是通过沿线的导向信息服务对出行者起到诱导的作用，二是出行者通过相关的指示信息（如各地铁车站出入口设有当地的地铁标志，图3-32为国内外部分城市地铁标志集锦图）了解车站出入口和需乘坐的列车。

图3-32 国内外部分城市地铁标志集锦

（3）车站内信息服务

客流在车站的顺畅流动，离不开车站的导向设施。当出行者进入城市轨道交通车站之后，或在某处需换乘以及乘车结束需离开车站之前，如果没有系统化和规范化的车站内部信息服务系统，带给出行者的不仅是认知和行动上的不便，或许还是一种心理和精神上的障碍。对于一些大型车站，其日均客流量往往达十多万人次，出入口也多达十多个，部分商厦、火车站等也与地铁车站出入口、通道衔接，在这样的车站，往往出入路径很长，若没有导向标志而摸索出入，可以想象其中一定困难重重。尤其在换乘站，车站结构复杂，进出站及换乘客流相互交织，更加需要完善的信息服务，以了解进出站及换乘其他的路线的明确地点及路径。特别是在楼梯、转角、通道、站台需要连续设置导向标志，反复强调换乘方向、换乘线路站点分布等主要信息，引导客流有秩序地流动。换乘站换乘客流所需信息见图3-33。

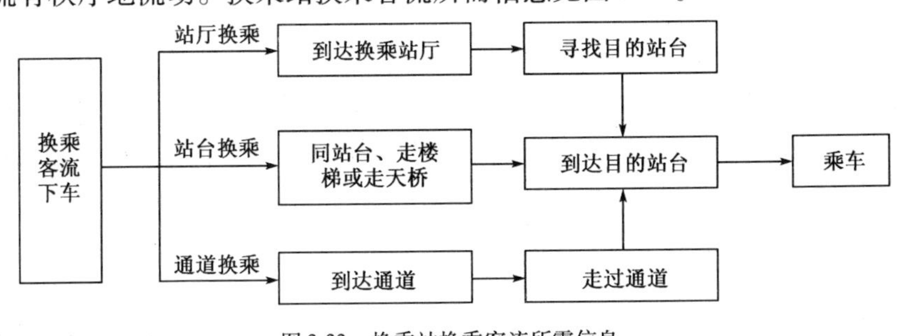

图3-33 换乘站换乘客流所需信息

(4)列车内信息服务

当出行者在列车内乘车时,除了应提供相应的图像、文字、语音等视觉和听觉旅途相关服务信息外,列车内还应提供禁止倚靠车门、防止夹手、禁止拉动标志和特殊状况下的紧急逃离等出行安全警告信息。以帮助乘客消除焦虑与不安,做到心中有数并安全出行。

2)城市轨道交通运营服务信息的形式

除依照出行时间顺序对信息服务分类外,依照信息载体介质性质及信息是否实时变化,还可将服务信息的形式划分为固定信息和实时信息。固定信息主要指各种引导标志,实时信息主要包括乘客信息系统、车站智能导向综合信息系统及车站广播系统导向设施等。

(1)引导标志

引导标志是最为直接、有效的客流引导方式,也是目前最常用、最主要的客流诱导方式。城市轨道交通车站导向标志由反映特定服务信息内容的图形、文字、数字、颜色等元素组成,应具备含义明确、形象简练、清晰醒目且艺术性强的特点。某一范围内的标志必须齐全且尽可能统一、规范、简明、连贯,从而可以清晰地传递不同车站各种空间布局信息及列车运行状况信息。此外,站内标志同建筑紧密结合,不但可以强化建筑空间的可识别性,而且还能起到点缀空间的作用。

导向信息标志包括普通导向信息标志、专用导向信息标志和特殊导向信息标志。普通导向信息标志有主导向信息和辅助图。主导向信息包括站外导向、进出口导向、售票导向、闸机导向、楼梯口导向和列车方向及停站导向;辅助图包括市区图、街区图、换乘图、站区图、站层图、三维透视图和票价、宣传标志。专用导向信息标志主要指无障碍设计信息标志,如残疾人电梯和盲道指示标志。特殊导向信息标志用于特殊状况的客流组织,需要特殊的设计与设置,一般可设置于墙壁或地面。墙壁式特殊导向信息标志间距应在10m内、地面式标志间距应在5m内,标志要能发光,所有紧急标志均为夜光标志,如紧急出口标志、临时导向标志。

导向标志设计包括色彩设计、文字设计、图形设计、形状设计、平面布置和组合设计。在色彩设计中应采用地铁标志色;文字设计除地名外,需要使用双语标志,汉字用简体,词句、简称要求标准规范;图形设计中尽量采用国际惯用符号;几何形状设计主要有矩形、圆形和等边三角形。标志系统的设计中,组合标志的设置条件包含同一位置的信息、同一时间的信息、连续内容的信息以及互补信息。标志系统的设置方式包括附着、悬挂、悬臂、柱式、摆放式和站立式。

新型引导标志可以是各种固定标志牌,也可以是各种可变信息牌。固定标志牌可设置在出入口、售票处和检票口等地点,以正确引导乘客购票、选择车次、寻找换乘地点以及迅速离开车站等。可变信息牌可设置在车站或车厢内,以便及时传递列车运营组织信息,如列车到发车站及运行时分信息。此外,在车站及车内还应有指引乘客换乘其他轨道交通线路或地面公交线路的换乘示意图等。设置地点可以选择特定在空间建筑物墙体、具有标志性的装饰物、识别性强的灯饰与广告点附近等,也可以选择公用站厅的地面等。总之,应高效率地使用各种空间,以便使空间内的客流具有明确的方向性。对不同线路换乘点信息采用不同色彩,而同一线路全线采用同一色彩标示的方式更易突出强化引导作用。图3-34为设置于不同地点的各种引导标志。

(2)乘客信息系统

现代城市轨道交通的运营管理越来越注重服务质量,而服务质量的提高更需要基于乘客需求，借助于新的理论和综合技术的应用与拓展，开发新型的信息服务系统。在国外许多国家的绝大多数轨道交通车站，除固定的方位指示信息（车站口方向、购票方向、列车运行方向、换乘方向、无障碍设施）、服务性导向信息（线路图、运行时刻表、首末班时刻、问询处、车站周围公共设施）和警告性导向信息（禁止停留、高压危险、乘客禁行区域）外，还设有出行所需实时信息，如显示下一班列车到达的时间等。在换乘车站，还提供换乘时间及其他交通方式运行时分、路径等出行信息。随着我国城市轨道交通路网规模的扩大，参考城市道路交通诱导系统的相关理论，结合城市轨道交通的特点，完善客流诱导体系，建立实时信息采集及其发布系统，将有助于避免车厢拥挤和换乘拥堵等问题。

图3-34 引导标志集锦

乘客信息系统（Passenger Information System，PIS）是依托多媒体和网络技术，以计算机系统为核心，以车站和车载显示终端为媒介，向乘客提供信息服务的系统。PIS是一种实时信息采集、处理及预报系统，其广泛应用可避免信息孤岛、服务内容和形式落后于乘客需求等问题，该系统便于乘客及时了解列车的运行状态及注意事项，从容候车、上车和乘车。PIS信息发布一般包括文本信息和多媒体信息，其中文本信息包括常规信息、即时信息和紧急信息；多媒体信息包括图像、影音信息。在正常状态下可播放列车运行信息（下一站的站名、列车到达和离开时间）、实时新闻、政府公告、出行参考、财经信息、广告和其他交通工具运行信息，在紧急状态下可发布各种救援和疏散指示信息。此外，乘客还可以通过触摸屏自行查询气象信息、出行换乘信息等。乘客信息系统尤其有利于合理、有效地分配客流和充分提高车站枢纽空间利用效率。

PIS从结构上可划分为中心控制系统、车站系统、车载系统和网络系统四个子系统。其结构见图3-35。

①中心控制系统。中心控制系统是PIS系统的核心部分。主要负责调度发布播放列表。如将地面交通路况、股票信息和天气预报、宣传片、广告等外部信息流的采集、编辑、转换，并将按时间表计划在各车站进行播出及供网络终端查询。此外还负责监视系统的设备工作状态以及进行网络管理等。

中心控制系统的主要设备有中心服务器、中心操作员工作站、编辑工作站、视频流服务器、直播服务器、中心网管工作站、视频切换矩阵、数字电视设备、外部信号源以及集成化软件系统等。控制中心通过光纤网络与车站相连，实现远程节目的管理和发布。

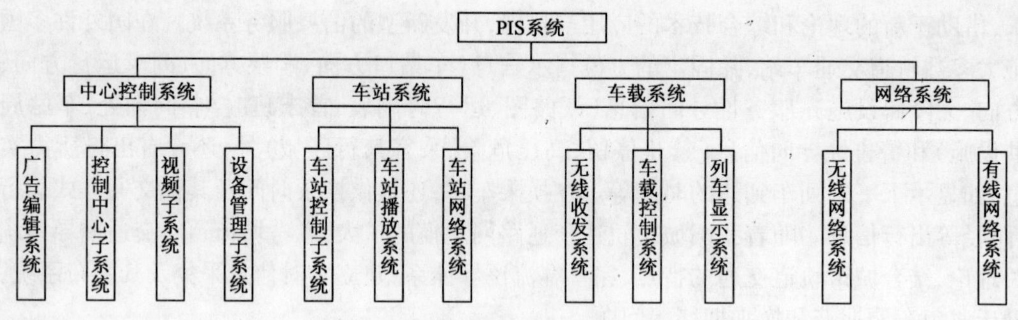

图 3-35　PIS 系统结构图

②车站系统。车站系统主要负责管理车站内的 PIS 系统，它集中监控本车站内的 PIS 系统设备，通过传输信道转播来自控制中心的实时信息，并在其基础上叠加本站的信息，并通过每一个显示终端显示信息，除此还负责外部系统数据的导入、导出以及控制站内 PIS 系统每一显示终端的信息发布和站务信息的编辑保存。

车站系统的主要设备包括车站服务器、车站播控服务器、车站操作员工作站、网络设备、显示控制器和各类显示终端。

③车载系统。车载系统是指车辆段、轨道交通沿线、列车 PIS 设备，主要由车载节目播控设备、显示设备、无线通信系统等构成。车载系统获取信息的来源通常有三种方法：在列车上播放预先录制节目的 DVD 光盘；在固定的地点（如车辆段），通过有线或无线的方式向列车传输信息；通过车载无线集群系统向列车传送例如天气预报、新闻事件等实时性文字或图像信息。

车载系统的主要设备包括各种显示及传输设备。

④网络系统。网络系统负责无线及有线网络信息的分级、管理与维护。主要设施包括网络摄像机、传感器、服务器、触摸屏、交换机、路由器、终端设备等。

(3)车站智能导向综合信息系统

城市轨道交通车站智能导向综合信息系统已在上海、广州等城市部分换乘站投入运行。该系统为触摸式界面，包括“地铁换乘”、“本站周边”、“城市指南”、“系统帮助”4 个版块。乘客可以通过该系统查询具体详细的换乘路线、各条地铁线的拥挤状况以及各站点周边的商业生活设施及道路情况，并可将查询内容打印成小纸条，随身携带。

(4)车站广播系统导向设施

车站广播系统向乘客及时通报运营信息，在故障等非常情况时通报行车票务安排，必要时亦可紧急召唤检修、抢修人员。其目的是组织、疏导、安抚乘客有序乘降列车，及时疏散车站人员，加快事故处理进程。

地铁广播系统负荷区宜按站台层、站厅层、上行隧道、下行隧道、与行车直接有关的办公区域等进行划分，车站播音台配有区域选择键盘。广播控制台可以对全线选站、选路广播，车站广播控制台可对本站管区内选路广播。列车广播设备应兼有自动和人工两种播音方式，正常情形下车站可采用自动广播，必要时切换为人工通报有关信息。此外，在遇到某处故障情况下可优先播放相关信息，广播控制台设有列车调度、电力调度和防灾调度播音台并互锁。

3.4.3　引导标志的设置

我国既有轨道交通建设过程中，服务导向标志长期以来缺乏统一标准和规范，直至 2002

年以后，上海市及其他一些地方轨道交通运营公司对新线建设的服务标志设置依照“轨道交通运营服务标志设置规定”和“轨道交通标志、标识设计指导手册”等作了明确的规范和统一，结合实际情况才进行了导向标志设计与安装工作。

1）城市轨道交通运营服务标志总体设置要求

①运营服务标志所采用的图形符号、色标、文字与阿拉伯数字等应符合相关规范和标准。城市轨道交通运营服务标志的内容应采用中英文两种文字，并有相关图例。

②公用电话、公共厕所、问讯处及电梯等服务设施应设置相应的导向标志。导向标志应设置在通道或者客流通行区域的中线位置，并与客流方向相垂直，宜按照远视距设置。辅助导向标志、提示与警告标志的设置应平行于客流方向，宜按照中、近视距设置。

③站内导向标志间距不得大于80m，站外导向标志间距不得大于200m；在客流的交叉点、分流点和转向处，应设置相应的导向标志。

④城市轨道交通车站内，应在无障碍通道上设置导向标志，并在无障碍通道电梯、出入口等处，设置相应的定位标志。

⑤城市轨道交通车站内，应设置安全警示与防灾紧急疏散导向标志系统。

⑥禁止在静态服务标志上设置广告。在运营服务标志的通视范围内，不得设置妨碍视线的广告或者其他设施；广告和其他设施的设置不得影响运营服务标志功能的发挥。

⑦动态信息显示标志在发生非正常运营时，应全屏幕播放服务提示、疏导指令等信息。

⑧与城市轨道交通相连通的公共交通枢纽、商场和其他建筑物的建设单位应负责辖区范围内导向标志和定位标志的设置，并负责日常管理和维护。

⑨因工程施工或者其他原因使运营服务标志暂时不能发挥作用的，运营单位应及时采取措施以免误导乘客。运营单位可以根据需要设置临时运营服务标志，当临时运营服务标志失去作用时应及时撤销。

⑩城市轨道交通项目建设单位、运营单位在设置、改造运营服务标志时，应当制订设计方案并选择代表性车站模拟试挂或电脑多媒体模拟，经组织现场评审通过后，正式实施。

2）站内服务标志的设置

（1）进站上车服务标志

①城市轨道交通车站进站口处应设置导向标志，标明站厅层的方向。换乘站进站口的导向标志应标明各条线路的名称、色标及各条线路站厅层的方向。

②站厅层入口处应设置导向标志，标明售票处和乘车方向。换乘站还应标明不同线路的检票口方向。

③换乘车站的出入口、站厅入口、通道入口和楼梯口处宜设置动态信息显示标志，显示本线和换乘线路实时运营信息。

④售票处应设置轨道交通运营网络图与本线可以换乘的各条运营线路的相应票价表，并设置人工售票处、自动售票系统及问讯处的定位标志。

⑤在售票处应设置通往检票口的导向标志。侧式站台的导向标志应分别指向不同乘车方向的检票口；换乘站的导向标志应指向不同线路、不同乘车方向的检票口。

⑥检票口应面向客流设置检票口定位标志和专用通道的定位标志。侧式站台的检票口应标明列车的去向；换乘站的检票口应标明运营线路的名称和色标。

⑦检验票机或其上方宜设置动态信息显示标志,显示检验票机当前工作状态。

⑧在站厅层付费区面对客流方向,应设置导向标志,标明不同去向的上车站台的方向。通向不同线路站台层的,应标明不同线路的名称、色标、列车的去向及上车站台的方向。

⑨在站台层的适当位置应设置本站站名、列车前方车站与终点站的标志。其中本站站名应使运行列车中的乘客能通视。因楼梯、设备用房等设施隔断视线的,相应的部位应增设站名标志。

⑩在车站站台层乘客通视位置应设置动态信息显示标志,显示下一班列车到达时间及列车运行方向。

⑪在站台侧墙或立柱上应设置中视距的本线线路图,在同一列车运行方向不得少于三幅。线路走向可用直线表示,站名排列应与列车运行方向相一致,其中本站站名应特别醒目,以有别于其他站名。

⑫在不设屏蔽门的站台侧墙上或候车安全线处应设置禁止进入轨道或者隧道的标志。在候车安全线外侧,列车车门定位处,应设置安全候车的提示标志。

⑬站台层所设任何标志均不得侵入列车运行的安全限界。

(2)下车出站服务标志

①列车车厢内适当位置应设置近视距本线线路图,线路图宜采用动态显示方式。

列车车厢内醒目位置应设置静、动态信息显示标志,显示本次列车运行方向、下一停靠站,换乘等信息。如图3-36所示,一般以不同灯光颜色显示列车运行静、动态及换乘信息。

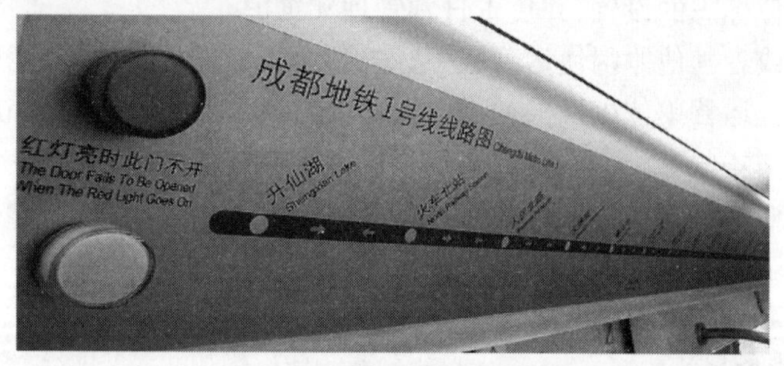

图3-36　车厢内先进的列车运行导乘系统

②站台层应设置公共告示类标志与车站站层图。站层图内容应包括车站站台层、站厅层公共区位置、服务设施位置、出入口及通道位置、换乘线路指示、站层图设置点的定位等。

③站台层应设置导向标志,标明通往出口、自动扶梯或者楼梯的前进方向。换乘站还应当标明换乘线路的方向。

④在站厅层付费区内,面对自动扶梯或楼梯方向应设置导向标志,标明出口闸机方向。换乘站还应当标明换乘线路的方向。在站厅层付费区内应当设置补票处的定位标志,必要时应设置标明补票处方向的导向标志。

⑤在站厅层的出口闸机外客流的第一次分流处,应设置区域图和标明出口方向的辅助导向标志。区域图应包括以车站为中心的500 m范围内的道路路名、必要的公共建筑、公共交通线路及站点、公共停车场、主要居住区等信息,并应标明该车站通道、出入口编号及位置、公共厕所、公用电话等服务设施的位置、区域图标志点的定位。

⑥在出口闸机外的通道处应面对客流设置导向标志,标明不同编号的出口方向。

⑦站厅层出口处应设置导向标志,标明不同编号的出口方向。

⑧在车站出口处应设置定位标志及出口地面信息图。

出口地面信息图应标明站外必要的公共建筑、重要单位、主要居住区、公共交通线路与站点、公共停车场以及可连通的地下设施等内容。

(3)站内换乘服务标志

①站台间换乘的,应当在站台设置导向标志,标明换乘线路及线路走向,并在换乘客流的交叉点增设导向标志,标明不同列车去向的站台的方向。

②站厅间换乘的,应在站厅设置导向标志,标明换乘线路的站台方向,并在换乘客流交叉点增设导向标志,标明不同线路的站台方向。

③通道换乘的,应在换乘通道上每隔80 m设置导向标志,标明换乘线路及线路走向。

④有两条及两条以上线路的换乘站,应在每一条线路的车站设置不少于两块的换乘示意图标志,标明换乘站的具体布置、换乘方向、换乘通道以及换乘站在整体布置中的定位。

3)站外服务标志的设置

①站外轨道交通导向标志应设置在距车站500 m的区域范围内,在同一径路方向,所设标志不得少于三块。

②站外静态服务标志的设置位置、方向和高度应便于乘客观看,与周围环境相协调,并符合本市道路交通等其他有关规定。

③车站入口处应设置定位标志,标明本站站名、线路名称、色标及行业标志。

④与城市轨道交通车站相连通的公共交通枢纽、商场和其他建筑物的建设单位,应在与轨道交通车站连通处设置定位标志。交通枢纽、商场和其他建筑物内应设置导向标志。

⑤具有全天候过街功能的车站,应设有行人过街的标志系统。

4)运营服务标志的组合

①同方向出口导向标志、出站与换乘导向标志、同向异线进站导向标志,均可分别组合在同一块标志中。

②公用电话、公共厕所、问讯处及电梯等设施的导向标志,宜组合在进站上车、下车出站或站内换乘的导向标志中。

③在组合标志中,最主要的内容宜布置在标志的中间位置。

④进站上车与下车出站导向标志,在设置位置允许的条件下,可组合在同一块标志的正反面上。

⑤禁止标志、警告标志、公共告示等不得与其他标志组合设置。

⑥动态信息显示标志内容已包含静态服务标志内容的,该位置不应再设静态服务标志。

3.4.4 特殊情况下的客流组织及应急信息发布

特殊情况下的客流组织主要是指在车站发生设备故障或因其他因素导致车站发生大客流时,对客流进行有效组织与引导。当某一条线路发生延误,可能会通过换乘客流向其他线路传播,此时应根据事先制定的应急预案,及时采取有效的客流管理措施。

现有城市轨道交通客流诱导系统采用基于应急预案的广播加人工疏导方式解决了突发事

件下的客流疏散问题。突发事件下，根据不同等级预案，运营控制中心(Operational Control Center，OCC)直接指挥协调相关线路，并通过乘客信息系统向有关区域车站发布应急信息和客流诱导信息；线路运营管理中心(Line Operation Management Center，LOCC)执行 OCC 指令，车站按照预案实施限流、分流措施。这里，乘客信息系统(PIS)是将 WLAN 无线网络传输技术应用于车辆—地面双向数据传输的面向乘客的信息系统，是可应用于城市轨道交通客流诱导系统的有效通信模块，但目前对其应用仅限于以客流诱导信息屏(图 3-37)播出电视节目、广告以及最基础的广播方式客流诱导信息。

图 3-37　客流诱导信息屏

在通常状态下，OCC 仅通过互联网向乘客提供简单的"最短线路"或"最少换乘"的乘车查询系统，乘客作为交通出行实体对于路网上的客流状况一无所知，仅能凭经验做简单判断。

本章小结

城市轨道交通车站及枢纽是轨道交通客流的集散地，是城市轨道交通系统为乘客提供服务的关键场所，为了在城市轨道交通车站保障列车不间断运营及提供给乘客全面优质的服务，车站及枢纽不仅要保持环境协调舒适，而且必须配置种类齐全、布局合理的行车设备、乘客服务设备、供电设备、环控设备、给排水设备及安全保障设备。

本章首先简要介绍了城市轨道交通车站的作用、影响分布因素及分布原则，重点讲解了城市轨道交通车站主要技术设备组成、功能及部分设施定量计算方法；依据城市城市轨道交通车站选型及设计原则，对车站平面布局设计、剖面设计、无障碍设计、防灾设计、空间形态及内部环境设计等问题进行了探讨；其次，对换乘枢纽的布局原则、换乘类型及相关设计要素等问题做了具体分析；最后，对城市轨道交通车站信息服务的必要性、导乘系统的组成、引导标志的设置要求及设置原则方法等做了重点介绍。

练习题

1. 简述城市轨道交通车站的作用、影响分布因素及分布原则。
2. 对于车站数量和布局方案的确定，应综合考虑哪些因素？
3. 简述城市轨道交通车站的分类方式。
4. 简述车站设备主要包括哪几个方面的内容，分别包括哪些具体的设备，各有何功效？
5. 城市轨道交通车站站台类型分哪几类？影响站台长度、宽度及高度的因素有哪些？如何对其进行定量计算？
6. 售、检票机数量的确定与哪些因素有关？自动售、检票系统由哪些重要设施组成？其各实现哪些功能？
7. 车站防灾设计包括哪些方面，包括哪些具体内容？

8. 城市轨道交通换乘枢纽有何特点,换乘方式有哪些基本类型?

9. 城市轨道交通导乘设施包括哪些内容,乘客信息服务体系的形式有哪几类?

参考文献

[1] 石头嵘,司宝华,何越磊. 城市轨道交通公务管理. 北京:中国铁道出版社,2008.

[2] 范文毅,殷锡金. 城市轨道交通车站设备. 北京:中国铁道出版社,2000.

[3] 周顺华. 城市轨道交通设备系统. 北京:人民交通出版社,2009.

[4] 林瑜筠. 城市轨道交通运输设备. 北京:中国铁道出版社,2008.

[5] 朱海燕. 城市轨道交通客运组织. 北京:中国铁道出版社,2009.

[6] 朱顺应,郭志勇. 城市轨道交通规划与管理. 南京:东南大学出版社,2008.

[7] 张伟. 城市轨道交通概论. 成都:西南交通大学出版社,2010.

[8] 彭辉,陈宽民,林柏良. 城市轨道交通系统. 北京:人民交通出版社,2008.

[9] 何静,司宝华,陈颖学. 城市轨道交通线路与站场设计. 北京:中国铁道出版社,2010.

[10] 顾保南,叶霞飞. 城市轨道交通工程. 武汉:华中科技大学出版社, 2010.

[11] 上海省通地铁集团有限公司轨道交通培训中心. 城市轨道交通客运服务. 北京:中国铁道出版社,2010.

[12] 中华人民共和国国家质量监督检查检疫总局. 地铁客运服务标志. 中国标准出版社,2002.

[13] 陈小鸿. 城市客运交通系统. 上海:同济大学出版社,2008.

第4章 城市轨道交通车辆与车辆段

【本章概要】

1. 城市轨道交通车辆类型及特点；
2. 车辆构成与基本原理；
3. 车辆段、车辆维修整备设备。

【关键词汇】

城市轨道交通；车辆；车辆段；维修；整备

4.1 车辆类型及特点

4.1.1 车辆分类

城市轨道车辆一般可按有无动力装置分为动车和拖车两类；还可按有无司机室分为带司机室车和不带司机室车两类；城市轻轨电车分为四轴的单车厢电车、六轴的单铰接电车和八轴的双铰接电车。城市轨道交通车辆按车体大小也可以分为A、B、C三类车型，根据我国《城市轻轨交通铰接车辆通用技术条件》(GB/T 23431—2009)，城市轻轨交通车辆的具体分类见表4-1。

城市轻轨交通车辆分类　　表4-1

类　型	轴　数	高地板车辆(G)	低地板车辆(D)
C-Ⅰ	四轴铰接车辆	C-Ⅰ(G)	C-Ⅰ(D)
C-Ⅱ	六轴铰接车辆	C-Ⅱ(G)	C-Ⅱ(D)
C-Ⅲ	八轴铰接车辆	C-Ⅲ(G)	C-Ⅲ(D)

各城市应根据客流量、行车密度、线路条件、供电电压、车辆与备品来源、产品价格和维修能力等因素，综合比较选定车型，并严格坚持车辆国产化的原则和政策。不同城市不同线路轨道交通列车由不同类型车辆组成不同的动车组单元。北京地铁1号线、2号线按全动车设计，4辆、6辆为一固定编组；复八线(编者注:复八线已成为现在1号线的一部分,西起复兴门,东至八王坟)曾为2辆一单元，列车编成可以按2、4、6辆编挂；4号线的列车有带驾驶室的拖车、不带驾驶室的拖车和不带驾驶室的驱动车三种车型，采用贯通式车厢，乘客可以任意走动，一

个动车和一个拖车为一个制动单元，使用时按 2、4、6 辆进行编组。上海地铁分为带司机室的拖车（A 型）、无司机室带受电弓的动车（B 型）、无司机室不带受电弓的动车（C 型）三种，其中，B 车与 C 车必须连接起来构成动车组来使用，原因在于列车装备有相当多的设备，这些设备无法全部安装在一节车厢上，只能分装在各节车厢上。仅有动车组并不能组成一列完整的列车，还需要能够牵引列车的 A 车才行。在动车组的两端加挂 A 车后，一列完整的地铁列车就形成了。6 节时可按 A-B-C-C-B-A 编组，也可以编成 A-B-C-B-C-A，各节车辆之间均互相贯通，以方便乘客流通。当 8 节编组时，可以编成 A-B-C-B-C-B-C-A，也可以是 A-B-C-C-B-B-C-A。

4.1.2　车辆特点

城市轨道交通车辆是技术含量较高的机电设备，作为城市公共交通工具，主要在市内和市郊运行。它的运行条件与干线铁道车辆有所不同：城市轨道交通车辆要在地下隧道、高架和地面轨道运行，站距短，线路曲线半径小、坡度大，客流量大而集中，乘客上下车频繁，高峰时会超载。城市轨道车辆应具有先进性、可靠性和实用性，应满足容量大、安全、快速、舒适、美观和节能的要求。

作为公共交通，应尽量缩短乘客的乘坐时间，由于站距短，要提高最高运行速度是困难的，所以车辆一般有较高的启动加速度和制动减速度，以达到启动快、停车制动距离短、提高车辆平均速度的目的；车辆的设计应遵循减少能耗、减少发热设备的原则，为此要尽量减轻自重，选择效率高的传动系统；由于运转密度较高，为确保安全行车，地下铁道的通信信号比较复杂，所以车载通信信号设备及车辆的控制系统，应有良好的适应能力。

随着生活水平的提高，人们对乘坐舒适性的要求也越来越高，所以车辆的悬挂系统比大铁路要求高，不少地下铁道车辆的车厢内除采用机械式通风换气来改善车内空气品质外，还增设空气调节装置，千方百计提高乘坐舒适性，并改善司机的工作条件。同时，在降低车厢内来自轮轨系统和动力系统的噪声上也采取多种有效的措施。

车辆技术参数是从总体上表征车辆性能及结构特点的一些参数，一般包括性能参数与主要尺寸两大类参数。

（1）车辆性能参数

①自重、载重及容积。车辆自重为车辆本身的全部质量；载重即车辆允许的正常最大装载质量，均以 t 为单位。容积以 m^3 为单位。

②构造速度。车辆构造速度指车辆设计时按安全及结构强度等条件所允许的车辆最高行驶速度。车辆实际运行速度一般不允许超过构造速度。

③轴重。轴重是指按车轴形式及在某个运行速度范围内该轴允许负担的并包括轮对自身在内的最大总质量。

④每延米轨道载重。每延米轨道载重数值是车辆总质量与车辆全长之比。城市轨道车辆该参数按设计任务书规定。

⑤通过最小曲线半径。通过最小曲线半径是指配用某种形式转向架的车辆在站场或厂、段内调车时所能安全通过的最小曲线半径。当车辆在此曲线区段上行驶时不得出现脱轨、倾覆等危及行车安全的事故，也不允许转向架与车体底架或与车下其他悬挂物相碰。

⑥轴配置。四轴动车设两台动力转向架。六轴单铰轻轨车,两端为动力转向架,中间为非动力铰接转向架。

⑦最大启动加速度、平均启动加速度、最大制动减速度。

⑧坐席数及每平方米地板面积站立人数等。

(2)车辆尺寸

①车体长、宽、高。车辆长、宽、高有车体外部与内部之别,车体内部的长、宽、高应满足旅客乘坐要求。

②车辆最大宽度、最大高度。车辆最大宽度指车体最宽部分的尺寸,车辆最大高度指车辆顶部最高点离钢轨水平面之间的距离。

③车钩高。车钩高指车钩钩舌外侧面的中心线至轨面的高度。列车中机车与各车辆的车钩高基本一致,是保证正常传递牵引力及列车运行时不会发生脱钩事故所必需的。城市轨道车辆的车钩高无统一的标准,上海地铁车辆定为720mm,北京地铁车辆为670mm。

④地板面高度。地板面距轨面的高度与车钩高一样,均指新造或修竣后空车的数值。上海地铁车辆地板面高为1.13m,北京地铁车辆为1.053m。

⑤车辆定距。车辆定距是指车辆两相邻转向架中心之间距离。

对于我国,推荐几种常见轻轨车辆,根据《城市轻轨交通铰接车辆通用技术条件》(GB/T 23431—2009),其主要技术规格见表4-2。

车辆主要技术标准　　表4-2

序号	名　称	四轴(铰接)车 C-Ⅰ型		六轴(铰接)车 C-Ⅱ型		八轴(铰接)车 C-Ⅲ型	
		G	D	G	D	G	D
1	车辆基本长度(mm)	<20000		<35000		<45000	
2	车辆基本宽度(mm)	2600		2600		2600	
3	车辆顶部至轨面高度(mm)	≤3250		≤3250		≤3250	
4	车辆顶部设备至轨面高度(mm)	≤3700		≤3700		≤3700	
5	车内最小净高(mm)	2100	1950	2100	1950	2100	1950
6	地板面至轨面高度(mm)	≤950	≤350	≤950	≤350	≤950	≤350
7	转向架固定轴距(mm)	动车≤1900 拖车≤1800		动车≤1900 拖车≤1800		动车≤1900 拖车≤1800	
8	车轮直径(mm)	≤760	≤660	≤760	≤660	≤760	≤660
9	车钩中心线距轨面高度(mm)	720	660	720	660	720	660
10	受电弓落弓高度(mm)	≤3700		≤3700		≤3700	
11	受电弓工作高度(mm)	3900~5600		3900~5600		3900~5600	
12	受电弓滑板工作长度(mm)	≥1200		≥1200		≥1200	
13	轴重(t)	≤12	≤11	≤12	≤11	≤12	≤11
14	定员(人)	≤160		≤240		≤320	

4.2　车辆构成及基本原理

城市轨道交通车辆因类型不同，技术参数也不一样，但其结构基本相同。一般由车体、转向架、牵引缓冲装置、制动装置、受流装置、车辆设备、车辆电气系统七部分组成，见图4-1。

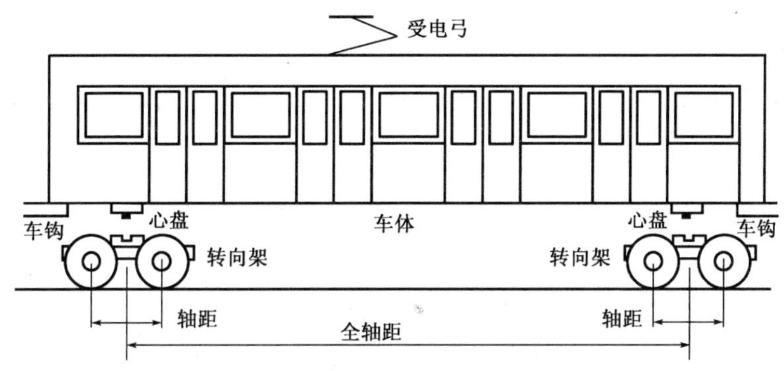

图4-1　城市轨道交通车辆示意图

4.2.1　车体

车体分有司机室车体和无司机室车体两种，是容纳乘客和司机（如有司机室时）的地方，同时又是安装和连接其他设备及组件的基础。

1）车体的特征及设计要求

城市轨道交通车辆是大城市公共交通或近郊客运所选择的特殊运输工具，因而其车体具有独特之处。

由于服务于市内及近郊的公共交通，城市轨道交通车辆车体的外观造型、色彩应协调于城市市容规划；车体内部布置是座位少、车门多且开度大，服务于乘客的设施较为简单；对重量限制较为严格，以降低高架线路的工程投资；车体采用轻量化设计，其他辅助设施尽量采用轻型材料；车体的防火要求严格，特别是运行于地下隧道的地铁车辆一旦发生火灾，后果不堪设想，故采用了防火、阻燃、低烟和低毒的材料；车体的隔音和减噪措施有严格要求，以最大限度地降低车辆噪声对乘客和沿线居民的影响。

2）车体的材料

城市轨道交通车辆对于车体材料的要求包括：具有一定的强度和刚度、耐腐蚀、采用轻量化设计。因为车体轻量化能够大大节约制造材料、降低牵引力消耗和城市轨道车辆线路的损耗。目前城市轨道交通车辆车体材料经历了由早期的碳素钢发展到现在的不锈钢和铝合金。

（1）碳素钢车体

自重能达到10～13t，材料和制造成本相对于另两种材料最低，耐腐蚀性最差，维修费用高，因而总成本最高。

(2)不锈钢车体

自重比碳素钢可减轻1～2t,材料和制造成本较碳素钢高,耐腐蚀,基本不需要定期维修保养,所以总成本在三者间是最低的。

(3)铝合金车体

自重比钢制车体能减轻3～5t,是三者中最轻的,材料和制造成本最高,耐腐蚀性较好,需定期维护,所以总成本较高。为了保证车体具有足够的弯曲刚度,须满足《城市轨道交通技术规范》(GB 50490—2009)的要求。铝合金车体主要承载构件采用大型空截面的挤压铝型材,以满足车体所需的强度和刚度。

3)车体的构成

城市轨道交通车辆的车体一般采用底架、侧墙、车顶、端墙(司机室)四大部分组成的封闭筒形薄壳整体承载结构,见图4-2。

图4-2　车体构成图

列车底架就是由各种纵向和横向钢梁组成的长方形构架。它承托着车体,是车体的基础。车底架承受上部车体及装载物的全部重量,并通过上、下心盘将重量传给走行部。A车底架的前端设有撞击能量耗散区,其上开有三排椭圆孔,当车辆受到意外撞击时,它能产生较大的塑性变形,从而吸收纵向冲击能量,起到保护乘客和车辆的作用。底架的两端还设有牵引梁和横向承梁,用来安装车钩牵引缓冲装置和传递车辆间的牵引力和冲击力。

钢制车体的侧墙由边梁、立柱、窗立柱、横梁和墙板等零部件组成,在车门周围设有门边立柱和横梁进行补强。铝合金车体的侧墙,左右各有5个车门和4个车窗,而侧墙的上部又与车顶部件组合在一起。

钢制车体的车顶,由边梁、弯梁、纵向梁、顶板和车顶端部组成。不锈钢车体的车顶有波纹顶板、车顶弯梁、车顶边梁、侧顶板、空调机组平台等几部分组成。铝合金车体的车顶,两侧小圆弧部分采用形状复杂的中空截面挤压铝型材,中部大圆弧部分为带有纵向加强杆件的挤压成形的车顶板,其长度与车顶等长,车顶组装时仅留下几条与车顶等长的纵向长焊缝。车体两端的端墙由弯梁、贯通道立柱和墙板组成。

4.2.2　转向架

1)转向架的组成

转向架是城市轨道交通车辆的重要走行部件,安装在车体与轨道之间。

城市轨道交通车辆所采用的转向架，一般有动车转向架和拖车转向架两种。为了检修方便，满足相同部件的互换性，动车转向架和拖车转向架的基本结构相同，其主要区别在于驱动系统。动车转向架由于要提供动力，通常配置牵引电机、联轴器、齿轮箱、齿轮箱悬挂装置以及动力轮对等，这也是动车转向架和拖车转向架的主要区别。两种转向架的结构基本相同，一般由构架、轮对轴箱装置、弹性悬挂装置和中央牵引装置等部分组成，见图 4-3。

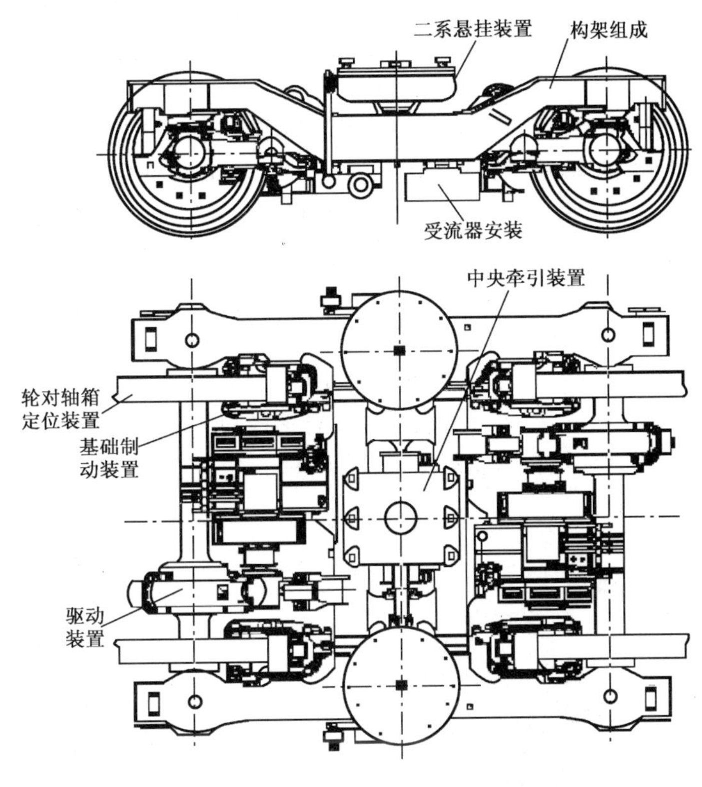

图 4-3　转向架

2）转向架的作用

转向架相对车体可自由回转，使较长的车辆能自由通过小半径曲线，减少运行阻力与噪声，提高运行速度；支承车体，承受并传递从车体至轮轨的各种载荷及作用力，使各轴重均匀分配；便于安装弹簧减振装置，便于安装制动装置，传递制动力，满足运行要求，保证车辆具有良好的动力性能和运行品质。另外，有转向架车辆在通过两轨头高低不平处时，车体支承点的垂直移动量仅为二轴车轮对支点的一半，从而提高了运行的平稳性；在转向架上安装牵引电机及减速装置、驱动轮对（或车轮）使车辆沿着轨道运行；转向架为车辆的一个独立部件，便于转向架的互换、制造和维修。

3）转向架的基本组成和主要功能

（1）构架

构架是转向架的基础，它把转向架的零部件组成一个整体，承受并传递车体与轨道间的各种作用力。构架的设计要求有：构架部分尺寸精度要高，例如轮对定位；要便于各部件与附加装置的安装；要具有足够高的强度和刚度。构架主要由左、右侧梁，一根或几根横梁及端梁组成,整体为H形轻量化低合金高强度钢板焊接结构。构架上同时设有相关设备的安装座,侧梁是构架的主要承载梁,同时侧梁的结构确定了轮对位置。构架的主要破坏形式是裂纹和变形。

(2)轮对轴箱装置

轮对是由一根车轴和两个同型号车轮组装成,见图4-4。它的作用是引导车辆运动,并且承受车辆与钢轨之间的载荷。因此,轮对应具有足够的强度,以保证车辆的安全运行。在保证强度和使用寿命的前提下,应减轻轮对的重量,并使其具有一定的弹性,以减少车轮与钢轨之间的动作用力和磨耗。

轮对在正常状态线路上运行时,轮缘的内侧距是影响运行安全的重要因素。轮缘内侧距有严格的规定:我国地铁车辆轮对,内侧距为(1353±2)mm。轮缘内侧距应保证在任何线路上运行时轮缘与钢轨之间有一定的游间,以减少轮缘与钢轨的磨耗;应保证在最不利情况下,轮对踏面在钢轨上仍有足够的安全搭接量,不致造成脱轨;应保证安全通过道岔。

①车轴。绝大多数的车轴为圆截面实心轴,是采用优质碳素钢加热锻压成型,再经热处理和机械加工制成。为了实现轴承、车轮和传动轮等的安装,在车轴上的相应位置设有安装座,各安装座及轴身之间均以圆弧过渡,以减少应力集中。

②车轮。车轮的结构、形状、尺寸和材质是多种多样的。目前我国城市轨道车辆普遍采用的整体碾钢轮由踏面、轮缘、辐板和轮毂组成,见图4-5。

图4-4　轮对示意图

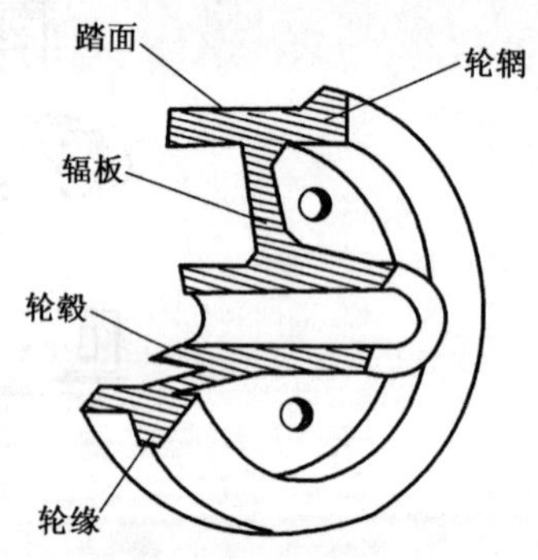

图4-5　车轮示意图

车轮与钢轨的接触面成为踏面,轮对踏面具有一定的斜度,所以称为锥形踏面。锥形踏面的作用为:直线运行时,轮对能自动调中;曲线运行时,能够减少轮轨间的滑动;运行时车轮与钢轨接触的滚动直径在不断地变化,致使轮轨的接触点也在不停地变换位置,从而使踏面磨耗更均匀。除了锥形踏面外,在研究轮轨磨耗的基础上又提出了磨耗形踏面。实践证明,锥形踏面车轮的初始形状在运行中将很快形成磨耗。当磨耗形成一定形状后,车轮与钢轨的磨耗都变得缓慢,踏面形状将处于相对稳定状态。如果新造轮踏面制成类似磨耗后相对稳定的形状,即磨耗形踏面,在相同的走行公里下,可明显地减少踏面的磨耗量,延长轮对的使用寿命,减少换轮、镟轮的工作量,其经济效益是十分明显的。磨耗形踏面可减小轮对的接触应力,提高车辆运行的横向稳定性和抗脱轨安全性。

由于车轮踏面有斜度,各处直径不同,因此根据国际铁路组织规定,在轮缘内侧70mm处测量所得的直径为名义直径,作为车轮直径。轮径小,可降低车辆的重心、增大车体容积、减小车辆簧下质量、缩小转向架固定轴距，但也有阻力增加、轮对接触应力增加、踏面磨耗加快等不足之处，我国规定地铁车辆的轮径为(840 +3)mm。新造车同轴的两轮直径之差不超过 1mm，同一动车转向架各轮径径差不超过 2mm。

③轴箱装置。轴承与轴箱的组合体称为轴箱装置。轴箱装置的作用是：将轮对和构架连接在一起；将轮对的滚动转化为车体的直线运动；将车辆重量及各荷载传给轮对。轴箱装置的组成一般由轴箱盖、防尘挡板、滚动轴承、密封圈和轴箱体等部件组成，见图 4-6。

车辆用轴承一般有滑动轴承和滚动轴承两种，与滑动轴承相比，滚动轴承具有如下优点：显著降低车辆的启动阻力和运行阻力；降低轴承维护和检修工作量，降低成本。约束轮对与轴箱之间相对运动的机构称为轴箱定位装置，它对转向架的横向动力性能和抑制蛇形运动具有决定性作用。其常见的定位形式有层叠式橡胶弹簧定位和导柱定位。

④弹性悬挂装置。弹性悬挂装置见图 4-7。安装在轮对轴箱装置与构架之间（一系悬挂）和构架与车体之间（二系悬挂）。弹簧减振装置的基本作用主要体现在三个方面：能够缓和并减少车辆行驶时的振动和冲击；控制车体的侧滚振动；控制车体地板面与轨道的高度，以提高车辆运行的平稳性和舒适性，降低噪声。

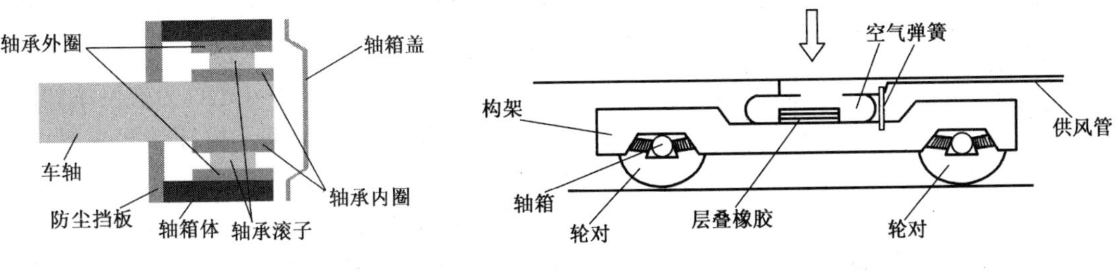

图 4-6　轴箱装置示意图

图 4-7　弹性悬挂装置示意图

一系悬挂。一系悬挂安装于轮对与转向架之间，与转向架的轴箱定位方式有关，常见的有人字层叠橡胶弹簧、内外圈钢螺旋弹簧和锥形橡胶套等形式。

二系悬挂。目前，转向架的二系悬挂安装于车体与转向架之间，大多都采用空气弹簧，空气弹簧悬挂系统主要由空气弹簧、高度控制阀、差压阀、节流阀和附加空气室等组成，见图 4-8。

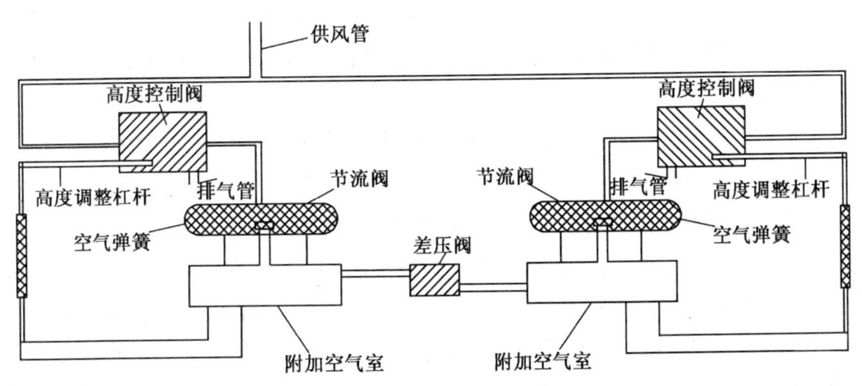

图 4-8　空气弹簧悬挂系统原理

空气弹簧主要分为膜式和囊式两大类,膜式又分为约束膜式和自由膜式。空气弹簧主要由上盖、下盖和橡胶囊组成,它的密封要求非常高,常用的有压力自封式和螺钉紧封式两种。

高度控制阀能够根据荷载的变化自动保持车体的高度,以减少车辆通过曲线时的倾斜度。车辆正常行驶时,高度控制阀是不起作用的。装在两附加空气室之间的差压阀能够保持左右弹簧的压差,防止车体过量倾斜。一侧气体囊破裂,另一侧空气也泄出,以保证车辆的安全运行。一般情况下差压阀两侧的允许压力差有100kPa、120kPa、150kPa三种,在条件允许情况下尽可能选择压差较小值。装在空气弹簧下方的附加空气室能够降低空气弹簧的垂向刚度,以提高车辆运行的舒适性。另外,节流阀能够吸收垂向振动能量。

车辆静载荷增加时,空气弹簧被压缩,使空气弹簧工作高度降低,这样高度控制阀随车体下降,由于高度调整连杆的长度固定,此时高度调整杠杆发生转动而打开高度控制阀的进气机构,压力空气由供风管通过高度控制阀的进气机构进入空气弹簧盒附加空气室,直到高度调整杠杆回到水平位置,即空气弹簧恢复其原来的工作高度。车辆静载荷减小时,空气弹簧伸长使空气弹簧的工作高度增大,高度控制阀随车体上升,同样由于高度调整连杆的长度固定,高度调整杠杆发生反向转动而打开高度控制阀的排气机构,压力空气由空气弹簧和附加空气室通过高度控制阀的排气口排入大气,直到高度调整杠杆回到水平位置。

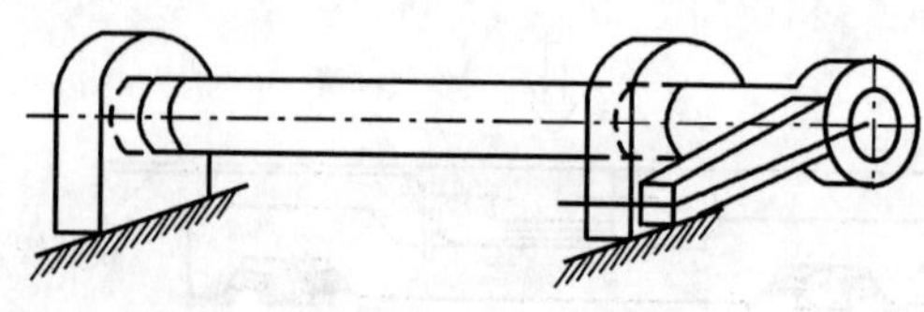

图4-9 扭杆弹簧简图

抗侧滚扭杆。扭杆弹簧也称为抗侧滚扭杆,用于控制车辆的侧滚运动。扭杆弹簧主要由摆臂、扭杆和支承座组成,见图4-9。

当车辆发生侧滚运动时,扭杆弹簧能产生扭转变形,可缓解车辆的侧滚运动。当摆臂受力转动时,扭杆产生扭转变形;当摆臂受力撤除时,扭杆变形消失,扭杆两端支承在装有关节轴承的支承座内。

减振器。减振器能够衰减车辆的振动能量,提高车辆的舒适型。城市轨道交通车辆一般都使用液压减振器,其主要原理是利用液体黏滞阻力所做的负功来吸收振动能量。减振器为免维修部件,有寿命限制。

⑤中央牵引装置。

a. 基本作用。中央牵引装置的基本作用是:传递纵向的驱动力和制动力;缓和车体的纵向振动。其基本要求是:在结构上便于车体与转向架的拆装;相应添加的部件不能增加作业工时。中央牵引装置一般由牵引梁、中心销、止挡、牵引叠层橡胶、牵引拉杆和横向缓冲橡胶等部件组成,见图4-10。

b. 结构特点。中心销的上端用螺栓固定在车体枕梁上,下端插入牵引梁的中心孔内。中心销底部设有止挡,可以限制车体的上升,并能保证转向架与车体一起吊起。牵引梁与构架横梁之间装有牵引叠层橡胶。牵引叠层橡胶的特性是纵向较硬,横向较软。牵引拉杆主要传递列车运行时的牵引力和制动力。横向缓冲橡胶装在构架侧梁上,与牵引梁两端面间隙为10mm左右。车体可以在此间隙范围内自由摆动,当振幅超过此间隙范围时,横向缓冲橡胶开始起作用。在横向缓冲橡胶初始压缩时弹性特性很柔软,其后稍硬,刚度随振幅增大而增加。

另外,动力转向架上还装有驱动装置,它主要由牵引电机、联轴器、齿轮箱、齿轮箱悬挂装置以及动力轮对等组成。它的作用既可以提供牵引力,也提供制动力。

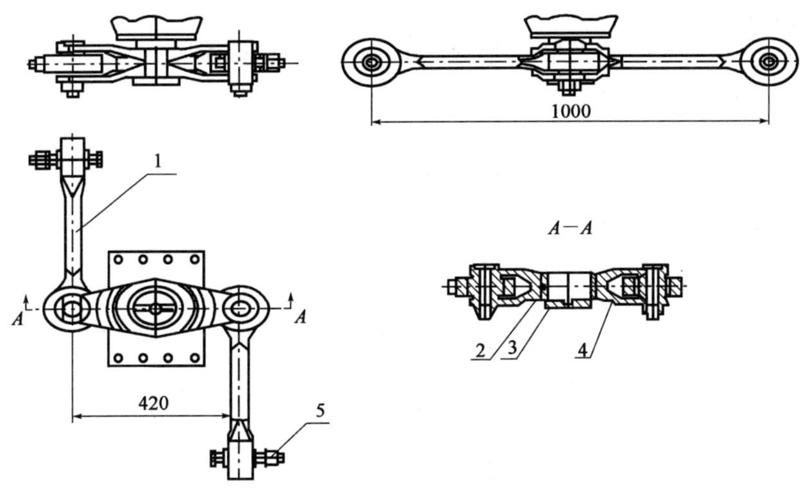

图4-10 中央牵引装置结构总图

1-牵引拉杆组成;2-中心销橡胶套;3-压板;4-牵引座;5-防松螺母和螺栓

4.2.3 牵引缓冲装置

车钩缓冲装置是车辆最基本的也是最重要的部件之一。它的基本作用有:连接列车中的各车辆,并使之保持一定的距离;传递车辆间的各纵向力或冲击力;缓和纵向力和冲击力。如果上述作用是由同一装置来承担的,那么该装置可分为车钩(亦称牵引联挂装置)和缓冲装置两部分。车钩用来保证车辆和车辆彼此连接,并且传递和缓冲拉伸力。缓冲装置用来传递和缓冲压缩力,减小车辆间相互冲击时所产生的作用力,并且使车辆彼此之间保持一定的距离。

1)车钩

(1)车钩的种类

按车钩连接方式的不同,可将其分为自动车钩和非自动车钩。自动车钩不需要人工来完成车辆连接,而非自动车钩需要人工来完成车辆连接。自动车钩又可以分为非刚性车钩和刚性车钩(也称密接式车钩)两种基本类型。非刚性车钩的两车钩在垂直方向上有一定的位移,两车钩各自保持水平位置,同时保证车钩在水平面内可以自由地摆动。刚性车钩的两车钩不允许存在相对位移,两车钩的轴线连挂后处在同一条直线上,钩体尾端销接,以保证车辆间具有相对的位移。刚性车钩与非刚性车钩相比具有如下优点:刚性车钩连接间隙小,磨耗小,降低了纵向力,同时改善了自动车钩零件的工作条件,并且降低了车钩冲击噪声,避免发生事故时后车辆爬到前一车辆上的危险。

(2)风管连接器

风管连接器是用来连接车辆间的气体管路。当处于连挂状态时,管路应保证不能漏气,同时不能影响解钩工作。不带自闭装置的风管连接器在联挂时,密封圈相互挤压,保证气路不泄露;解钩时,制动主管的截止阀关闭,以防紧急制动。自动开闭式风管连接器的管路中设有一阀门,连接时导通,断开时自动关闭。车钩联挂时,密封圈受压密封,顶杆使阀垫与阀体脱开,气路开通;解钩时,在弹簧的作用下,阀垫回位,气路封闭。

(3)电气连接器

电气连接器是通过悬吊装置与钩体弹性相连。连接时,箱体可受压退缩 3~4mm,保证连接可靠。同时箱体上设有定位装置、密封条和解钩后使用的箱盖。

(4)车钩对中装置

车钩对中装置的作用是使车钩缓冲装置和车体的中心线在同一平面内。在缓冲器的尾部下方设有对中气缸。车钩联挂时,对中气缸充气并使车钩自动对中。车钩连接后,对中气缸排气,车钩可自由转动。车辆在弯道联挂时,对中装置关闭。

2)缓冲装置

缓冲装置可分为可再生缓冲器和不可再生缓冲器两种类型。可再生缓冲器有双作用环弹簧缓冲器、橡胶缓冲器、液压缓冲器和气液缓冲器等;不可再生缓冲器有压溃管等。

(1)双作用环弹簧缓冲器

双作用环弹簧缓冲器由弹簧盒、弹簧前后座板、外弹簧、内弹簧、端盖盒牵引杆等组成,见图 4-11。当车钩受压缩冲击时,牵引杆推动弹簧前座板向后挤压内弹簧和外弹簧。由于内弹簧和外弹簧相互间的接触面为 V 形锥面,从而使内弹簧受压缩,外弹簧受拉伸,使冲击能量转化为弹簧的势能,同时内、外弹簧锥面的相互摩擦还产生一定的热量,从而使一部分冲击能量转化为热能。总之,缓冲器将冲击动能转化为弹簧的势能和热能,来达到吸收冲击能量的目的。当牵引杆受拉伸冲击时,牵引杆后端的预紧螺母压迫弹簧后座板,同样后座板也挤压内、外弹簧,同样也使内、外弹簧产生与牵引杆受冲击时同样的变化过程。所以该缓冲器无论是受压缩冲击还是受拉伸冲击时,都能吸收冲击能量。

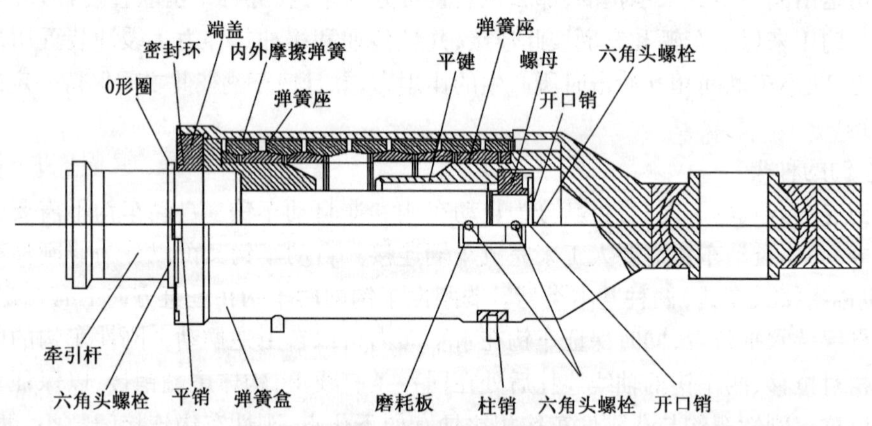

图 4-11 双作用环弹簧缓冲器

(2)压溃管

列车相撞时,通过压溃管的变形来吸收冲击能量,压溃管属于免维修部件,当压溃管的变形部位超过规定的标准时必须进行更换。在列车进行正常的牵引和制动时,压溃管是不参与吸收冲击能量的。

4.2.4 制动装置

城市轨道交通列车在运行过程中,人为地使列车减速或阻止其加速称为制动。为了实行制动而在列车的动车和拖车上装设的由一整套零部件组成的装置,称为制动装置。城市轨道交通制动方式分为摩擦制动和电气制动两种。

1)摩擦制动

城市轨道交通车辆常用的摩擦制动主要有闸瓦制动和盘形制动。

(1)闸瓦制动

闸瓦制动又称为踏面制动。它是最常用的一种制动方式,制动时闸瓦压紧车轮,轮、瓦之间产生摩擦,车组的动能大部分通过轮、瓦之间的摩擦变成热能,经车轮与闸瓦最终逸散到大气中去。

车轮由于主要承担着车辆走行功能,因此不能随意改变材料。要改善闸瓦的制动性能,只能通过改变闸瓦材料的方法。早期的闸瓦材料主要是铸铁。为了改善摩擦性能和增加耐磨性,目前城市轨道交通车辆中大多采用合成闸瓦。但合成闸瓦的导热性较差,因此目前也有采用导热性能良好,且具有较好的摩擦性能和耐磨性的粉末冶金闸瓦。

(2)盘形制动

盘形制动有轴盘式和轮盘式之分,一般采用轴盘式盘形制动装置,当轮对中间由于牵引电机等设备使制动盘安装发生困难时,可采用轮盘式盘形制动装置。制动时,制动缸通过制动夹钳使闸片夹紧制动盘,使闸片与制动盘间产生摩擦,把车组的动能转变为热能,热能通过制动盘与闸片散于大气。

2)电气制动

电气制动是车辆在常用制动下的优先选择,仅带驱动系统的动车具有电气制动,分为电阻制动和再生制动两种形式。

(1)电阻制动

将发电机发出的电能加于电阻器中,使电阻器发热,即电能转变为热能。电阻器上的热能靠风扇强迫通风而散于大气中。电阻制动一般能提供较稳定的制动力,但车辆底架下需要安装体积较大的电阻箱。

(2)再生制动

在以上的各种制动方式中,车组的动能最终都转化为热能而消散于大气中。再生制动是把车组的动能通过电机转化为电能后,再使电能反馈回电网提供给别的列车使用。这种方式既能节约能源,又减少制动时对环境的污染.并且基本上无磨耗。

城市轨道交通车辆的制动方式一般有电气和空气摩擦制动两种,一般在高速时施行再生制动与电阻制动相结合的电制动,当车辆速度降到一定程度后则采用摩擦制动。

4.2.5　受流装置

从接触导线(接触网)或导电轨(第三轨)将电流引入动车的装置。按照受流方式不同,受流装置可分为以下几种。

(1)杆形受流器

外形为两根平行杆,上部有两个受电轨(导线),广泛用于城市无轨电车,如图 4-12 所示。

(2)弓形受流器

形状如梯形,属上部受流装置,弓可升可降,其接触有一根导线,下面有导轨构成电路,用于城市有轨电车,如图 4-13 所示。

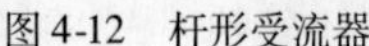

图 4-12　杆形受流器

图 4-13　弓形受流器

(3)侧面受流器

在车顶的侧面受流,多用于矿上装货物的电力机车上。

(4)滑靴式受流器

从底部导电轨受流,又称为第三轨受流,见图 4-14,空间可得到充分利用,多用于速度较高的隧道列车运行。北京地铁及目前欧美大部分城市地铁均采用这种受流方式。

图 4-14　导电轨及受流器

(5)受电弓受流器

形状如▽,属上部受流,弓可升可降,适用于列车速度较高的干线电力机车上,见图 4-15。上海地铁采用此种方式。

4.2.6　车辆设备

车辆设备是指服务于乘客的车体内部固定附属装置(如车灯、广播、空调、座椅、乘客信息显示装置等,见图 4-16)和服务于车辆运行的设备装置(如蓄电池箱、继电器箱、主控制箱、风缸、电源变压器等,见图 4-17)。

4.2.7　车辆电力牵引系统以及其他电气系统

车辆电气系统包括车辆上的各种电气设备及其控制电路。按其作用和功能可分为牵引电路系统、辅助电路系统和列车监控系统三个部分。牵引电路由牵引电机及与其相关的电气设备和连接导线组成，其作用是将电网的电能转变为车辆运行所需的牵引力，当在电气制动时将车辆的动能转换为电制动力。辅助电路系统为保证车辆正常运行必须设置的辅助设备（如供某些电器通风、冷却的通风机、空气压缩机、空调装置、车辆照明等）所提供的辅助用电系统。列车监控系统通过司机操纵主控制器和各按钮使列车正常运行或由列车自动运行控制系统控制运行。

城市轨道交通车辆的电气部分主要是按功能和系统以屏、柜及箱体的形式安装在车厢内以及悬挂固定在车体底部车架上，见图 4-18。为了使车厢用于载客部分的空间尽量多，电气箱柜绝大部分安装在车体底下的空间。

图 4-15　受电弓受流器

图 4-16　香港迪斯尼车体内部固定附属装置

图 4-17　车辆车体地铁车辆车底设备

图 4-18　车底电气设备

4.3 车辆段与整备设备

4.3.1 车辆段

城市轨道交通系统的车辆管理单位基本上有两种:一是车辆段(图 4-19),二是停车场。

车辆段是电动车辆停放、运用、检查、管理、整备和检修保养的场所及管理单位。其主要业务为:车辆折返,乘务组换班,列车编组,调车,停放,车辆月修、定修、架修、临修、日常检查等技术维修,故障处理,清扫等工作。

图 4-19 城市轨道交通车辆段

一般一条线设一个车辆段,线路长度超过 20km 的线路可以设一个车辆段、一个停车场。停车场负责部分车辆的存放、运用、检查和准备工作。当技术经济合理,也可以两条或两条以上线路共设一个车辆段。当运营线路里程达到 50km 时应考虑设车辆修理工厂(50km 线路平均每天有 3、4 辆车厂修)。

(1)车辆段组成

车辆段主要分三大部分:停车库、检修库和办公生活设施。

停车库中有检车线、停车线、洗车线、列检线等线路设备,主要用于收车后停车作业和停放备用车辆、进行简单维修保养作业、进行车辆编组、清扫、整备和日常管理工作。

检修库专门用于车辆检修作业,配有检修设备,包括列检库、月检库、定修库、架修库、大修库,库中设置有列检线、出入库线、试车线、镟轮线、检修线等线路,以及检修设施,见图 4-20。

办公生活设施主要包括信号楼、管理人员和司乘人员工作、休息的场所。

(2)车辆段的设计原则

车辆段的设计主要考虑使用功能的便利性和经济性。主要原则有收发车顺畅、停车检修分区合理、用地布置紧凑。城市轨道交通车辆段的设计位置一般采用贯通式或尽端式,贯通式车辆段设置在线路中央地带,两端均可收发车,能力较大;尽端式车辆段设置在线路一端,能力小些。

a)

b)

图4-20 车辆段检修库
a)车辆检修台;b)车辆吸尘、清洗、吹扫

(3)城市轨道交通车辆段的工作范围与内容

①日常维护:包括收车后对车辆按养护规定进行日常检查保养和对车辆内外部清洗打扫。列检包括对各主要部件进行外观检查和对危及行车安全的故障及时进行重点修理。

②月检:包括对车辆外观和主要部件技术状态进行检查和对危及行车安全的故障进行全面修理等。

③定修:是预防性的对各大部件技术状态进行仔细的检查、对车上仪器和仪表进行校验和对发现的故障进行针对性修理等。

④架修:主要指检查和修理大部件、对车辆各部件进行解体和全面检查、修理、试验、校验等。

⑤大修:是指全面恢复性修理、对车辆全面解体、检查、修理、整形、试验、校验、调试、油漆。

目前国内各城市的轨道交通采用的修程基本上分四种:厂修、架修、定修、月修。轻轨车辆检修周期见表4-3。车辆的厂修和车辆段内设备的大修一般可由车辆设备修理工厂或委托其他工厂担当,也可选择一个车辆段增加车辆厂修任务。

轻轨车辆检修周期表 表4-3

修　程	检修周期	修车时间	施修地点
厂修	54万~60万km	40d	车辆段或工厂
架修	18万~20万km	20d	车辆段
定修	6万~7万km	10d	车辆段
月修	1万~1.2万km	2d	车场
列检	200~400km(每天)	2h	车场或列检所

4.3.2 整备设备

(1)运输设备

轨道运输设备包括平地两用电动牵引车(图4-21)、移车台(图4-22)、轨道车、转轨设备等。

图 4-21　电动牵引车

图 4-22　移车台

(2)升降设备

升降设备包括架车机(图 4-23)、落轮升降台等。驾车机有地面式驾车机和地下驾车机。地面式驾车机能同步提升多节不解钩的列车单元组,以便对列车车体下部的机械、电气部件进行维修、保养和更换等操作。每 4 台架车机为一组,提升 1 节车,可选定一组、两组或三组同步提升。地面式驾车机可分为固定式和移动式两种。地下式架车机驾车机组最高平面与地面轨道位于同一水平面,由两个独立的车体架车机和转向架驾车机组成。该架车机组不但能提升起列车,还能轻易落下车辆中任意一个转向架或轮对。配合铲车和液压升降台等专用设备,还能对车体下的所有部件进行拆卸维修。两套提升装置能单独进行转向架和车体的升降。

图 4-23　架车机

(3)清洗设备

清洗设备包括洗车机、转向架冲洗机、各种高压清洗机、超声波洗涤机。列车自动清洗机是通过其端部和两侧不同形式的清洗毛刷组,将水和清洁剂喷射在车体上,用清洁毛刷对列车的前后端部、两侧车体侧面、车门和车窗玻璃进行滚刷。目前列车自动清洁机一般采用室内侧刷固定型,见图 4-24。

清洗机按程序进行车头、车尾、车侧、车窗、车体连接折篷的清洗,另外该机还可以进行水洗和化学清洗选择,以及进行水处理循环等工作。

(4)修理加工设备

修理加工设备包括不落轮镟床(图 4-25)、轮对压装机、整流子下刻焊接机、轨道打磨机等。转向架的轮对在运行中会发生踏面的擦伤、剥离和轮缘磨耗,需要及时镟削。不落轮镟床可以在不拆卸轮对的情况下对其踏面和轮缘即时进行镟削,轮对压装机用于车轮和车轴在设定压力下装配成轮对或将轮对分解成车轮和车轴。

(5)检测设备

检测设备包括超声波轮对探伤仪、轮缘轮距测量仪、车门驱动空气压力测量装置。

(6)试验设备

试验设备包括列车静调试验台、转向架试验台等各种试验台等。

图 4-24　清洗机

图 4-25　不落轮镟床

本章小结

城市轨道交通车辆是直接为乘客提供服务的设备，应该具备车辆自重轻、车体有一定强度、车内容量较大、制动可靠、检修简便等特点。

本章首先介绍城市轨道交通车辆类型及特点，然后重点介绍车辆结构及基本原理，城市轨道交通车辆一般由车体、转向架、牵引缓冲装置、制动装置、受流装置、车辆设备、车辆电气系统七部分组成。车体分有司机室车体和无司机室车体两种。转向架安装在车体与轨道之间，一般由构架、轮对轴箱装置、弹性悬挂装置和中央牵引装置等部分组成。车钩缓冲装置连接列车中的各车辆，并使之保持一定的距离，传递车辆间的各纵向力或冲击力、缓和纵向力和冲击力。城市轨道交通车辆的制动方式一般有再生制动、电阻制动、摩擦制动（包括盘形制动、闸瓦制动）等，它们分别为第一、第二和第三优先级制动。本章最后介绍了车辆段与整备设备。

练习题

1. 车辆如何分类？
2. 动车与拖车的区别是什么？

3. 车辆的基本构成有哪几部分?
4. 车体的组成包括哪些?
5. 简述转向架的分类以及组成。
6. 简述车钩缓冲装置的组成以及各部分的作用。
7. 城市轨道交通车辆制动方式有哪几种,各有什么优缺点?
8. 车辆段有哪些设备?

参考文献

[1] 王伯铭. 城市轨道交通车辆工程. 成都:西南交大出版社,2007.
[2] 毛保华. 城市轨道交通. 北京:科学出版社,2001.
[3] 李建国. 城市轨道交通系统概论. 北京:机械工业出版社,2009.
[4] 李力. 城市轨道交通运营与管理综合应用. 北京:机械工业出版社,2008.
[5] 吴芳. 铁路运输设备. 北京:中国铁道出版社,2007.
[6] 佟立本. 铁道概论. 北京:中国铁道出版社,2004.

第5章　城市轨道交通信号系统

【本章概要】

1. 城市轨道交通信号系统的构成、分类、功能，信号系统的接口和基本要求；

2. 信号机、动力转辙机、轨道电路、计轴设备等基础设备；

3. 联锁与闭塞；

4. ATC 系统的各子系统(ATP 系统、ATO 系统、ATS 系统)的组成、基本功能及系统基本要求。

【关键词汇】

信号系统；准移动闭塞；移动闭塞；列车自动控制系统

5.1　城市轨道交通信号系统概述

城市轨道交通信号系统是应用于城市轨道交通系统中人工或自动实现行车指挥和列车运行控制、安全间隔控制技术的总称。它是现代大运量、高密度的轨道交通自动控制系统中的重要组成部分，担负着列车和乘客的安全，能够保证列车高速、有序运行。

(1)系统构成

城市轨道交通的信号系统按子系统设备所在地域划分，可分为行车指挥中心子系统、车站及轨旁子系统、车载子系统及车辆段(场)子系统。各子系统构成模式如下：

行车指挥中心子系统由列车运行监视(调度监督)、列车运行监控(调度集中)或列车自动监控等子系统构成。行车指挥中心控制系统也可包括列车运行控制设备。

车站及轨旁子系统由行车指挥车站设备、联锁设备、列车运行控制系统的地面设备及其与联锁设备的接口、列车识别(PTI)的地面设备等组成。非封闭线路的信号系统包括道口信号设备。

车载子系统由车载信号设备和自动停车设备组成，或由 ATP、ATO 及列车识别(PTI)的车载设备等组成。

车辆段(场)子系统由联锁设备、行车指挥控制系统的段(场)设备等组成。

(2)系统分类

按地面设备向车载设备传递信息的连续性可分为点式和连续式信号系统。点式信号系统是仅在固定地点传递信息的信号传递方式；连续式信号系统是沿线路连续传递信息的信号传递方式。

按闭塞方式可分为固定闭塞制式、准移动闭塞制式和移动闭塞制式等系统。固定闭塞系统采用固定划分区段的轨道电路，列车以闭塞分区为最小行车间隔，需设防护区段；准移动闭塞系统按线路条件、牵引计算结果、线路最小行车间隔等条件将线路分成若干闭塞分区，通过轨道区段的占用、出清来确定列车位置，进而控制线路上列车运行的安全间隔；移动闭塞系统不需要分割线路，车载设备通过自身的测速传感器计算列车的准确位置，地面设备周期性地接收本控制范围内所有列车传来的列车识别号、位置、方向和速度信息，并根据接收到的列车信息，确定各列车的移动授权点（防护点），并向本控制范围内的每列列车周期地传送移动授权点的信息。

按列车控制方式可分为阶梯式速度曲线和速度—距离模式曲线两种控制方式。阶梯式速度曲线控制方式基于传统的音频轨道电路，对应每个闭塞分区只能传送该区段所规定的最大速度命令码或入口/出口速度命令码，当列车速度超过规定速度时，就施行常用制动或紧急制动；速度—距离模式曲线由命令编码单元通过轨道电路、查询应答器、无线通信等设备实时向列车提供目标的相关命令信息和状态信息，在列车的每一确切位置，车载设备据此计算出列车运行的速度—距离曲线，保证列车在最高安全速度下运行。

（3）系统功能

系统功能主要包括系统的监控范围、系统响应时间、通过能力、折返能力和系统设备故障的降级运用及其复原能力。

①系统监控范围包括段（场）出入线、正线区间与车站、存车线和折返线。调度区段内的区间、车站应集中监视，根据需要监控车辆段（场）的部分或全部。

②系统能监视或控制调度区段内区间和车站的进路、信号以及车辆段（场）向本调度区发车的信号、列车识别等。

③行车指挥系统应具有良好的实时性，其系统处理能力应留有余量。为保证系统的实时响应性，系统宜按远期线路规模、最大在线列车数设计。其现场信息采集及处理周期应小于2s。实时控制、各工作站及显示终端等的操作响应时间应不大于2s。

④列车运行控制系统的主要响应性能包括列车占用与空闲检测的应变时间应不大于3s；车载信号设备自接收地面信息至完成处理的时间应不大于2s；计算机联锁设备的处理周期应不大于1s。

⑤通过能力和折返能力与线路参数、车辆性能、道岔限速及信号系统技术水平等因素有关，其能力应经列车运行模拟确定；通过能力应满足最大客运量对于行车间隔的需求，并应留有余量；折返能力应与线路的通过能力相适应，计算的折返能力宜小于最小运营间隔时间。

⑥系统应具有故障降级运用的能力。系统、子系统或设备故障排除后，应能尽快复原执行预定的功能，防止信号系统自身的原因导致任一列车晚点超过预先规定的时间。

（4）信号系统的接口

信号系统接口分为系统内部各设备间接口、信号系统与其他专业系统的外部接口两大类。信号系统内部接口包括行车指挥系统的设备与联锁设备的接口；联锁设备与列车运行控制系统地面设备的接口；车地通信设备与地面设备、车载设备的接口；车载设备内部接口，包括ATO系统与ATP系统的接口等。系统外部接口为信号系统与其他机电设备专业系统的接口，包括车辆、通信、供电、屏蔽门、车站设备监控、环境与通风和防灾报警等系统。

信号系统的接口可分为符合故障—安全原则的安全性接口和不符合故障—安全原则的非安全性接口，所谓故障—安全是指当信号系统或设备发生故障时，最终导致其输出相对安全的结果，即故障导向安全。信号系统内部安全接口通常包括联锁与ATP地面设备的接口、联锁与现场设备的接口、ATP系统内部的车地通信接口等。系统外部接口通常为开关量接口、串行接口、网络接口以及可能的模拟量接口等，列车自动防护系统或自动停车车载设备与车辆相关设备的重要接口属于信号系统的外部安全性接口。

(5)信号系统的基本要求

①城市轨道交通信号系统是实现行车指挥、列车运行监控和管理所需技术措施及配套装备的集合体。信号系统要确保行车安全、提高运输效率、改善工作环境、促进管理的现代化。

②信号系统要做到安全可靠、经济合理、适应技术的发展，并逐步达到不同系统或子系统设备的互用与协同工作。

③城市轨道交通信号系统一般由列车检测、联锁、闭塞、列车控制等与行车指挥和列车运行控制相关的系统和设备组成，根据用户需求确定系统的构成与规模，并适应线路的延伸扩展。

④行车指挥中心的规模应根据线网规划、线路和机电系统规模统筹考虑，宜实现列车运行的统一指挥调度。

⑤城市轨道交通的运行线路应能组织独立运行，在有条件的地段，允许有支线或其他运行线路与本线接轨，并组织混合运行。

⑥封闭线路的城市轨道交通系统必须配备列车自动防护系统，非封闭线路的轻轨，根据行车间隔、列车运行速度采取相应技术手段进行列车运行安全防护。

⑦信号系统应确保列车的安全运行，并应保证在最不利的条件下，前方列车处于紧急停车时，后续列车应能实现安全停车。

⑧信号系统应预先设计相关系统或自身系统故障以及灾害发生时的应急运行模式。

⑨信号系统应具有高可靠性和高可用性，涉及行车安全的信号设备应符合故障—安全原则。

⑩信号系统采用的器材、设备和技术指标应符合国家标准或行业标准，应满足环保要求，具有电磁兼容性。

⑪信号系统应具有相关设备的监测和报警功能。

⑫信号系统的车载设备不得超出车辆限界，信号系统的地面设备不得侵入设备限界。

⑬信号系统的设备应符合城市轨道交通使用环境的要求。设于高架线路或地面线路的信号设备应与城市景观相协调。

5.2 信号基础设备

城市轨道交通信号基础设备是形成指示运行条件的命令、保证行车安全的重要设备，也是实现车站和区间自动控制和远程控制必不可少的设备。信号基础设备主要包括指示列车运行条件的信号机;拉动转换和锁闭道岔的动力转辙机;检查区段状态的轨道电路、计轴设备等轨道检查装置。

5.2.1 信号机

信号是指在行车、调车工作中,为对乘务人员及与行车和调车有关人员指示列车运行条件而规定的物理特征符号。地面信号一般是指信号机及信号表示器。城市轨道交通地面信号采用与铁路相同的色灯信号机,即用灯光的颜色、数目及亮灯状态表达信号含义,但其设置的位置不同于铁路,除了车辆段和有岔站外,城市轨道交通一般不设地面信号机,信号显示的规定也不同于铁路信号,城市轨道交通信号为非速差信号,即列车运行速度不取决于信号的显示,绿灯、黄灯允许信号代表的是列车运行进路是走道岔直股还是弯股,而不是像铁路信号所规定的代表列车的运行速度。

1)地面信号设置原则

根据《地铁设计规范》(GB 50157—2003)和《城市轨道交通信号系统通用技术条件》(GB/T 12758—2004)的相关规定,固定信号机、信号表示器等设置应遵循下列原则:

①信号机应设于列车运行方向的右侧,遇条件限制必须设于其他位置时,需经运营主管部门批准后方可实施。

②信号机应根据行车组织需要设置。车站设进站和出站信号机;区间和站内道岔区设道岔防护信号机或道岔状态表示器;区间闭塞分区分界处设通过信号机。

③当采用列车自动防护系统(ATP)时可不设进站、出站及通过信号机。

④车辆段(场)设进段(场)信号机,根据需要可设出段(场)信号机,段(场)内设调车信号机。

⑤进站、进段(场)信号机及防护道岔的信号机需设引导信号。

2)信号显示

(1)显示要求

地面信号显示应与车载信号显示的禁止、允许状态一致;地面信号为主体信号时,其信号显示熄灭或显示意义不明时,应视为禁止信号。

正线上各类信号机的显示距离原则上应不小于300m;车辆段各类信号机的显示距离原则上应不小于200m;不满足显示距离要求的小半径曲线区段的信号机应使其达到最远显示距离。

最小显示距离计算方法:从最大行车速度开始减速直到列车停下所行驶的距离再加上50m的人和系统反应时间内列车行驶距离,计算中使用的加速度为 $-1\mathrm{m/s^2}$。

(2)信号显示的基本颜色规定

①正线信号:

红色——表示停车(信号机灭灯或显示不明,也可视为停车信号),列车必须在信号机前停车。

绿色——表示列车可以通过信号机,且进路中的所有道岔开通直股。

黄色——表示列车可以通过信号机,且进路中的道岔至少有一组开通弯股。

红灯+黄灯——为引导信号,允许列车以不大于25km/h速度越过信号机,并随时准备停车。

其他显示意义的信号可采用基本颜色组合或闪光，也可以以符号、数字等形式表示。

②车辆段(场)信号：

蓝色——表示禁止调车，列车必须在信号机前停车。

月白——表示允许调车，列车可以通过该信号机进行调车作业。

出段(场)信号机显示应与正线一致。当车辆段(场)部分或全部纳入列车运行安全防护范围时，相应范围内的信号机及其显示应与正线一致。

由于移动闭塞系统正常情况下以车载设备作为列车运行主体信号，轨旁信号机对于自动驾驶模式和自动监督下的人工驾驶模式的列车可以不起阻挡作用，正线信号机的单独故障不会影响移动闭塞系统的正常使用。但在限制和非限制人工驾驶模式下司机将以信号机显示作为列车运行主体信号，正线信号机的故障应将其视为禁止信号，列车在故障信号机外方停车后，调度员必须首先人工确认故障信号机内方的区段空闲，列车在调度员的指挥下人工确保越过故障信号机的运行安全。

(3)信号定位显示

进、出站信号机，道岔防护信号机，进、出段(场)信号机以停车信号显示为定位，其他列车信号以进行显示为定位。调车信号以禁止调车运行的信号显示为定位。

3)信号机的分类

从用途上分，在正线上有出站信号机、道岔防护信号机、防淹门防护信号机和尽头信号机，在车辆段有列车信号机和调车信号机。

从结构上分，包括两灯位、三灯位和四灯位结构信号机。正线上基本采用三灯位结构的信号机，只有在尽头型线路采用两灯位结构信号机，在移动闭塞系统也有采用四灯位信号机结构的。在车辆段，列车信号机采用三灯位结构信号机，调车信号机采用两灯位结构信号机。

从使用的光源来分，可分为白炽灯透镜式色灯信号机和LED色灯信号机两种。

4)信号机结构

图5-1为LED色灯信号机室外电路，因为LED发光管是低能耗的高效发光器件，在满足相关光学指标前提下，其信号光源的功率仅6W左右，供电电压输出由交流220V降低为交流110V向点灯变压器供电。

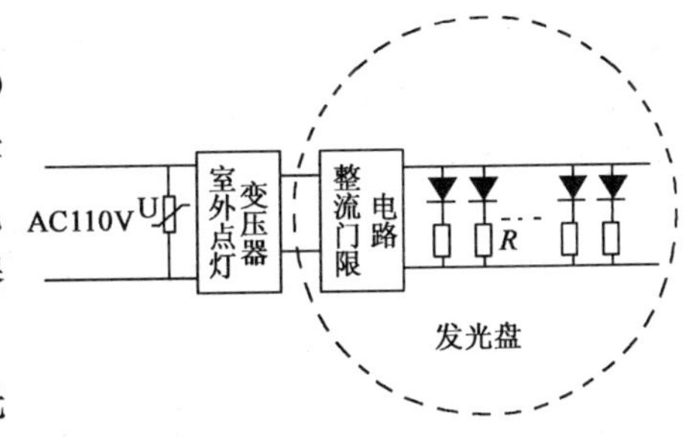

图5-1　LED色灯信号机室外电路

点灯变压器可以起到电隔离作用，同时为发光盘提供合适的电源电压。

发光盘的内部电路为串并联电路，每个支路由一个LED发光二极管和一个电阻R组成，LED发光二极管均匀地分布在发光圆盘面内，构成发光点阵，支路中的电阻R起限流作用，限定电流在规定范围之内。为提高LED信号光源的抗干扰能力，在其信号光源内均设有抗干扰门限电路，线路输入的门限电压设定为60V，若输入电压低于门限值，则门限关闭，光源灭灯。外部电源经整流后给LED发光二极管通入正向直流电源，LED发光二极管点阵便发出相应颜色的光，经过光学集光透镜后产生由多个光轴组成近似于平行光的信号灯光。

因为信号机是指挥行车的重要信号设备，所以信号灯一般采用双灯丝结构。信号系统一般会设置一个主灯丝报警单元用于监控主灯丝的状态，在主灯丝断丝时能及时切换到副灯丝并发出报警，从而不影响信号机的正常显示。

5.2.2 动力转辙机

动力转辙机是道岔的转换装置，它用来转换道岔、锁闭道岔、正确反映道岔尖轨所处的位置以及道岔故障报警。是实现车站信号等自动控制和远距离控制必不可少的设备。

1）动力转辙机的分类

动力转辙机按动力来分，主要有以电动机为动力的电动转辙机，利用压缩空气为动力的电空转辙机和以高压液体（油压）为动力的电液转辙机三种。按供电电源的种类来分，可分为直流转辙机和交流转辙机。按道岔锁闭方式来分，可分为内锁闭转辙机和外锁闭转辙机。按是否可挤，可分为可挤型转辙机和不可挤型转辙机。按照转换时间可分为：快速（0.5～1.5s）、中速（3～6s）、低速（8～20s）三种。

我国目前所使用的动力转辙机中以电动转辙机最为普遍，其类型主要有 ZD6、ZD7、ZD8、ZD9、ZDKJ、ZDJ9 系列和 S700K-C 等型号，其中 ZD6 系列直流转辙机使用的数量最多，应用最广。ZD7 系列直流快速电动转辙机，用于驼峰编组场快速转换的道岔，动作时间小于 0.8s。ZD8、ZD8-A 型电动转辙机，供转换重型道岔使用。ZD9 系列直流电动转辙机在青藏线（青藏线专用 ZD9-Q 型）和城市轨道交通线路上都有应用。ZDJ9 系列和 S700K-C 型电动转辙机为交流电动转辙机，在城市轨道交通线路上大量应用。ZDKJ 为交流快速电动转辙机，转换时间小于 0.6s。

2）动力转辙机的结构及特点

以 ZDJ9 型电动转辙机为例。ZDJ9 型电动转辙机是国内自行研制，完全国产化，具有独立知识产权的新型电动转辙机，它借鉴了国内外成熟的先进技术，结合我国线路和道岔的实际情况进行了优化设计，并根据道岔不同转换动程和转换力以及交流供电方式进行开发，该转辙机具有转换力大、效率高等特点，既适用于多点牵引尖轨分动外锁闭装置道岔的转换，也可用于尖轨联动的内锁闭道岔的转换。ZDJ9 型电动转辙机的组成结构如图 5-2 所示。

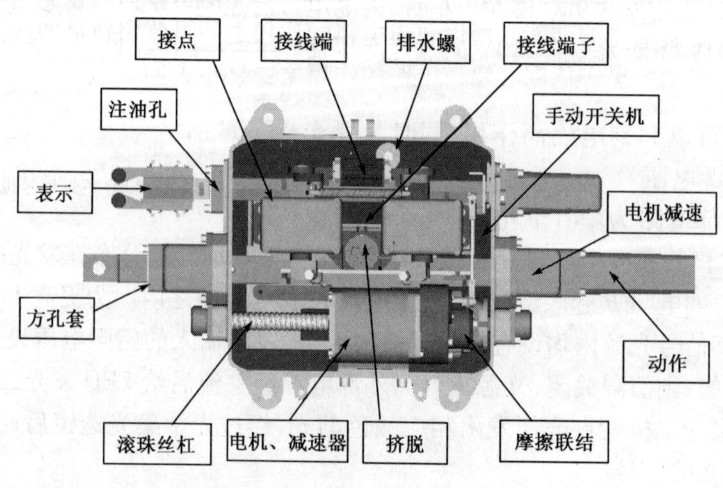

图 5-2 ZDJ9 型电动转辙机结构图

ZDJ9 系列转辙机采用滚珠丝杠减速，具有高效率特点。电机采用三相交流电源，因此电缆单芯控制距离长，且交流电机比直流电机故障少。接点系统采用静接点组和动接点组。伸出杆件用镀铬防锈，伸出处用聚乙烯堵孔圈和油毛毡防尘圈支承和防尘。转动和滑动面均用 SF2 复合材料衬套和衬垫，因此转辙机的维护工作量小。停电或维护中需要手动转换时，可以转动手动开关轴，切断安全开关的接点后插入手摇把，就可以手动转换转辙机。

3）动力转辙机应满足的基本要求

动力转辙机直接关系到城市轨道交通运输安全，因此，动力转辙机的功能与质量必须满足以下基本要求。

①应有足够大的转换力，在解锁状态下，能带动道岔尖轨转换位置，当尖轨受阻不能转换到底时，在值班员的操纵下能随时使道岔尖轨回到原位。

②当道岔尖轨与基本轨之间没有达到规定的密贴程度时，不应进行锁闭，不锁闭不能使转换过程终了，一旦锁闭，应保证道岔不致因列车通过时的震动而解锁移位。

③要能正确反映道岔的位置，只有当道岔尖轨与基本轨之间达到规定的密贴程度，并锁闭道岔后，才能发出道岔相应位置的表示。

④道岔被挤后，应有挤岔表示，转辙机不经人工恢复，不能再转换道岔。

⑤对多点（两点及其以上）牵引的道岔应采取多机牵引方式。

⑥转辙机型号应根据道岔的类型（钢轨种类、尖轨和心轨动程、转换阻力）进行合理的选择。

⑦可动心轨辙叉单开道岔，必须按外锁闭道岔配置转换设备。

5.2.3　轨道检查装置

轨道电路、计轴设备、交叉环线、射频电台以及卫星定位技术等均可以用来检测轨道空闲状态，目前轨道电路和计轴设备仍然是检测列车占用的主要手段。

1）轨道电路

轨道电路就是以两根钢轨作为导体，两端加上机械绝缘或电气绝缘，并加上送电、受电设备构成的电路。在城市轨道交通系统中，不仅仅要求轨道电路具有检查轨道占用、空闲状态的功能，同时还具有传输信息的功能。所以轨道电路的作用之一是监督轨道区段的空闲、占用情况，为相关的设备的动作提供依据。轨道电路的作用之二是检查钢轨的完整性，通过轨道电路接收设备状态的变化检测钢轨的完好情况，反映出钢轨的断轨、移轨的故障。轨道电路的作用之三就是传递车—地信息，包括速度信息、线路坡度信息、闭塞分区长度信息等。轨道电路的作用之四是编码校验，即传输纠错码。

（1）轨道电路的分类

①轨道电路按信号电流的性质可分为直流轨道电路和交流轨道电路。

轨道电路的电源采用直流供电时，称为直流轨道电路，它常用在交流电源不可靠的非电力牵引区段，当交流停电时，由平时浮充供电的蓄电池供电；采用交流供电的轨道电路，称为交流轨道电路。

②轨道电路按其分割方式可分为有绝缘节轨道电路和无绝缘节轨道电路。

有绝缘节轨道电路即在固定地点切割钢轨，在其间加入绝缘材料以实现电气隔离，绝缘节既要有足够的强度以保证列车运行的安全,又要保证有足够的电气绝缘,以实现电气分隔。无绝缘节轨道电路按原理可分为两大类,第一类:自然衰耗式(无电气分隔点),是利用轨道电路的自然衰耗和不同频率,以实现相邻轨道电路的隔离。第二类:电气隔离式(有电气分隔点),又称谐振式,是在轨道电路的分界处采用电容和钢轨部分电感构成谐振回路,并用不同频率以实现电气隔离。

③轨道电路按传送电流的特征可分为工频连续式轨道电路和音频轨道电路。

工频连续式轨道电路传送连续的交流电,其唯一的功能就是反映轨道的空闲与占用情况,不能传送更多的信息;音频轨道电路又分为模拟式音频轨道电路和数字编码式音频轨道电路,它不仅可以反映轨道的空闲与占用情况,还可传输车—地信息和校验码等多种信息。

④轨道电路按机车牵引电流的回归方式可分为单轨条轨道电路和双轨条轨道电路。

利用轨道电路中的一根钢轨作为牵引电流回线的轨道电路,称为单轨条轨道电路;利用轨道电路两根钢轨作为牵引电流回线的轨道电路,就称双轨条轨道电路。

⑤轨道电路按供电方式可分为连续式轨道电路和脉冲式轨道电路。

连续式轨道电路即轨道电路的电源供以连续的直流或交流电流;脉冲式轨道电路是间歇(断续)供电的。

ATC(Automatic Train Control)控制区域宜采用无绝缘轨道电路,道岔区段、车辆段及停车场线路可采用有绝缘轨道电路,区间轨道电路应为双轨条回流方式,道岔区段、车辆段及停车场轨道电路可采用单轨条回流方式,相邻轨道电路应加强干扰防护,轨道电路利用兼作牵引回流的走行轨时,装设的横向均流线不应影响轨道电路的正常工作。

(2)轨道电路的组成和工作原理

以 FS2500 轨道电路为例,FS2500 轨道电路有两种功能:连续监测轨道的“占用”或“空闲”状态,以及向列车传递 ATP 目标距离信息。FS2500 轨道电路有两个频率范围:5K 正线轨道电路(载频范围在 4080 ~ 6000Hz);2K 道岔轨道电路(载频范围在 1700 ~ 2600Hz)。图 5-3 为典型的 5K 地铁正线的 FS2500 轨道电路。

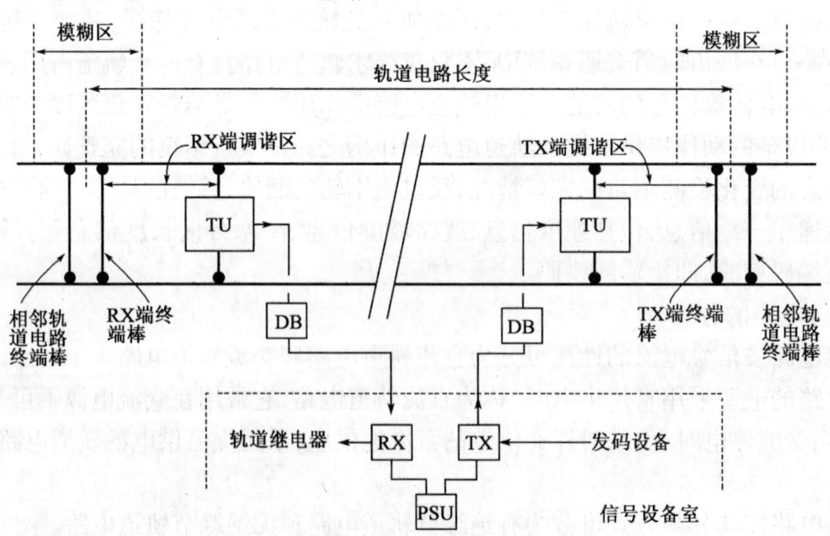

图 5-3 典型的 5K 地铁正线轨道电路

FS2500 轨道电路室内设备包括:发送器(TX)、接收器(RX)、JTC 电源单元(PSU)、发码设备(包括 ATP 码发生器和 ATP 码发生器电源)、轨道继电器、轨道电路安装架(ER)。

轨旁设备包括:调谐单元(TU)、分线箱(DB)、轨道馈电单元(TFU)、轨道连接单元(TCU)、ATP 环路馈电单元(LFU)、电阻箱(RB)。

其工作方式为:在列车离开的轨道端,发送一个移频键控(FSK)信号,在轨道另一端,也就是列车进入的方向,由接收器对 FSK 信号进行数字处理,对接收到的信号进行一系列验证,如果验证的结果满足"空闲"条件,则向联锁子系统输出轨道"空闲"信息。如果列车进入轨道区段,或轨道电路设备发生故障,接收器检测不到正确的信号,则向联锁子系统输出轨道"占用"信息。

轨道电路发送器将目标距离信息(ASK)转换成移频键控(FSK)信号,由车载天线接收,这样,通过轨道电路可以将 ATP 目标距离信息传递给车载 ATP 设备。

对于相邻的轨道电路,采用不同的载频,就可以将连续的钢轨进行有效的电气隔离。轨道电路终端采用终端棒在两条钢轨之间跨接,这样,附近几米的轨道因电磁感应产生相当高的阻抗,对轨道电路频率进行隔离。

(3)轨道电路设置原则

①信号机的内外方应划分为不同的轨道电路区段。

②凡是能平行运行的进路,应用钢轨绝缘将它们分开,形成不同的轨道电路区段。

③在一个轨道电路区段内,单动道岔最多不超过 3 组,复式交分道岔不得超过 2 组,以免道岔组数过多,轨道电路难以调整。

④为了提高咽喉区作业效率,把咽喉区轨道电路区段适当划短,使相关道岔能够及时解锁排列其他进路,但若列车速度较高时,为了保证机车信号的连续显示,又不能让轨道区段过短。

2)计轴设备

计轴设备和轨道电路一样,都是检查区间是否有列车或车辆占用的检查监督设备,其特点是工作不受道床、轨道状态和气候条件的影响,并且其控制距离几乎没有限制,区间无需加装钢轨绝缘和绝缘轨距杆,对电气化区段牵引回流的连接及接地线无限制等。它的缺点是不能检查断轨,不能传输其他与行车有关的信息。

(1)计轴设备的组成

不同计轴设备的基本组成、技术参数等都不尽相同。图 5-4 所示的计轴器,其一个轨道区段通常由两个轨旁计数装置组成,它们与计轴计算机(室内设备)相连。这种轨旁计数装置将会对通过其上面的每个轮轴产生计数脉冲。驶入和驶出各个轨道区段的列车轮轴被分别计数,只要驶入和驶出的计轴结果是不同的,轨道区段将会指示占用状态。整个系统分室内设备和室外设备两部分,室内设备主要由计轴微机、传感器发送接收电路、动态继电器和通道接收发送电路等组成;室外设备主要由传感器 T1、T2 两个发送磁头和传感器 R1、R2 两个接收磁头组成。两车站间由一对通信传输线路联系。

(2)工作原理

由室内微机向发送磁头馈送一定幅值和频率的等幅信号,发送磁头则产生相应的交变磁通,经电磁耦合与接收磁头交链。于是,在接收磁头中,感应数百毫伏的同频率交流信号,该信号经电缆回送给室内的微机。在没有列车的轮对通过磁头时,接收信号大小不变;有轮对通过时,则接收磁头中的信号幅值(或相位)产生变化,这个变化的信号送回室内微机,经处理产生与每一通过的轮对相对应的计轴脉冲,然后进行鉴别方向和累计轴数。列车的运行方向不同,则轮对通过两个传感器的先后顺序不同,由微机鉴别后,确定对轴数进行累加还是递减,凡进入防护区段的轮轴数按累加计算,凡离去的轮轴数则按递减计数。

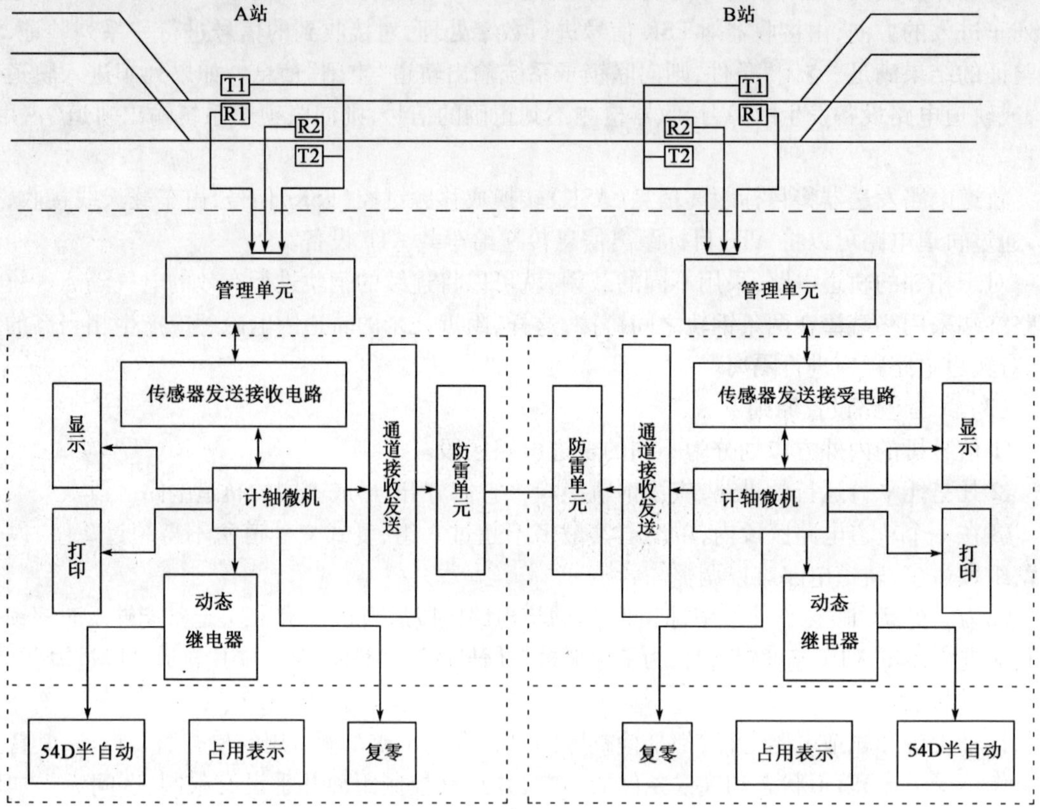

图 5-4　计轴设备组成框图

当列车进入区间,计轴器对轮轴累加计数,并进行编码处理,然后经通道传送给接车站,列车到达接车站,则接车站的计轴器进行递减运算,当列车全部通过计轴点后,将总轴数发送给发车站,然后两站的微机同时对驶入区间和驶离区间的轮轴数进行比较运算,并分别控制各自车站的区间占用继电器,仅当两站的微机计轴器运算的结果均得出区间的轴数为零时,两端的区间占用继电器才能同时吸起,从而给出该区间空闲的表示,否则该区间仍将处于占用状态。当设备断电、重启后,所有区段会设置为占用状态。

5.3　车站联锁

联锁的目的就是防护进路,可实现的主要功能包括:控制及监督轨道电路的空闲及占用,道岔转换及锁闭,信号机的开放和进路的排列、解锁等功能。

1)联锁与联锁设备

为保证行车安全,在城市轨道交通车站及车辆段,通过技术方法使道岔、进路和信号机三者之间按一定的程序、一定的条件建立起相互联系而又制约的关系称为联锁。为完成联锁关系而装设的信号设备称为联锁设备。

城市轨道交通的大多数车站只有上、下旅客的功能,因此仅有2条到发线,不进行调车作业,也不设置道岔,这类车站称为无岔站,或称为非联锁站。但是在轨道交通的每一条线路上,总要设置几个可以调车的车站,尤其是存放车辆和对车辆检修的车辆段,股道数量多,道岔、信号机的数量也不少,为了确保安全,在这类车站上必须设置联锁设备。

联锁设备在技术实现上已经经历了机械化、电气化和电子化三个阶段,形成了电锁器联锁、电气集中联锁与计算机联锁三种主要联锁方式。由于电锁器联锁采用非集中控制,用电锁器实现联锁关系,现已淘汰。而6502电气集中联锁及计算机联锁常常使用在我国铁路车站。目前国际上也逐步趋向使用计算机联锁,尤其在新建城市轨道交通线路,几乎全部采用计算机联锁。

2)计算机联锁系统

计算机联锁系统一般是由多个计算机构成的,若把每个计算机看成是系统的一个模块,则计算机联锁系统是多模块结构。各模块的功能及模块之间的联系不尽相同,就进路控制的层次而论,可分为人—机对话层、联锁运算层和执行层,其基本结构如图5-5所示。

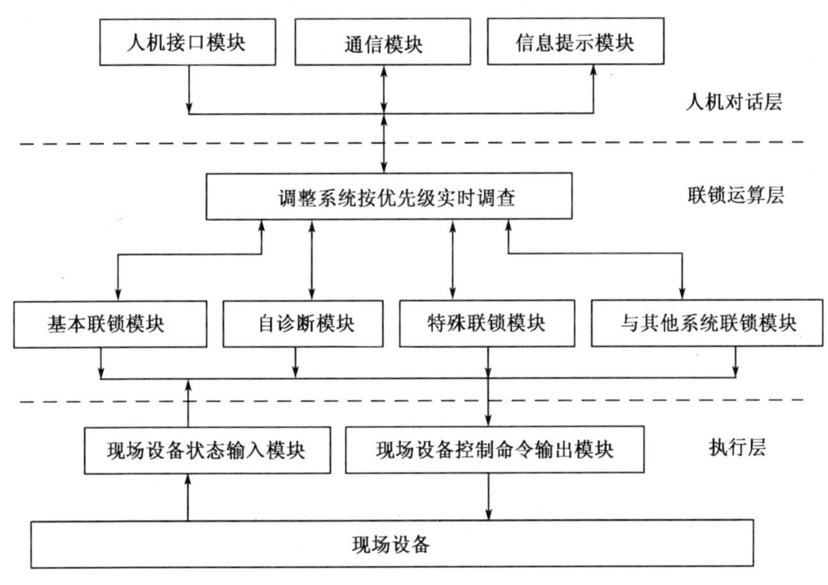

图5-5　计算机联锁系统基本结构图

(1)硬件结构

①人—机对话计算机:人—机对话计算机的主要任务是接收来自控制台、键盘或鼠标等的操作输入,判明操作输入能否构成有效的操作命令,并将操作命令转换成约定的格式,由串行口输送给联锁计算机。同时,接收来自联锁计算机的表示信息,将它们转换成屏幕显示器或控制台能够接受的格式。

②联锁计算机:联锁计算机是联锁系统中的核心部分,联锁计算机与人—机对话层的联系一般是经由串行接口与人—机对话计算机实现的,联锁计算机与执行层的联系有两种方式,一是专线方式,另一种方式是总线方式。

③控制器:设置控制器的主要目的是为了节省干线电缆的费用。控制器设于对象群的附近,它与所辖各对象之间采用专线联系方式。

(2)联锁程序(软件)总体结构

在进路控制中,需要办理进路、取消进路、人工解锁、进路锁闭、信号开放及进路自动解锁等。另外,在进路控制过程中必须了解监控对象的状态,必须向有关人员提供表示信息以及向道岔和信号机的控制电路提供驱动信息—控制命令。因此,联锁程序可分成六个模块(不是唯一的):操作输入及操作命令形成模块;操作命令执行模块;进路处理模块;状态输入模块;表示输出模块;控制命令输出模块。

(3)可靠性

计算机联锁系统由车站设备和轨旁设备组成,一般具有 3 取 2 冗余的功能,是以"故障—安全"为原则的安全危机系统。联锁系统的可靠性和安全性既依赖于硬件的可靠性和安全性,也依赖于软件的可靠性和安全性。在系统无硬件故障和无外界干扰的情况下,软件是否可靠,决定于软件设计中是否存在缺陷或错误。如果软件设计完全正确无误,那么软件就是可靠的,也就是正确的。在现有的计算机联锁系统中,有的仅采用动态冗余技术,有的既采用动态冗余技术也采用静态屏蔽技术,而且在具体结构上又有多种形式。对于联锁机等关键设备和子系统可采用三模静态冗余技术或采用双机、三机或四机构成的动态冗余技术。

5.4 闭塞

1)闭塞的概念

为了保证列车在区间内行车安全,列车驶向区段必须满足以下各项运行条件。

①验证区间空闲:列车司机到站不能说明区间一定空闲。

②有进入区间的凭证:出站信号机和区间通过信号机的进行信号显示。

③实行区间闭塞:在同一区段只准许一列列车运行,一旦列车占用区段,即实行闭塞,在闭塞解除之前,不准许其他列车驶入。

在规定区段,只准许一列列车运行的方式称为闭塞,实现闭塞的设备叫做闭塞设备。

2)实现闭塞的制式

为保证区间运行的安全及效率,现代轨道交通一般采用 ATC 系统,依据其不同的闭塞方式和控制作用原理,可分为固定闭塞 ATC 系统、准移动闭塞 ATC 系统及移动闭塞 ATC 系统。

(1)固定闭塞 ATC 系统

固定闭塞 ATC 系统采用固定划分区段的轨道电路,即基于传统的多信息音频轨道电路,列车以闭塞分区为最小行车间隔,需设防护区段。固定闭塞 ATC 系统传输的信息量少,对应每个闭塞分区只能传送一个信息代码,即该区段所规定的最大速度码或入口/出口速度命令码。列车速度监控采用的是闭塞分区出口检查方式，当列车的出口速度大于本区段出口速度命令码所规定的速度时，车载设备便对列车实施惩罚性制动，为保证列车运行的安全，这种滞后的速度检查方式必须要有一个完整的闭塞分区作为列车的安全保护距离。系统的 ATP 采用阶梯式控制方式，对列车运行控制精度不高，降低列车运行舒适度、增加司机劳动强度，限制了通过能力的进一步提高。固定闭塞分区的划分依赖于特定列车的性能，当线路上有不同性能的列车时，为保证安全，需按最严格条件设计，否则，既影响运行效率也不适应今后列车类型变更。

(2)准移动闭塞 ATC 系统

准移动闭塞 ATC 系统按线路条件、牵引计算结果、线路最小行车间隔等条件将线路分成若干闭塞分区，通过轨道区段的占用、出清来确定列车位置，进而控制线路上列车运行的安全间隔。准移动闭塞 ATC 系统的轨旁设备能向车载设备提供目标速度、目标距离、线路状态等数据(或存储于车载 ATC)，车载 ATC 系统根据这些信息，结合车辆本身的性能参数，计算出适合于列车运行的 ATP 防护曲线，随着列车轨道区段的出清而“跳跃”性地跟随，并在 ATP 曲线防护下实现列车自动运行。列车的最小正常追踪运行间隔为安全保护距离加一个轨道区段长度再加最高允许速度下使用常用制动直至停车的制动距离。准移动闭塞系统在 20 世纪 90 年代开始被大量采用。

(3)移动闭塞 ATC 系统

移动闭塞制式的 ATC 系统广泛用于世界各地的城市和城际轨道交通工程中，它是在现代通信技术、计算机技术和网络技术基础上发展起来的先进的列车控制系统。车载设备通过自身的测速传感器(测速电机或雷达)计算列车的准确位置，ATP 地面设备周期性地接收本控制范围内所有列车传来的列车识别号、位置、方向和速度信息，ATP 地面设备根据接收到的列车信息，确定各列车的移动授权点，并向本控制范围内的每列列车周期地传送移动授权点(ATP 防护点)的信息。移动授权点由前行列车的位置来确定，ATP 车载设备根据接收到的移动授权信息以及列车速度、线路参数、车辆特性参数等，计算出列车的紧急制动触发曲线和紧急制动曲线，以确保列车不超越现有的移动授权点。

三种闭塞制式 ATC 系统对比如表 5-1 所示。

固定闭塞、准移动闭塞、移动闭塞制式对照表 表 5-1

比较内容	固定闭塞	准移动闭塞	移动闭塞
系统构成特点	基于传统的多信息音频轨道电路，列车位置检测和速度码 ATP 信息传输纳入一套设备完成	采用报文式无绝缘轨道电路，列车位置检测和 ATP 信息传输纳入一套设备完成	采用漏缆、感应环、波导、无线等方式实现列车精确定位和大信息量车地双向传输，但需轨道电路、计轴等作为列车检测设备
列车控制模式和闭塞制式	采用阶梯式速度曲线控制方式。基于传统固定轨道区段划分的固定闭塞	采用跳跃式距离—速度模式曲线控制方式；基于固定轨道区段划分的准移动闭塞	采用实时距离速度模式曲线控制方式；ATO 驾驶工况的最优化调整，移动闭塞

续上表

比较内容	固定闭塞	准移动闭塞	移动闭塞
系统完成功能	联锁功能 ATP 功能 ATO 功能 ATS 功能	联锁功能 ATP 功能 ATO 功能 ATS 功能	联锁功能 ATP 功能 ATO 功能 ATS 功能
满足的运输能力	满足 180s 的行车间隔	满足 120s 的行车间隔	满足 100s 的行车间隔

移动闭塞系统故障复原能力较弱,但室外设备配置较为简单,系统可靠性高。而准移动闭塞式 ATC 系统,故障复原能力较强,但系统可能形成较多的故障点,将影响系统的可靠性。基于准移动闭塞式 ATC 系统在国内已有成功使用的经验,其国产化率较高,而移动闭塞式 ATC 系统软件量较大,一般而言其国产化率较准移动闭塞式 ATC 系统低。

5.5 列车运行自动控制系统

列车运行自动控制(ATC),是信号系统自动实现列车监控、安全防护和运行控制技术的总称。ATC 系统包括列车自动防护(ATP)、列车自动运行(ATO)和列车自动监控(ATS)三个子系统。ATP 系统是对列车运行自动实施列车追踪间隔和超速防护控制技术的总称,车站联锁也纳入 ATP 系统之中。ATO 系统是自动实行列车加速、调速、停车和车门开闭、提示等控制技术的总称。ATS 系统可根据列车时刻表为列车运行自动设定进路、指挥行车运行、实施列车运行管理等技术。

5.5.1 概述

1)ATC 系统的功能

ATC 系统应能反映所防护区段的占用/空闲状态,能反映危及行车安全的因素是否发生,能指示列车的安全运行速度。在 ATC 三个子系统中,ATP 系统可在设备出现故障或司机误操作时,自动保持车距,以免相撞,同时检测列车速度和车间距离,监控车门的开闭;ATO 系统控制列车正常运行,并保证列车停靠在站台预定位置;ATS 系统可按预定的列车时刻表调整车速。三个子系统通过信息交换网络构成闭环系统,能够保证列车安全、快速、有序、不间断地运行,从而满足运营需求,提高运输效率,降低运营成本,促进管理现代化,提高综合运营能力和服务水平,以获得较好的社会效益和经济效益。

ATC 系统的功能如图 5-6 所示。

2)ATC 系统制式分类

各种不同的 ATC 系统在实现控制的手段、信息传输的通道、列车定位的方式及信息量的大小等方面各有不同。一般可按车—地通信方式、闭塞制式、列车控制方式等三种方式对系统进行分类。

人/机接口
ATS列车运行仿真模拟培训功能
旅客信息生成功能
ATS监视及管理功能
列车自动进路设置功能
列车自动运行调整功能
车次号中央自动生成、跟踪及修改功能，列车自动跟踪功能
数据传输及处理功能
ATS运行图编制及管理功能
中央模拟显示功能
ATS自动诊断及故障报警功能
ATS记录统计及报表功能
车辆运用管理功能
车辆运用记录统计功能
车辆段联锁及试车线功能
车　辆　段
发车计时器功能
旅客信息显示功能
数据传输及处理功能
人/机接口功能
屏蔽门控制功能
ATO设备功能
ATP设备功能
联锁设备功能
后备模式下列车检测功能
车-地双向通信功能
防淹门监控功能
地　面
列　车
列车控制系统接口
ATO车载单元自动驾驶功能
ATP车载单元自动防护功能
人/机接口功能
车门控制系统接口
测速功能
列车位置检测功能

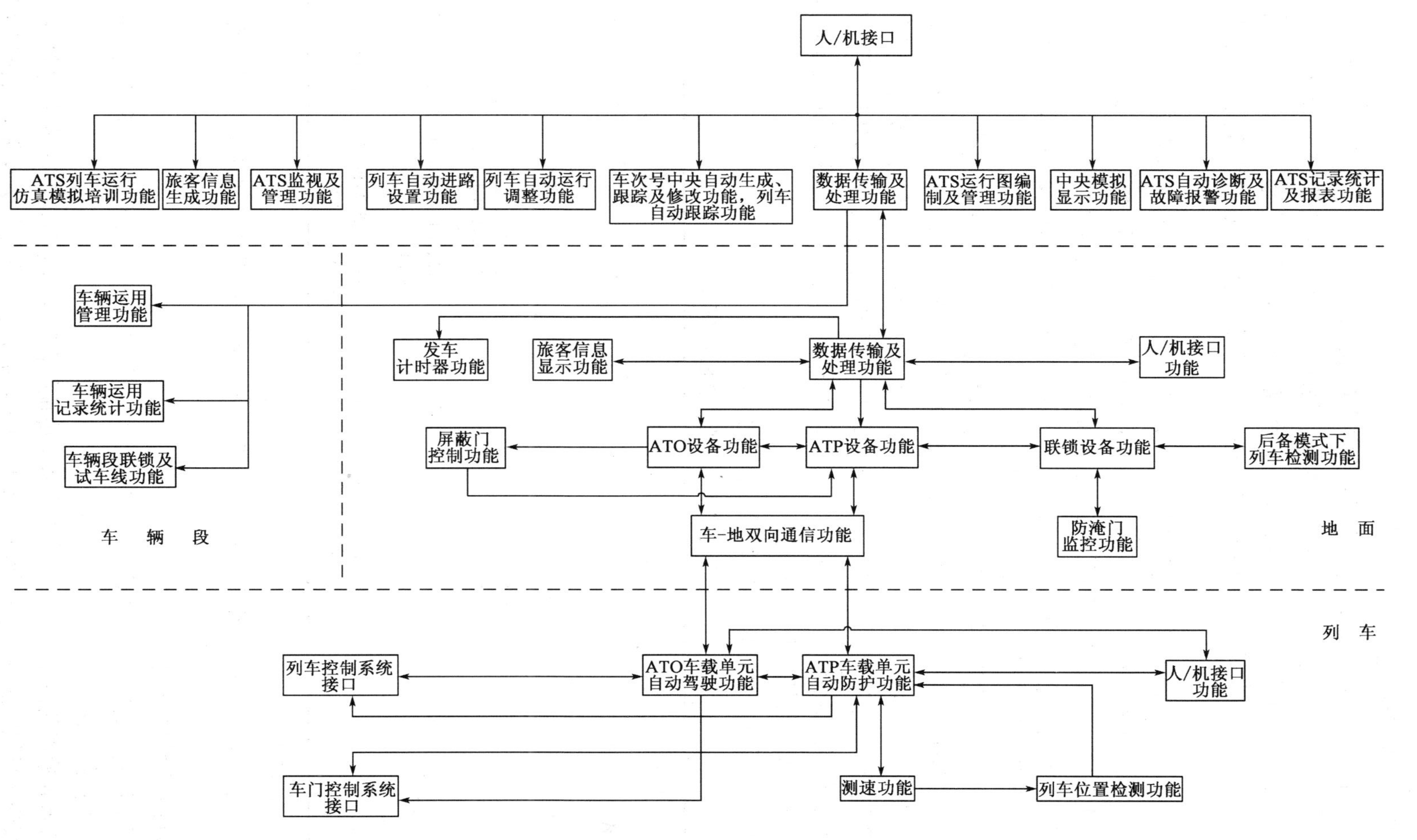

图5-6　ATC系统功能

(1)按车—地通信方式

按车—地通信方式,ATC系统制式可分为点式和连续式。

①点式。点式信息传输系统主要由音频无绝缘轨道电路(或计轴设备)和轨旁应答器构成。轨道电路(或计轴器)用于检测列车的占用情况,应答器用来定点地向车载设备传输ATP信息,实现车—地数据传输,根据需要还可用环线来延伸信息点的范围,构成点—连式数据传输系统。

点式系统具有投资少、维修成本较低等优点,单纯的点式ATP系统不能使列车的运行有效地跟随信号机的显示状况,需在进站前方铺设一段电缆环线,传输连续车—地信息。同时,由于列车获得的信息是定点、不连续的,列车在越过信息点后按已接收到的信息行驶,必须等待收到下一个点式信息时才能按新的信息要求行驶,在两信息点间行驶不能及时地更新轨旁变化的运行条件,更新列车控制信息的实时性差。

②连续式。连续式信息传输系统利用多信息或数字音频无绝缘轨道电路、交叉电缆环线、裂缝波导管或漏缆、无线电台等,向车载设备提供连续的列车运行信息,既有检查列车占用功能,还具有信息传递功能。其特点是信息不间断,提供的信息量大,列车运行安全、平稳舒适。

连续式系统主要有三种传输车—地信息的形式,包括多信息音频无绝缘轨道电路;数字编码(报文式)音频无绝缘轨道电路;地面不设轨道电路,利用交叉电缆环线、裂缝波导管、漏缆及无线通信方式实现车—地信息传递。

点式、连续式车—地通信方式对照如表5-2所示。

点式、连续式车—地通信方式对照表 表5-2

比较内容	点式	连续式
车—地通信设备构成	应答器	报文式轨道电路、环线、波导、漏缆、无线等
列车占用检测方式	被动式	被动式或主动式
速度控制曲线	连续式	连续式
闭塞制式	准移动闭塞	准移动或移动闭塞
车—地通信特点	一般在1mb/s以下,不连续;地—车单向	从几百b/s到几mb/s;连续;地—车单向或双向
系统构成特点	ATS、联锁、ATP/ATO相对独立,可分别采用不同系列的产品	ATS、联锁、ATP/ATO关系密切,一般采用同一系列的产品

(2)按闭塞制式

按闭塞制式可分为固定闭塞ATC系统、准移动闭塞ATC系统及移动闭塞ATC系统,详见5.4节。

(3)按列车控制方式

按列车控制方式区分,系统对列车实施的最终控制,包括阶梯式速度曲线和速度—距离模式曲线两种控制方式。

①阶梯式速度曲线控制方式。该方式基于传统的音频轨道电路,其传输的信息量少,对应每个闭塞分区只能传送一个信息代码,即该区段所规定的最大速度命令码或入口/出口速度命

令码,列车速度监控采用的是闭塞分区出口检查方式,当列车速度超过规定速度时,就施行常用制动或紧急制动,一旦施行了紧急制动(或称之为惩罚性制动),必须在列车停止后,通过一定操作才能缓解,为保证列车运行的安全,这种滞后的速度检查方式必须要有一个完整的闭塞分区作为列车的安全保护距离。

②速度—距离模式曲线控制方式。该方式由命令编码单元通过轨道电路、查询应答器、电缆环线、裂缝波导管或无线通信实时向列车提供目标及限制速度等命令信息,同时还向列车提供目标速度、目标距离、线路状态等信息,在列车的每一确切位置,车载 ATP 设备据此计算出列车运行的速度/距离曲线,保证列车在最高安全速度下运行。

两种控制方式的对照如表 5-3 所示。

阶梯式、速度—距离模式曲线列车控制方式对照表　　表 5-3

比较内容	阶梯式	速度—距离模式曲线方式
车—地通信设备构成	速度码音频轨道电路、环线等	应答器、报文式轨道电路、环线、波导、漏缆、无线等
占用检测方式	被动式或主动式	被动式或主动式
速度控制曲线	阶梯式	连续式
闭塞制式	固定闭塞	准移动或移动闭塞
传输信息特点	连续;地—车单向	连续;单向或双向
列控方式	ATP 允许速度出/入口检查	ATP 允许速度连续检查
追踪间隔	一般 100s 左右	一般 90s 以下

阶梯式速度曲线和速度—距离曲线模式相比,前者两列车之间的最小行车安全间隔距离至少应为一个固定的闭塞分区,为了保证列车正常追踪运行,两列车间隔距离在三个闭塞分区以上,所以前者两列车之间的最小行车安全间隔距离较后者需要的空间距离大,降低了线路通过能力,且不能实现列车连续速度控制,列车运行的平稳性差。相比之下,速度—距离模式曲线控制方式可以提高线路利用率,相应缩短追踪列车之间的最小安全行车及正常行车间隔距离,可提高行车密度及列车运行的平稳度。

3)ATC 系统的发展趋势

不同的 ATC 系统在实现控制的手段、信息传输的通道、列车定位的方式及信息量的大小等方面各有不同,但大体上都可按以下的分类方式来描述 ATC 系统的发展趋势:

①信息传输:从点式→地—车连续,车—地点式→车—地双向连续→车—地双向大容量连续通信方向发展。

②列车控制方式:从阶梯式速度曲线→“跳跃”式跟随速度→“连续”式跟随速度方向发展。

③闭塞制式:从固定闭塞→准移动闭塞→移动闭塞→基于无线通信的移动闭塞方向发展。

5.5.2　列车自动防护子系统

列车自动防护(ATP)系统是保证行车安全的基本系统,可实现列车的间隔控制、超速防护和进路的安全监控、保证行车安全,系统必须满足故障—安全原则。

ATP 系统主要由三部分组成,即用于实现控制列车运行的车载装置,用以产生控制信息的地面装置,地面和车载互通信息的传输通道。ATP 地面设备负责列车安全间隔和生成报文,即负责保持列车之间最小安全距离和发出运行授权,从各种 ATP 轨旁功能中接收请求,完成整理数据、准备和格式化要传送到 ATP 车载设备的报文,并决定传输方向。ATP 车载设备负责列车运行安全,与 ATO 和司机操作界面连接,其主要功能有:距离测量,速度测量,超速防护,防止列车非正常移动,车门开闭的安全监控,向车载 ATO 传送信息,列车运行数据管理,ATP 信息显示,报警和列车无人驾驶折返的安全监控。ATP 传输功能负责传输报文和 ATP 车载设备所需的其他数据。联锁系统和轨道空闲检测装置为 ATP 提供基础安全信息,列车是 ATP 的控制对象。

1)ATP 系统功能

ATP 系统主要功能包括:检测列车位置,实现列车间隔控制和进路的正确排列;监督列车运行速度,实现列车超速防护控制;防止列车误退行等非预期的移动;为列车车门、站台屏蔽门等的开闭提供安全监控信息;实现车载信号设备的日检;记录司机误操作。

(1)列车间隔控制和超速防护

ATP 地面设备通过报文式轨道电路、应答器、波导、无线电台、漏缆、环线等实现地—车通信,向列车发送必要的限制速度、目标距离、前方列车占用状况、线路条件、区段识别号、进路状况等信息,以供车载 ATP 系统确定列车运行的最大安全速度,提供列车间隔保护及速度防护,在列车超速时提供紧急制动或常用制动加紧急制动,但采用常用制动加紧急制动情况下应连续地检查常用制动率,如常用制动率达不到规定值应立即转换为紧急制动,并提供预告警信息。

(2)列车定位(用于移动闭塞)

列车定位由车载设备结合地面应答器等来完成,车载设备能通过车地通信系统向地面 ATP 报告列车位置。

(3)列车位置检测功能(用于准移动闭塞和后备模式)

列车位置检测由轨道空闲检测设备完成,能对轨道区段的空闲/占用进行检测。

(4)测速功能

采用车载测速设备检测列车实际速度,并且测速设备具有人工轮径磨耗补偿功能。

(5)车轮空转/滑动补偿

车载 ATP 能通过硬件或软件实时监测测速系统的速度变化情况,对不合理或不可能的速度变化进行补偿和修正,最大限度地消除车轮空转/滑动对列车位置检测精度的影响。

(6)接口设备安全保障

车载 ATP 设备和车辆控制设备的接口应保证安全和对列车实施连续、有效地控制,设备故障实施紧急制动。

(7)列车完整性监测

车载 ATP 设备能对列车完整性实时检测,一旦检测到有丢失的情况,立刻实施紧急制动。

(8)车门/屏蔽门/安全门控制

列车在车站停车位置统一规定车头停在站台端部,只有列车停在站台区,并满足站台屏蔽门/安全门对停车精度的要求或者司机按压强行开门按钮后,ATP 系统才允许 ATO 向列车发送开车门和向站台屏蔽门控制系统发送屏蔽门/安全门的开门命令,车—地通信屏蔽门的信息传输为安全通道。停站列车的车门和站台屏蔽门/安全门均已关闭后,才允许启动列车。开左门或右门应符合站台的位置和运行方向。

列车在车站停车误差超过ATP停车精度(如±0.5m或±0.3m)时,ATP将实施保护,不允许开车门和站台屏蔽门/安全门,并给出相应的表示。这时允许人工驾驶列车前进或后退以校正停车精度。但后退速度、后退次数及最大后退距离都受到严格控制,仅在车辆段无次数和距离限制。若停车误差大于后退允许距离范围(如5m),则列车只能跳停至下一站。

运行中的列车车门因故开启时,可立即导致紧急制动;站台屏蔽门/安全门因故失去状态表示,应封锁站台股道,停站列车的车门和屏蔽门/安全门因故不能全部关闭时,应禁止列车启动,除非采用特定的操作方式启动列车。

(9)站台非常情况下紧急停车按钮功能

在每个车站的车控室、站台上设紧急停车按钮。当按下紧急停车按钮后,向对应站台区域和离去区段发送紧急停车命令,并须经人工确认后才能恢复,如有地面信号机,还应切断信号开放电路。

(10)列车非正常移动(溜车)监控

列车在轨道上的运行方向是由列车移动授权来决定的。只有在运行方向允许的情况下,列车才能获得移动授权通过该轨道。列车非正常移动(溜车)监控功能的作用是监督列车在"后退"方向的任何移动,如果此方向的移动距离及次数超过规定值,就会实施紧急制动。"后退"运行的移动距离监督是累计完成的,即若在单次后移或几次短后移过程中,"后退"移动的累计距离及次数如果超过规定值,则将实施紧急制动。

(11)车载信号设备的人机界面的主要显示内容及报警功能

车载信号设备的人机界面的主要显示内容及报警功能有:列车实际速度,包括ATO、人工ATP模式下最高允许速度或推荐速度;目标距离/速度;"驾驶状态"显示,即列车加速、惰行或制动;"驾驶模式"显示,即ATP监督下的人工驾驶模式、ATO自动驾驶模式和列车有人/无人自动折返模式或限速人工驾驶模式;列车折返运行状态显示;列车停在预定停车窗状况显示;司机输入、编辑有关数据界面,如乘务组号、目的地号、轮径等;关门指令;出站命令;列车在ATP装备区/非装备区的显示;实施紧急制动;ATP/ATO故障;列车速度/位置超过报警速度曲线音响报警;紧急制动触发时音响报警;列车完整性状态;车门的状态显示;制动力不足或制动系统错误;发车时间倒计时,发车时间到的声音报警;下一站和目的站的名称。

(12)支持不同驾驶模式下列车控制

车载ATP设备应在ATO自动驾驶模式、列车有人或无人自动折返模式、ATP监督下的人工驾驶模式、ATP固定限速下的人工驾驶模式中对列车实施监控。

列车在正线、折返线按正常运行方向进行追踪运行及折返作业时,均以自动驾驶(ATO)模式为常用模式,当ATO设备故障或因某种原因需要时,可改为ATP监督下的人工驾驶模式。上述两种模式均为正常的运营模式,而ATP固定限速下人工驾驶模式和非限制人工驾驶模式为非正常的运营模式(车辆段/停车场除外)。各驾驶模式间的转换应以不影响行车安全为原则。在ATP固定限速下人工驾驶模式和非限制人工驾驶模式下的运营由司机负责列车运行的安全。

(13)与ATO、ATS系统和联锁系统交换和处理的信息

包括列车实际速度;ATP保护下人工驾驶的列车最高允许(推荐)速度;目标距离/速度;驾驶状态(动力运行、惰行和制动)以及驾驶模式(ATO、人工ATP、列车自动换向)等表示;列车折返(含有关指示器和按钮);列车停车精度状况;门控制(车门、屏蔽门/安全门)及门状态表示、强制开门的控制及表示;发车及驾驶命令、紧急制动的启动和表示;ATP/ATO故障表示;司机对有关数据的输入及修改(乘务组号、车组号、目的地号等);人工轮径补偿时的数据输入;司机的身份确认;日检操作输入及检查结果输出;自诊断命令的输入及诊断结果输出;车载存储数据的输出。

(14)ATP子系统车载设备日检

(15)子系统设备状态记录统计、打印

2)ATP系统的基本要求

(1)ATP系统的总体要求

①ATP系统应由列车自动防护的轨旁设备、车载设备和控制区域内的联锁设备组成。

②轨道交通系统配置的ATP系统,其系统安全失效率指标应优于$10^{-9}h^{-1}$。ATP系统内部设备之间信息传输通道也必须符合故障—安全原则。

③闭塞分区的划分或列车运行安全间隔,应通过列车运行模拟确定。为保证行车安全,在安全防护地点运行方向的后方应设安全防护距离或防护区段,安全防护距离应通过计算确定。

④轨道交通ATP系统应采用连续式控制方式,宜采用速度—距离制动模式。列车位置检查可采用轨道电路、轨道环路等方式实现。

⑤轨道交通系统宜采用计算机联锁设备,也可采用继电联锁设备。

(2)ATP车载设备的基本要求

①ATP系统导致列车停车为最高的安全准则。若出现地—车连续通信中断、列车完整性电路断路、列车超速、列车的非预期移动、车载设备重要故障等均应导致安全性制动。

②ATP车载设备的车内信号应是行车的主体信号。车内信号至少包括列车实际运行速度、列车运行前方的目标速度;在两端司机室内均应装设速度显示、报警装置和必要的切换装置。

③ATP执行强迫停车控制时,应切断列车牵引,列车停车过程不得中途缓解。

④车载信号设备与车辆接口电路的布线应与其主回路等环节的高压布线分开敷设并实施防护;与车辆电器的接口应有隔离措施。

(3)ATP地面设备的基本要求

①ATP地面设备宜采用报文式无绝缘轨道电路或适用于其他准移动闭塞、移动闭塞ATP系统的地面设备,也可采用模拟式移频轨道电路。

②ATC控制区域宜采用无绝缘轨道电路,道岔区段、车辆段及停车场线路可采用有绝缘轨道电路。区间轨道电路应为双轨条回流方式,道岔区段、车辆段及停车场轨道电路可采用单轨条回流方式,相邻轨道电路应加强干扰防护。

③轨道电路的参数可采用:整体道床2Ω·km;碎石道床1Ω·km;分路电阻0.15Ω。

④轨道电路利用兼作牵引回流的走形轨时,装设的横向均流线应不影响轨道电路的正常工作。

⑤ATP 地面设备向 ATP 车载设备传送的允许速度指令或线路状态、目标速度、目标距离等信息，应满足 ATP 车载设备控制方式和控制精度的需要。

3）设备组成

不同厂家的 ATP 系统，其设备组成不尽相同，一般由轨旁设备和车载设备两部分组成。

ATP 轨旁设备即 ATP 的室内设备，主要由 ATP 计算机组成。ATP 系统对运行的安全和效率至关重要，一旦故障不能工作，会给运营造成很大影响，因此一般将 ATP 轨旁单元中的控制单元设计为有冗余的安全计算机系统。为保证 ATP 系统的安全性，ATP 计算机被设计成至少包括两个（或多个）独立的、结构相同、使用相同程序的计算机通道，数据被同时输入两个（或多个）计算机通道平行处理，计算机比较通道处理的结果，进行有效输出。

ATP 车载设备一般由 ATP 车载单元、测速装置和通信接收（发送）装置组成。ATP 车载单元一般由采用了冗余技术的计算机通道构成，有采用表决系统的，也有采用二乘二取二冗余系统；ATP 的测速装置有速度脉冲发生器、测速电机、多普勒雷达、加速度计等；不同 ATP 系统根据具体情况有的设置接收和发送装置，有的只设置接收装置。

4）工作原理

不同设计理念的 ATP 设备在工作原理上有所差异，但基本原理是相同的，下面以典型的移动闭塞系统为例进行介绍。

（1）传输模式

由感应环线和相应的车载天线构成轨道沿线网络，提供 ATP 轨旁单元和 ATP 车载单元之间的双向数据交换。轨旁感应环线区段通过轨旁接线箱连接到一个环线控制单元。环线控制单元包括发送器、接收器和轨旁 ATP 的接口。数据传输不受任何安装于同一轨道区段内的轨道空闲检测系统的干扰。

车载单元通过感应环线得到它的移动许可，然后为 ATP 监督和 ATO 驾驶计算必要的制动曲线。感应环线同时作为轨旁 ATP 的一个接收天线，用于接收来自车载 ATP 的报文。

（2）数据安全

报文数据本身有相应的编码保护，有一定的检纠错功能。

环线传输通道是一个非安全通道，ATP 轨旁计算机单元和 ATP 车载计算机单元之间安全数据的传输使用一个带有错误检测的安全单通道协议，该协议为每一报文提供一种错误检测方法。

ATP 车载计算机单元与 ATP 轨旁计算机单元连接中断的时间有一个预先定义的值，若超过该值，系统会采取相应的安全措施，如紧急制动。

（3）系统运行

在连续式通信级，ATP 监督下的人工驾驶模式或自动驾驶模式下，列车以移动闭塞列车间隔运行。列车通过监测和识别应答器来确定自己的位置，在列车上有一个被称为线路数据库（TDB）的铁路网络图，TDB 中包括应答器的位置数据，结合来自测速仪和雷达的位移测量，列车就能计算出它在线路上的绝对位置，并通过连续式通信系统将该信息传送到轨旁 ATP 系统。轨旁 ATP 根据这些信息和轨旁空闲检测设备检测的详细空闲信息，评估所有列车的移动条件，并通过连续式通信系统向车载 ATP 发送一个连续式通信级移动授权报文。该功能同时监督其他防护点，如防淹门的状态、道岔的状态等联锁条件。

5)系统的驾驶模式

系统的驾驶模式包括列车自动运行驾驶模式、列车自动防护驾驶模式、限制人工驾驶模式、非限制人工驾驶模式、无人或有人驾驶的自动折返驾驶模式。

(1)列车自动运行驾驶模式(ATO 模式)

列车自动运行驾驶模式即 ATO 模式,该模式只能用于正线(试车线)及敷设了与正线同样设备的车辆段,且在车辆、ATP、SICAS、ATS 正常的情况下使用,运行中不需要司机驾驶。在此模式下,车载 ATO 系统根据接收到的 ATP/ATO 报文信息,自动地控制列车启动、加速、巡航、惰行、制动,控制列车在安全停车点前和规定的站台停车位置停车,并自动控制车门、屏蔽门/安全门的开启。司机只负责对车载 ATP/ATO 设备的状态显示进行监督,并注意列车运行时状态、显示的变化,必要时可人工进行干预,以保证行车安全。只要系统设备正常,没有人为干预,列车在非车站停车点停车后的继续运行维持此驾驶模式不变。

若列车在站台停车超出了停车窗(超出停车精度,如 0.5m),则车门不能打开,允许列车以规定的限速后退至停车窗位置,但后退距离不得超过规定范围(如 5m),若停车距离超过规定范围,则使用特设的按钮开启车门或跳停至下一站。

(2)列车自动防护驾驶模式(Supervised Manual ,SM 模式)

列车自动防护驾驶模式即 ATP 监督下的人工驾驶模式,列车在 ATP 监督下由司机控制列车运行,并由人工操作控制车门、屏蔽门的开启和关闭。ATP/ATO 车载设备在司机室的显示器上给出列车的实际速度、限制速度、目标速度以及目标距离等参数。当列车速度接近 ATP 限制速度时,系统将给出声、光报警信号,提醒司机减速。如列车的运行速度超过了限制速度,则可根据不同的设备制式按下列方式中的一种实施超速防护。

①当速度达到了列车“紧急制动触发曲线”确定的限制速度,则 ATP 系统将对列车实施紧急制动。

②当速度达到了规定的“保护曲线”确定的限制速度,则 ATP 系统将对列车实施最大常用制动,若速度仍不能降低至“保护曲线”以下,则实施紧急制动。

在此驾驶模式情况下,司机应严格控制列车在车载 ATP 显示的限制速度下运行,一旦产生紧急制动,不能人工进行缓解,必须待列车停稳并经特殊操作后,才能重新启动列车。在车站,开/关车门由司机人工控制,但列车必须停在规定的停车窗内,司机才能够打开车门。如超出了停车窗,在规定的范围内(如 5m)允许列车以限制速度(如 5km/h)后退。ATP 监督下的人工驾驶模式主要用于 ATO 故障时的降级驾驶。

(3)限制人工驾驶模式(Restricted Manual ,RM 模式)

限制人工驾驶模式即 ATP 限制允许速度的人工驾驶模式,是受约束的人工操作。此模式下由司机根据地面信号机的显示驾驶列车以不超过 ATP 限制速度运行。若列车运行速度超过 ATP 限制速度则产生紧急制动。

在正线上,以此模式运营情况下,根据不同的运营要求由调度员指挥、车站值班员保证,规定列车按地面信号或调度命令运行。司机必须时刻保持与调度员和车站值班员的联系,以确保行车安全。此模式下的列车运行、车站开/关车门和屏蔽门由司机人工控制。车辆段/停车场内均处于限制人工驾驶模式。

此驾驶模式主要作为联锁设备、ATP 设备故障情况的列车降级驾驶模式以及车辆段/停车场内的列车运行模式。当载客列车因故障按此模式运行时，应在就近车站组织旅客下车，空车返回车辆段/停车场或暂时进入车站停车线停放。

(4)非限制人工驾驶模式(Unrestricted Manual, UM 模式)

当列车车载设备故障或车载信号设备无法发送列车位置和接收轨旁信息时，由司机使用特殊的钥匙开关进入该模式，每次使用前必须登记。在此模式下 ATP 系统将不起任何监控作用，所有的 ATO 牵引、制动命令失效，列车位置由列车检测设备保证，列车运行的安全完全由司机人为保证。列车运行中司机根据调度员的指示，按地面信号机的显示及车站值班员手信号行车。

(5)无人或有人驾驶的自动折返驾驶模式(Automatic Reversal ,AR 模式)

列车在没有折返轨道的终端调转行车方向或使用折返轨道进行折返操作时，可使用此模式，为使折返操作具有高度灵活性，该模式包括：ATO 自动运行折返模式、ATO 无人驾驶自动折返模式、ATP 监督人工驾驶折返模式。

除了非限制人工驾驶模式外，其余所有模式均有后退距离(如 5m)的退车限制，若超过此限制，ATP 将实施紧急制动。

5.5.3　列车自动运行子系统

列车自动运行(ATO)系统是列车自动控制系统中的高层次环节，主要由轨旁设备和车载设备组成，在 ATP 系统的安全防护下实现列车自动驾驶及无人驾驶。ATO 轨旁设备通常兼用 ATS、轨旁 ATP 和联锁设备实现，接收与列车运行有关的信息，所以 ATO 轨旁功能不需要额外的物理设备。ATO 车载设备包括设在列车两端司机室内的 ATO 控制器，司机室车体下的两个 ATO 接收天线和两个 ATO 发送天线，以及用于速度测量、定位和司机接口的附件。ATO 总是运行于 ATP 的监督之下，所以 ATO 功能不考虑故障—安全。

ATO 子系统是自动控制列车运行的设备。城市轨道交通信号系统配备 ATO 子系统构成完整的 ATC 系统，能使整个列车自动控制系统的优越性充分发挥出来，在满足列车运行自动调整、闭环控制、节约能源、规范对列车运行的操作控制、减轻司机的劳动强度、提高列车正点率、保证运营指标的实现、实现无人驾驶折返、车站站台精确停车控制、提高旅客乘坐的舒适度等要求上都起着非常重要的作用。

1)ATO 系统的功能

ATO 子系统是自动控制列车运行的设备，在 ATP 的保护下，根据 ATS 的指令实现列车的自动驾驶，能够对列车的站台精确停车、开启和关闭车门及屏蔽门、调整列车运行状态(包括启动、加速、惰行、巡航及制动)做到完全自动控制，并确保达到设计间隔及运行速度。

(1)车站精确停车

用地面标志器、环线、应答器或其他措施实现列车车站定点精确停车。

(2)列车区间运行时分的控制

在 ATO 自动驾驶模式下，可根据 ATS 的调整指令分级(正常区间走行时分的 10% 为一级)或无级(以秒计)改变区间走行时间。

(3)车门、屏蔽门/安全门控制

能根据停车站台的位置及停车精度对车门和站台屏蔽门/安全门进行监控，可自动或人工开启或关闭车门、屏蔽门/安全门。

(4)与 ATS、ATP 交换信息及控制车载广播

①准移动闭塞系统在 ATS 监控范围的入口及各站停车区域(含折返线、停车线)或移动闭塞在所有正线区段,进行车—地通信,将列车的有关信息传送至 ATS 系统,以便于 ATS 系统能对在线列车进行监控。

②与 ATS 和 ATP 结合,高效、经济地实现列车自动驾驶、有人或无人驾驶自动折返。

③对列车广播设备和车厢信息显示牌的触发信号。

2)ATO 系统的基本要求

①根据线路条件、道岔状态、前方列车位置等,实现列车速度自动控制。列车在区间停车应尽量接近前方目的地。区间停车后,在允许信号的条件下列车自动启动。车站发车时,列车启动由司机控制。

②ATO 应能提供多种区间运行模式,满足不同行车间隔的运行要求,适应列车运行调整的需要。

③ATO 定点停车精度应根据站台计算长度、列车性能和屏蔽门的设置等因素选定。站台定点停车精度宜在 ±0.25 ~ ±0.5m 选择。

④ATO 控制过程应能满足舒适度和快捷性的要求。

⑤ATO 应能控制列车实现车站通过作业。

3)ATO 软件结构

ATO 软件结构如图 5-7 所示,主要的 ATO 控制运算在自动驾驶模块中执行;列车、ATP、ATS、显示和 PIS 是与外部通信单元的接口,接口模块工作独立于所使用的通信系统,执行端对端协议;基本数据模块存储从列车接口和 ATP 接口接收到的相关数据;数据控制模块存储来自 ATP、ATS 和 PIS 的不属于基本数据的数据;此外,还有故障处理模块(图 5-7 中未显示),将主要故障信息显示在司机的显示器(Human Machine Interface, HMI)上,并通过连续式通信通道传输到地面的服务和诊断系统上。

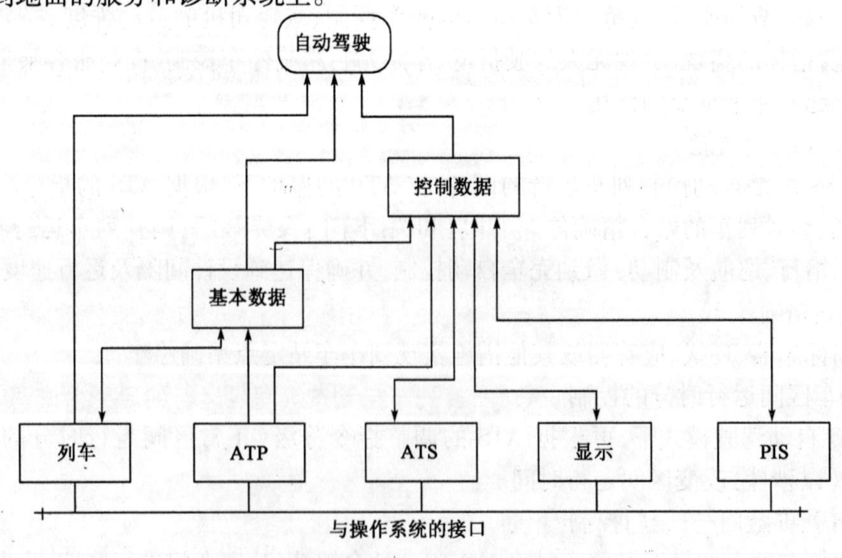

图 5-7 ATO 软件结构图

5.5.4　列车自动监控子系统

列车自动监控(ATS)系统由控制中心设备、车站设备、列车识别系统及列车发车计时器等组成,根据用户不同要求,ATS 软硬件的配置差别较大。

1)ATS 系统的主要功能

ATS 子系统在 ATP、ATO 子系统及联锁设备的支持下完成对全线列车运行的自动管理和监控,系统主要功能包括:列车识别、跟踪、车次号显示,进路控制,区间封锁及区间封锁解除,运行图(时刻表)的编制及管理,列车运行自动调整及调度员介入调整,操作与数据记录及统计处理,自动描绘或复制列车运行实迹,监视列车运行和设备状态,车辆修程及乘务员管理,向旅客向导系统提供信息,系统或设备故障显示及故障复原处理等。

(1)列车识别号跟踪和显示

ATS 子系统能自动完成正线控制区段内的列车识别号跟踪。当列车从车辆段或停车场出发占用转换轨(正线与车辆段或者停车场的连接处,有大约 160m 左右的轨道,叫做转换轨)时开始跟踪,至终到站或返回车辆段/停车场离开转换轨跟踪结束。计算机应能根据运行图、列车位置及时间自动设置列车识别号,列车识别号可由中央 ATS 自动生成或由列车经设于转换轨和正线的车—地通信系统向 ATS 发出,具有列车身份验证和定期一致性检查功能。识别号随着列车的走行自动跟踪,并可由调度员人工修改包括设定、删除、位移、变更。在列车识别号因故丢失情况下,计算机应能根据运行图、列车位置及时间自动设置和步进列车识别号,或设置缺省列车识别号。

(2)列车运行图编制及管理

在计算机辅助下完成对列车基本运行图的编制。由调度员输入基本数据,包括各区间运行时间、车站停站时间、运行间隔、起始和终到站、时间段等信息,由计算机辅助自动编制基本列车时刻表和运行图。调度员在编制列车时刻表和运行图时,能随时有效地进行人工修改,运行图在编制过程中及编制完成后应能在显示终端上显示并提供优化的配车数量建议。也可结合线路布置先编制局部区段的基本运行图,计算机能自动合成为全线的基本运行图。运行图编制过程中应能自动进行冲突检查,并给出明确提示。

基本运行图编制完成后,按不同种类(包括平日、节假日、特殊情况等),存入数据库内,以备调度员随时调用,基本运行图内数据不得擅自修改,当必须修改时,由授权的专门维护人员按照有关命令进行。

(3)运行图调整

列车计划运行图与实迹运行图的比较功能和计算机辅助自动调度的功能,会在列车运行发生偏差时自动发出偏差报警,并根据列车实际的偏离情况,自动生成调整计划供调度员参考。当偏离时间在一定范围内时,系统能够对单列车或多列车进行自动调整,而当偏离时间超过规定范围后,以起始或终到站为基点对所有列车自动按等间隔运行的原则生成调整计划,经调度员确认后对全线列车进行调整。

(4)操作与数据记录

能自动进行运行统计,包括列车报告、车站报告、车次号报告以及各种运行指标等;具有自行制表功能,工作人员能对运行资料库进行访问,根据需求自行制表。所有报告均能根据要求进行显示和打印(可选择打印)。

(5)进路控制及取消

根据联锁表、计划运行图及列车位置,自动生成、输出进路控制命令,传送到车站联锁设备,设置列车进路。

进路控制方式平时由中央计算机按指定运行图及列车位置自动生成控制命令,控制车站的进路和信号机,需要时可进行以下操作。

①由控制中心调度员发出控制命令,人工控制部分或全部的进路和信号机。

②由车站值班员在车站控制工作站上进行进路和信号机控制。

③当中央 ATS(包含通道)故障时,可由 ATS 车站设备根据列车识别号自动地进行进路和信号机控制。

④与计算机联锁系统结合,能在车站控制状态下将部分或所有信号置于自动进路模式状态,在中央控制状态下将部分或所有信号置于自动追踪模式状态,按照 ATS 中央自动方式排列进路或 ATS 车站设备根据列车识别号自动排列进路。

(6)监视和报警功能

即列车运行及信号设备的监视和报警,通过运行模拟屏及调度台显示器,能对车辆段线路(通常模拟屏只显示转换轨及停车库的股道状态,工作站显示器可显示整个车辆段的线路及进路状态),正线车站及区间轨道区段、道岔、信号机、标志号、在线运行列车状态、命令执行情况及系统设备状态等进行监视;当列车运行或信号设备发生异常时,控制中心计算机自动地将有关信息在行调工作站上给出报警及故障源提示。

报警分为 A、B、C 三类,A 类为直接对列车运行及设备发生危害的情况;B 类为将对列车运行发生影响的情况;C 类为一般报警情况。报警发生时必须有明确显示、并需对故障事件发生地点、时间和内容进行记录。调度员需确认状态、故障恢复情况及时间。在标题区显示最高优先级的报警,需及时处理或要求确认的报警信息必须附有声、光提示。报警应根据其严重性显示为不同的颜色。

(7)运行调整

①自动调整手段。自动调整列车区间走行时间,自动调整列车停站时分,控制列车出发时刻。

②调度员人工调整手段。对有关列车实施"扣车/中止站停"或"跳停";改变列车在区间的走行时分;对计划运行图进行在线修改,包括对单个或所有列车"时间平移"、增加或取消列车、改变列车的始发点及始发时间、调整列车的出、入段时间等。

(8)培训和运行模拟

ATS 系统应具有在线及离线工作状态的模拟培训设施。离线工作状态时可作为培训列车调度员及维修人员之用,在线工作状态时可作为试验及调试 ATS 系统的设备。

(9)提供综合监控系统旅客向导信息

在车站站台层设置乘客信息系统,显示与旅客乘车有关的信息,以方便旅客了解列车运行情况及旅客候车时间,提示旅客正确乘车。基本信息应包括:下一次列车的终到站、下一次列车到达本站的时间、下下次列车到达本站的时间、列车接近及进站提示、显示旅客是否能够乘坐下一次列车。

(10)提供司机发车指示功能

在列车运行正方向的站台端部，设置发车指示器，倒计时显示发车时间。发车指示器显示两位数字，其显示功能是在列车停稳后，以倒计数的方式向司机显示发车时间。列车出发后至下列车到站停稳前处于熄灭(无显示)状态；车到站停稳后，从ATS系统给定的停站时间开始，以秒为单位倒计数显示；计数显示过程中，经控制可在任意时间点停止，在停止或达到最大显示值时，停止点时间或最大值闪光显示。

(11)车辆段/停车场列车自动监控系统

计算机系统通过通信传输网，与车辆段/停车场车辆调度员室和信号控制室的服务工作站连接，向车辆段/停车场管理及行车人员提供必要信息，车辆段/停车场调度员根据当天采用的列车计划运行图编制车辆运营计划和行车计划，并传送到中央ATS系统。车辆段/停车场信号值班员根据车辆运营计划及采用的列车计划运行图设置相应进路，以满足列车出入段/场及库内停车作业需求。

(12)出库列车自动预先通知

ATS系统应对车辆段/停车场值班员ATS工作站进行出库列车自动预先通知，在规定时间尚无列车在车辆段转换轨时应自动进行提示及报警。

(13)车组号跟踪、显示功能

ATS系统实现车辆段/停车场内车组号的跟踪、显示功能，并在车辆段/停车场控制室及派班室工作站显示相关信息，以便车辆段/停车场车辆及行车调度人员掌握车辆段库内停车线的停车状况，方便对列车的管理。

(14)监视功能

对整个信号系统包括联锁、ATP/ATO设备、ATS设备的运行状态进行监视。

(15)管理功能

包括各种人员的责权范围、工作站控制范围的设定及转换、工作人员身份鉴别及进入和退出系统的登记及注销等。

(16)记录及回放功能

记录操作指令、内容、时间及操作人员，各种控制命令、报警确认、系统设备状况等信息，具有列车运行及信号系统设备状况等回放功能。

(17)报表及打印功能

ATS系统能自动进行运行统计，包括列车报告、车站报告、车次号报告以及各种运行指标等。具有自行生成报表功能，工作人员能对运行资料库进行访问，根据需求自行生成报表。所有报告均能根据要求进行显示和打印，并具有灵活保存文件和输出文件功能。

(18)提供数据库和用户管理功能

中央ATS管理服务器及维护工作站，对维护人员提供完善的数据库功能及用户管理功能。

2)ATS系统的基本要求

①同一ATS系统可监控一条或多条运营线路。监控多条运营线路时，应保证各条线路具有独立运营或混合运营的能力。

②ATS的计算机系统及网络系统应采用冗余技术，应设调度员工作站、调度长工作站、时

刻表编辑工作站和工程师工作站以及其他必要的设备。调度员工作站的数量,根据在线列车对数、线路长度和车站数量等因素合理配置。

③运营线路上的车站应纳入 ATS 系统监控范围,设计行车安全的应急直接控制应由车站办理,车辆段、停车场可不全部列入监控范围。

④ATS 系统应满足列车运行交路的需要,凡有道岔的车站均应按具有折返作业处理。

⑤出入车辆段、停车场的列车不应影响正线列车的运行。

⑥系统故障或车站作业需要时,经控制中心调度员与车站值班员办理必要的手续后,可实现站控与遥控转换,车站值班员也可强行办理站控作业。站控与遥控转换过程中,不应影响列车运行。

⑦列车进路控制应以联锁表为依据,根据运行时刻表和列车识别号等条件实现控制。

⑧ATS 系统应具有良好的实时控制性能,系统处理能力、设备空间等应留有余量,信息采集周期宜小于 2.0s。

⑨ATS 系统与联锁设备接口应满足的条件。

a. ATS 系统可与计算机联锁或继电联锁设备接口。

b. ATS 系统的进路控制方式应与联锁设备的进路控制方式相适应。

c. ATS 系统控制命令的输出持续时间应保证继电联锁设备的可靠动作,其与安全相关的接口应有可靠的隔离措施。

⑩ATS 系统宜从时钟系统获取标准时钟信号。

3)系统的控制模式

系统包括四种控制模式:控制中心自动控制模式、控制中心自动控制时的人工介入控制(或利用 CTC 系统的人工控制)模式、车站自动控制模式、车站人工控制模式。其中车站人工控制优先于控制中心人工控制,控制中心人工控制优先于控制中心的自动控制或车站自动控制。

(1)控制中心自动控制模式

正常情况下列车的运行处于中央自动监控状态,联锁系统根据 ATS 指令自动设置进路,列车在 ATP 的安全保护下,按照 ATS 指令由 ATO 实现列车的自动驾驶模式,满足规定的行车、折返间隔及列车出入车辆段等作业要求,并实现列车运行的自动调整,调度员和司机仅监督列车及设备的运转,当运行秩序被打乱而不能自动处理或遇其他特殊情况时,可进行人工介入。

(2)控制中心自动控制时的人工介入控制(或利用 CTC 系统的人工控制)模式

在使用控制中心自动控制模式时,控制中心调度员可以关闭某个联锁区或某个联锁区内部分信号机,直接在控制中心对列车进路进行控制,也可以关闭某一指定列车的自动进路设定,由调度员在控制中心发出命令,利用联锁进路自动控制功能,随着前方列车的运行,自动排列一条后续列车的固定进路。在自动进路功能出现故障的情况下调度员可以人工设置进路。

在此模式下,车站人工控制转到 ATS 系统,即由 ATS 系统启动控制来代替车站控制计算机启动控制。

(3)车站自动控制模式

当控制中心由于设备故障或通信线路故障无法对车站的远程控制终端进行控制时,将由列车上的车次号发送系统发出带列车去向的车次信息,通过远程控制终端自动产生进路命令,由联锁设备自动设定进路。

(4)车站人工控制模式

即在本地控制台上人工排列进路。当ATS故障,不论用自动进路方式还是人工方式都不能设置进路,或者特殊运营的需要不能由控制中心进行控制时即采用车站人工控制模式。

本章小结

信号系统是现代大运量、高密度的城市轨道交通自动控制系统中的重要组成部分,起到保护列车和乘客安全,实现列车高速、有序运行的作用。

本章简要介绍了城市轨道交通信号系统各个基础设备的组成、工作原理及使用注意事项;介绍了联锁与闭塞的概念及相关设备;并重点讲述了列车运行自动控制系统ATC的组成、功能,以及ATC三大子系统ATP、ATO、ATS的功能、要求与控制模式等。

练习题

1. 简述城市轨道交通信号系统的分类及地面信号的设置原则。
2. 城市轨道交通信号系统的基本功能有哪些?
3. 论述LED色灯信号机室外设备结构各部分的功能。
4. 简述轨道电路的作用及分类。
5. 简述计轴设备的工作原理。
6. 简述计算机联锁系统的组成及功能。
7. 论述闭塞系统的制式。
8. 简述ATC系统的分类及工作原理。
9. ATP、ATO、ATS系统的基本功能包括哪些方面?

参考文献

[1] 徐金祥.城市轨道交通信号基础.北京:中国铁道出版社,2010.
[2] 张玮.城市轨道交通概论.成都:西南交通大学出版社,2010.
[3] 上海申通地铁集团有限公司.城市轨道交通概论. 北京:中国铁道出版社,2009.
[4] 林瑜筠.城市轨道交通信号.北京:中国铁道出版社,2008.
[5] 林瑜筠.铁路信号新技术概论.北京:中国铁道出版社,2007.

◁第6章 城市轨道交通通信系统

【本章概要】

1. 城市轨道交通通信系统必须满足的要求;
2. 城市轨道交通通信系统的基本组成;
3. 光纤的优点与光纤传输系统的组成;
4. 专用电话系统的组成;
5. 闭路电视监控系统的组成和原理;
6. 车站广播系统的组成和原理;
7. 无线通信系统的组成和原理;
8. 商用通信系统基本原理。

【关键词汇】

通信传输;数字程控交换;闭路电视监控;无线通信

为保证城市轨道交通系统列车运行的安全、可靠和高效,实现运输的集中统一指挥、行车调度自动化、列车运行自动化,城市轨道交通系统必须配备专用的、完整的、独立的通信系统,使其能够畅通地传递语音、数据、图像和文字等各种信息。城市轨道交通通信系统应当符合系统可靠、功能合理、设备成熟、技术先进、经济实用的原则。

6.1 城市轨道交通通信系统概述

对城市轨道交通专用通信系统的要求是能迅速、准确、可靠地传递和交换各种信息。例如,将各站的客流量、沿线列车的运行状况等信息及时地传送到调度中心,并将调度中心发布的各项调度命令以及各种控制信号传送至各个车站的执行部门和机构,从而使城市轨道交通系统的运行始终处于有条不紊的状态。特别是在发生事故和灾害时,迅速及时的通信联系就更加重要。

具体而言,主要包括以下几个方面:

①在行车组织方面,通信系统应能保证将各站的客流情况、工作状况、线路上各列车运行状况等信息准确迅速地传输到控制中心。同时,将控制中心发布的调度指挥命令与控制信号及时可靠地传送至各个车站及运行中的列车。

②在系统的组织管理方面,通信系统应能保证各部门之间、上下级之间保持畅通、有效、可

靠的信息交流与联系。

③通信系统应能保证本系统与外部系统之间便捷畅通的联系。

④通信系统主要设备和模块应具有自检功能，并采取适当的冗余，故障时能够自动切换并报警，控制中心可监测和采集车站设备运行和检测的结果。

城市轨道交通通信系统是一个既能传输语音信号，又能传输文字、数据和图像等各种信息的综合业务数字通信网。城市轨道交通通信网由光纤数字传输系统、数字电话交换系统、广播系统、闭路电视监控系统、无线通信系统组成。上述系统通过电缆、光缆、漏泄电缆、电磁波等传输媒介，在控制中心与各车站、各列车间构成一个互相关联、互相补充的完整的通信系统，为城市轨道交通提供综合通信的能力。

城市轨道交通专用通信系统，按其功能大致可分为：供一般公务联系用的自动电话通信子系统；直接指挥列车运行的专用通信子系统；向乘客报告列车运行信息的广播子系统；用以监视车站各部位、客流情况及列车停靠、车门开闭和起动状况的闭路电视子系统；用以传送文件和数据的传真及数据通信子系统等。在控制中心和各车站均配备相应的设备以构成各子系统。在控制中心与各车站间，通过电缆、光缆及电磁波等传输媒体将上述各子系统联成一个整体，从而构成一个完整的通信系统，为城市轨道交通系统提供综合通信的能力。

6.2 城市轨道交通通信系统的组成

城市轨道交通通信系统由下列主要子系统组成：传输子系统、公务电话子系统、专用电话子系统、无线通信子系统、广播子系统、时钟子系统、闭路电视监视子系统、电源及接地子系统。传输子系统、时钟子系统除了为各通信子系统提供服务外，还要为其他系统提供传输服务。

6.2.1 通信传输系统

通信传输系统为满足城市轨道交通通信各子系统和信号、电力监控、防灾、环境与设备监控系统和自动售检票等系统各种信息传输的要求，应建立以光纤通信为主的传输系统网络。从目前通信传输技术发展水平来看，光纤通信以其大容量、低成本、标准化及高可靠性等明显优势，成为通信传输的主要手段。因此，为满足城市轨道交通各种信息传输的要求，应建立以光纤通信为主的传输系统网络。

光纤（图6-1）是光导纤维的简称。光纤通信是以光波为载频，以光导纤维为传输介质的一种通信方式。由于光纤具有传输频带宽、通信容量大、不受电磁干扰、耐腐蚀、重量轻和价格低等一系列优点，目前已成为各种信息网的最主要传输方式。光纤是用石英玻璃（SiO_2）制成的横截面很小的双层同心圆柱体。其内层称为纤芯，外层为包层。由于石英玻璃质地脆、易断裂，为了保护光纤表面，提高强度便于实用，需在光纤外再进行两次涂覆构成光纤芯线。光波遇到两种介质交界面时，将产生反射和折射现象。当入射角逐渐增大到一定程度时折射角将大于90°，这时光波不再进入另一介质，而由界面全部反射回原介质，这种现象称为全反射。光纤利用全反射原理，使光波沿光纤以锯齿形向前传播，不让光波从包层折射出去，如图6-2所示。

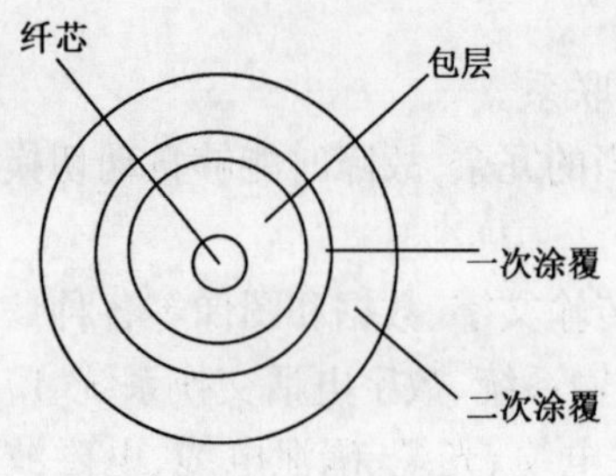

图 6-1　光纤的结构

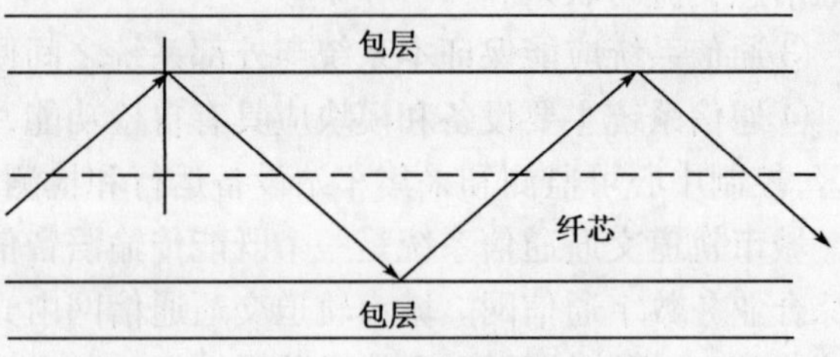

图 6-2　光纤导光原理

光纤传输系统主要由光端机、光缆、光中继器以及 PCM(Pulse Code Modulation Decoding,脉冲编码调制)复接设备等组成。光端机由输入/输出接口、码型变换和反变换、光发送和光接收等部分组成。PCM 复接设备将话音、数据图像信号等汇集起来,通过光端机将电信号变换成光信号。经光纤传送,在接收端,光端机将光信号变为电信号,送至 PCM 复接设备,并将各类信号分离。光中继器用以将传输中衰减了的光信号进行再生放大,保证远距离传输。

随着电信技术的发展,新型的光同步数字传输系统 SDH(Synchronous Digital Hierarchy,同步数字体系)也在城市轨道交通的通信网中得以应用。SDH 是一种将复接、线路传输及交换功能融为一体,并由统一网管系统操作的综合信息传送网络。它不仅适用于光纤,也适用于微波和卫星传输的通用技术体制。它可实现网络有效管理、实时业务监控、动态网络维护、不同厂商设备间的互通等多项功能,能大大提高网络资源利用率、降低管理及维护费用、实现灵活可靠和高效的网络运行与维护。目前一体化 SDH 是最为成熟的技术,它吸收了 SDH 标准传输机制,克服了传统 SDH 设备在城市轨道交通应用中的不足,能够在光纤网络上直接传输语音、宽带音频、数据、视频和完成 LAN 业务。

6.2.2　数字程控交换系统

当某两个电话用户需要通话时,电话机之间不需要直接互联,而是将电话机用一对线连接到交换机,由交换机来完成选线和连接功能。交换机就是能根据电话用户的需要建立或拆除通话电路的设备。交换机由话路部分和控制部分组成。其中,话路部分用于接通电话用户间的通话电路,而控制部分则用来控制话路的接通或断开,将计算机技术应用于交换机,就构成了程控交换机。数字程控交换机是将输入的模拟信号,进行模/数转换,变成数字信号,再进入交换网络。进行数字交换接续的程控交换机,是系统的核心,它体积小而适应性强,交换网路阻塞小;它采用冗余结构,可靠性高,并具有自动故障诊断和处理;易于构成综合业务数字网,提供各种话音和非话通信业务,提供诸如缩位拨号、热线服务、呼出限制、免打扰服务、闹钟服务、呼叫转呼、等待、遇忙、回叫、会议电话等功能,所以在城市轨道交通中得到广泛的应用。系统交换网由专用电话网和数字程控交换网这两个独立而又相互联系的交换网组成。专用电话网是为城市轨道交通运行设置的专用业务电话网,数字程控电话网是为城市轨道交通运转与对外联络设置的公务电话网。

1)公务电话系统

城市轨道交通公务电话系统用于城市轨道交通各部门间进行公务通话及业务联系。公务电话系统由程控电话交换机、电话机及其附属设备组成。公务电话交换网与公用网本地电话局的连接方式宜采用全自动呼出、呼入中继方式，并纳入公用网本地网的统一编号。中继线的数量，应根据话务量大小和国家的有关规定确定。

公务电话交换网的近期容量应根据机构设置、新增定员、通信业务及日益增长的电话普及率或有关的基础数据及经济技术比较等因素确定；远期容量应考虑发展的需要，当无资料可循时，可为近期容量的180% ~200%。

城市轨道交通公务电话应采用统一用户编号，在交换网中宜采用："0"或"9"为呼叫市内电话的号码；"1"为特种业务、新业务首位号码；"2 ~8"为城市轨道交通用户的首位号码。

公务电话交换网应当设置计费管理系统。

2）专用电话系统

专用电话系统的作用是为控制中心的调度员、车站值班员、车辆段（停车场）值班员、各车站的保安人员等提供直线电话服务功能和组呼功能，实现快捷而可靠的通信，以组织指挥行车、运营管理及确保行车安全，并为轨旁电话、机房电话和一些内部电话提供自动交换功能。

专用电话系统主要包括：调度电话、站间行车电话、车站、车辆段、停车场内直通电话以及区间电话。

（1）调度电话

调度电话是供控制中心调度员与各车站、车辆段、停车场值班员以及与办理行车业务直接有关的工作人员进行调度通信之用，是城市轨道交通中最主要的专用电话。根据调度功能的需要，调度电话分为指挥列车运行的行车调度电话、保障电力供应的电力调度电话和保证城市轨道交通系统安全运行的防灾报警调度电话和环境与设备监控系统调度电话以及公安调度电话等。

调度电话终端设置在控制中心内各调度台上，它与设在控制中心的程控交换机相连。调度控制台根据工作性质而设有行车调度台、电力调度台、防灾报警调度台及总调度台等。总调度台只与其他三个调度台进行直线呼叫并通话，不与车站调度电话分机直接联系。其他三个调度台都与分机相连。调度电话分机设在各车站职能部门所在地。行车调度电话分机设在各车站车控室、车辆段信号楼以及停车库的运转室内。电力调度电话分机设在各变电所的主控制室和低压配电室及其他特殊需要的地点。防灾、环境与设备监控系统调度电话分机设置在各车站、车辆段综合控制室以及车辆段的消防控制室等地点。

各调度终端对所属分机可进行全呼、组呼或选呼，下达调度命令，任何情况下均不发生阻塞。各调度系统的分机可对调度电话终端进行一般呼叫和紧急呼叫，只要摘机就可呼叫调度台，各调度控制台按下呼叫键即可叫出或应答相应的调度分机，各调度系统的分机之间及与其他系统的分机之间不允许通话。控制中心调度电话终端之间应有台间联络等功能，当分机之间确有必要通话时，可由调度台转接，而且分机间通话时，调度员有权插入。调度电话系统应具有录音功能。

调度台通常采用带有液晶显示屏的数字式多功能电话机。这种电话机具有较强的控制功能，如可对分机进行快速单呼、组呼或全呼，可显示主、被叫号码等。

为了组织调度电话系统，必须对程控交换网内的全部电话机实行统一编码，每一个分机都有一个单独的、唯一的号码。调度员在呼叫某调度分机时，只要按一下与该分机号相对应的快速呼叫按键，就可由程控交换机将该分机呼出。一个快速呼叫键还可对应于一组或全部分机，调度员可用此进行组呼或全呼。利用程控交换网中的热线服务功能来建立调度分机和调度员之间的单向热线,分机拿起话机后不需拨号就可与调度员接通通话。此外,为保证调度员和分机之间的呼叫无阻塞,可在控制中心交换机和各车站交换机间设置直接中继通道。

(2)站间行车电话

站间行车电话是保证安全行车的专用电话设备。它是供相邻两车站值班员之间联系有关行车业务联系的电话。站间行车电话应具备直线电话功能,即任一方摘机不必拨号就可以与对方站建立通话。这种直线电话功能也可以利用程控交换网在相邻两站的行车电话机之间建立专用的双向热线来实现。

(3)直通电话

车站专用直通电话供行车值班室或站长与本站内运营业务有关人员进行通话联系之用。车辆段(停车场)专用直通电话可根据车辆段(停车场)作业性质设置行车指挥电话、乘务运转电话、段(场)内调度指挥电话、车辆检修电话等。

车站、车辆段、停车场专用直通电话采用辐射式直通电话方式。

(4)区间电话(轨旁电话)

区间电话是供司机和区间维修人员与邻站值班员及相关部门联系通话使用。为了城市轨道交通系统运营和维护以及应急的需要,以便司机及其他工作人员在轨道沿线随时能和控制中心或有关部门直接取得联系,一般区段每隔150~200m设一处,每2~3台电话机并联后通过专用的电缆直接接到邻近车站的远端模块。程控交换网可为所有的轨旁电话机提供与其他任何分机或调度台联系的功能。

轨旁电话应有坚固的防护外罩,采用防潮的全密封式设计,使其具有良好的防潮性能和抗击打能力。

(5)车站集中电话机

为使车站、车辆段的各职能部门与本站、本车辆段相关单位进行便捷的通信联系,各车站和车辆段均设置集中电话机。集中电话机的控制台可采用数字式多功能话机。集中电话机可通过快速呼叫键呼叫其下属分机。下属分机与集中电话机之间建立延时热线。分机呼叫集中台时,分机只需摘机不必拨号,等数秒钟(一般设为5s)后便可与集中台接通通话。如果分机在摘机后数秒钟内拨了其他电话分机的号码就可自由地和其他任何电话分机进行通话。集中电话机的控制台和分机都联向程控交换机。

3)传真通信与数据通信

利用城市轨道交通的程控交换网还可以实现传真通信和数据通信业务。

只要将传真机(Fax)与电话机并联,接入程控交换网,就可以进行传真通信,通信的建立是通过电话机拨号来实现的。利用传真机的存储和自动转发功能,与程控交换机的交换功能配合,还可以将同一份文件依次传送到各个车站的相关业务部门,实现同报传送。

数据通信是以传送数据为业务的一种通信方式,以实现计算机之间、计算机与数据终端以及数据终端之间的通信。城市轨道交通系统中,控制中心与各车站之间可用数据通信方式来传递文件和数据,数据通信可以通过程控交换网提供的交换和传输功能予以实现。利用调制解调器,将数据终端设备接至交换机的模拟用户接口,调制解调器用以完成数据信号与模拟信号之间的交换,只要数据终端设备双方在传输速率、字符编码格式、同步方式、通信规程等完全兼容,就可以实现相互通信。

6.2.3 闭路电视监控系统

为了确保列车的运行安全,及时向有关人员提供车站各部位的安全情况,以及客流、列车停站,售、检票情况,列车门开启、关闭等现场实时图像信息,所以设置闭路电视监控系统。

(1)闭路电视监控系统的组成

闭路电视监控系统由控制中心集中监控系统和车站闭路电视监控系统两部分组成。系统由摄像机、监视器、控制切换设备以及传输线路等部分构成。一般采用黑白摄像机,以达到较高的对比度和清晰度。为了扩大取景范围,根据需要而设置云台。监控室的控制台,可以进行控制操作,如调节摄像机镜头焦距、控制云台上、下、左、右转动等,以达到最佳摄像效果。摄像机的视频信号,沿视频线送到监控室的监视器上,显示现场实时图像。当监视器数目与摄像机数相等时,可一一对应监视;当监视器数目少于摄像机数时,必须经切换器设备,进行有选择地监视。在监控室还配有录像设备,以记录重要的图像信息。

(2)车站闭路电视监控系统

车站闭路电视监控系统在售检票大厅、乘客集散厅、上下行站台、自动扶梯等公共场所以及设置消防设备及变电设备的地方设监视摄像机。摄像机的安装位置、数量及安装方式应根据乘客流向、乘客聚集地等场所综合考虑。同时,在设置重要设施处也应安装摄像机,以利于监管。

车站闭路电视监控系统为各车站值班员和车站防灾值班员,提供本车站内现场的实况图像,其中站台区的摄像机还为司机提供旅客上、下车及车门关闭情况的信息。它也受中央控制室的控制,为各调度员提供本站摄像画面。车站值班员可从控制台发出控制信号,控制信号包括两部分,一部分用来进行图像切换或选择,即将值班员室的监视器与所需监视的现场的摄像机相连接,另一部分用来控制云台的转动和摄像机调焦。车站监控摄像机的输出还通过一台监视器,供通信维修人员使用。

(3)控制中心闭路电视监控设备

城市轨道交通的闭路电视监控系统既可由车站值班员控制,也可由控制中心的列车调度员、环境控制调度员进行控制,当控制中心还设有总调度台时,还可由总调度员控制,互不影响。

在控制中心的各调度台上配备一定数量的监视器和一个带键盘的控制台。每位行车调度员和防灾调度员可通过键盘操作来选择他所希望了解的某个或某些车站的某个或某些区域的客流情况或突发事件的图像。为了及时了解整个城市轨道交通系统各个车站的现场实况,控制中心或各个车站的图像切换设备均应能对众多输入的图像信息进行自动顺序扫描,依次向各调度员、值班员显示现场实况图像。具体的扫描顺序应能通过预先编程确定。在顺序扫描显示过程中,如调度员等发现某画面需特别引起注意,则可按选择键选看该画面,并对重要事件做录像处理。

6.2.4 车站广播系统

车站广播系统是实现集中管理的重要组成部分。列车到站及离站的实时预告信息,非常情况下的疏导信息等,通过该系统及时向旅客通报,同时,为组织好行车,应及时将运行信息告之行车相关人员。为了实现集中管理,车站广播系统除了车站广播外,还可由控制中心集中播音。控制中心和车站均应设置行车和防灾广播控制台。行车和防灾广播的区域应统一设置。防灾广播应优先于行车广播。

从广播覆盖范围看,广播系统分为车站广播系统和车辆段广播对讲系统。

1)车站广播系统

车站广播系统负荷区通常按站台层、站厅层、上行隧道、下行隧道、与行车直接有关的办公区域等进行划分。声场强度不论室内、室外均应大于噪声级10dB。负荷区各点的声场均匀度及混响指标应保证广播声音清晰,稳定。

车站广播包括从车站播音和从控制中心对车站进行播音。一个车站大体上可分成四个播音区域,分别为上行站台区、下行站台区、站厅区和办公区。

(1)车站播音

车站播音台,配有播音区域选择键盘和送话器,在通信室还设有前置放大器、功放及控制接口单元等设备。车站的控制键按下后,相应地选择信号,经控制和接口单元,使被选择区域的广播电路接通,并使控制中心传来的播音信号中断,也就是说车站播音台优先传送本站的播音信号。在固定区域,可以根据列车运行实现自动广播。

为了提高播音的可靠性,每个播音区域内的扬声器,分别由两个扩大器驱动,并以梳状方式排列,其中一个扩大器发生故障时,仍能不间断地播音及维持基本播音量。站台的广播区域还应配备自动音量控制装置,以保证播音音量始终保持在比此区域内噪声音量高10dB左右的水平上,达到较好的播音效果。

(2)控制中心播音

在控制中心设有列车调度、电力调度和防灾调度三个播音台,三个播音台之间互锁,也就是说当一个播音台在广播时,其他播音台不能插入播音或使其中断。三个播音台分别配有选择键盘和送话器,可选择广播区域。但各车站的播音具有优先级,从控制中心可对所有车站的所有区域播音,也可对某一个车站的某个区域有选择性地播音。

2)车辆段广播系统

车辆段广播系统供车辆段行车调度指挥人员向与行车直接有关的车辆段内生产人员发布作业命令及有关安全信息等。车辆段广播系统设有维修值班员、信号楼控制室值班员、车辆段列车调度员使用的三个播音台。播音范围分三个区域:车辆段入口区域、维修区域和停车库区域。三个播音台的优先权是:第一优先权——车辆段列车调度员(在车辆段运转调度室);第二优先权——车辆段信号楼值班员(在车辆段信号楼值班室);第三优先权——车辆段维修值班员(在车辆段检修车间)。三个广播区域的选叫原则是:每个广播台可对某一个广播区域进行广播;每个广播台可对所有三个广播区域进行广播。车辆段广播系统除了扬声器外,还安装了对讲分机,以便车辆段内工作人员能够方便地与各个对讲控制台的值班员直接通话,而不致产生大范围的喧哗。

另外,列车上应设置列车广播设备。列车广播设备应兼有自动和人工两种播音方式,同时可接受控制中心调度员通过无线通信系统对运行列车中乘客的语音广播。

6.2.5　无线通信系统

为了使移动状态下工作的列车司机、防灾、维修、公安等各部门工作人员及时地与有关指挥部门取得联系，城市轨道交通在设置有线通信系统之外，还必须设置无线通信系统，以满足安全和应急抢险的需要。

(1)无线通信系统的组成及功能

无线通信系统由基地台、天线及射频电线、隧道内的漏泄同轴电缆、列车无线电台设备、控制台、电源及便携式无线电台等组成。为了实现双向通信，典型的地铁无线通信系统设置了4个频率对(每个频率间隔10MHz)。

①信道1。用于列车调度，其覆盖范围是城市轨道交通全线及各车站，列车调度员通过控制台，与正在运行的司机及车站上行车有关人员之间通话。

②信道9。用于公安治安，其覆盖范围是城市轨道交通全线及各车站，使公安中心的工作人员与沿线、车站等处于移动状态下的公安人员进行通话。

③信道0。用于车辆段，其覆盖范围是整个车辆段(一般为地面)，使车辆段的运转值班员，与车辆段范围内处于移动状态下的行车人员进行通话。

④信道8。紧急用信道，其覆盖范围为信道1和信道0的覆盖范围的总和，当信道1或信道0发生故障，或发生其他紧急情况时，为有权使用上述两信道的人员提供通信手段。

(2)无线通信系统功能的实现

为了说明无线通信系统如何实现通信功能，现以列车调度无线通信为例，加以阐述。列车调度员欲与司机通话时，调度员可按下控制盘上的数字键，发出呼叫信息，沿线各列车的车载无线设备，收到呼叫信息后进行比较，当证实呼叫本列车时，接通驾驶室的专用广播。司机按下车载无线发射键时，列车无线电台的发射机被打开，自动地发射该列车的编号及数据信息，该信息经隧道内的漏泄同轴电缆，或地面上的天线传送到最近车站的基地台，由于基地台与车站的PCM一次群有接口，所以经PCM信道传送至控制中心，并在列调监视器上显示出来。呼叫建立后便可通话，通话的话音信息也通过上述途径传送。其信号传输途径为：车载台⟷漏泄电缆天线⟷车站基地台⟷PCM光纤传输系统⟷控制中心基地台⟷控制中心无线列调控制台。

沿线的各个区段，是通过联向基地台的漏泄电缆或天线实现覆盖的，所以列车运行过程中，可能涉及沿线几个基地台，在通话过程中通过设在控制中心的判决比较器，选择一个具有最好信噪比的基地台，实现通信，在整个通话过程中，判决比较器不断地进行判决。

另外，当某个呼叫建立后，无线通信系统会自动地向其他使用同一频道的移动电台发出锁闭信号，以防新的呼叫打断正在进行的通话，直到该通话结束为止。移动台之间禁止使用列调频道通话。当列车发生意外而无法使用车载无线台时，列车无线设备每隔一固定时间，接通发射电路10s，并将司机室环境声音发向控制中心，直到调度员取消选择为止。

6.2.6　商用通信系统

近年，我国移动电话用户成倍增长，对移动通信的要求也越来越高，众多用户对城市轨道交通地下部分不能接听和拨打移动电话深表不满，迫切要求改变这种不合理现状。

在国际地铁建设上,地铁通常只考虑到地铁本身的无线调度通信系统。世界上许多国家和地区以往也只是在地铁开通运营后,才陆续建设地铁移动通信系统,以致形成地铁内有多个网络系统设备、传输天线和传输电缆,不仅施工困难,而且由于重复建设,费用巨大。因此,城市轨道交通公司、移动运营公司需共同研究协商,形成联建移动电话系统的协议。这样在地铁建设过程中,商用移动通信系统的建设也同步进行,地铁通车之日,移动电话在地铁全线也同时开通,避免了日后设计施工的不便和浪费。

为保证各运营商顺利接入无线信号,需要对各运营商的信号源进行统一建设。城市轨道交通商用通信系统的覆盖,不仅需要实现站厅、站台的覆盖,而且要实现在隧道中的覆盖。

城市轨道交通商用通信系统包括电源配电系统、传输系统和无线覆盖系统。电源配电系统为无线覆盖系统设备和传输系统设备等提供可靠工作电源。传输系统,是一个基于光纤的宽带综合业务数字传输网络,主要为商用通信运营商提供传输服务,在移动通信系统基站至信号引入站之间提供传输通道,同时可为无线覆盖系统网管监控提供传输通道。无线覆盖系统,是城市轨道交通商用通信系统最重要的部分,它为各移动通信运营商提供地铁内的良好覆盖。采用多系统接入平台(POI),频率范围为80MHz~2.5GHz,主要满足数字音频广播,GSM(中国移动、中国联通或其他运营商),DCS(中国移动、中国联通或其他运营商),CDMA(中国电信或其他运营商)以及3G(CDMA2000、WCDMA、TD SCDMA)在地下车站和区间的延伸和覆盖,并预留未来数字电视引入地下的条件。

站厅、站台和设备层采用PHS信号接入实现覆盖。上下行区间隧道采用漏泄同轴电缆进行覆盖,隧道内漏泄同轴电缆采用上下行信号分缆辐射。这种在隧道采用无线基站接入、漏泄电缆传输实现地铁内移动通信覆盖的方案传输效果好,技术先进,施工简便,尽管投资较高,但能够包含多种无线体制,组建通信网络非常灵活。

本章小结

城市轨道交通通信系统必须能够迅速、准确、可靠地传递和交换各种信息,切实保证列车运行的安全、可靠和高效。

城市轨道交通通信系统应当是一个既能传输语音信号,又能传输文字、数据和图像等各种信息的综合业务数字通信网,它由光纤数字传输系统、数字电话交换系统、广播系统、闭路电视监控系统、无线通信系统组成。随着我国移动电话用户数量的快速增长,迫切要求城市轨道交通的地下部分能够接听和拨打移动电话。城市轨道交通公司必须要和国内各移动运营公司共同研究协商,统筹安排,使商用通信系统也能够作为城市轨道交通通信系统的有机组成部分,与之同步建设,更好地满足用户的需求。

练习题

1. 城市轨道交通通信系统有何作用?对其有什么要求?
2. 城市轨道交通通信系统是由哪几部分组成的?
3. 光纤有哪些优点?光纤传输系统由哪几部分组成?

4. 专用电话系统包括哪几种类型的电话?
5. 无线通信系统是由哪几部分组成的?

参考文献

[1] 林瑜筠. 城市轨道交通运输设备. 北京:中国铁道出版社,2008.
[2] 阎国强,仇海兵. 城市轨道交通概论. 北京:人民交通出版社,2010.
[3] 张利彪. 城市轨道交通信号与通信系统. 北京:人民交通出版社,2010.
[4] 周顺华. 城市轨道交通设备系统. 北京:人民交通出版社,2009.

◁第 7 章　城市轨道交通供电系统

【本章概要】

1. 轨道交通供电系统的组成及技术要求；
2. 轨道交通供电系统的功能及设备；
3. 牵引变电所供电的接线方案；
4. 电力监控系统。

【关键词汇】

轨道交通；供电系统；电力监控；牵引变电所

7.1　轨道交通供电系统的组成及技术要求

7.1.1　轨道交通供电系统的组成

城市轨道交通一般采用动车组牵引，动车组本身无原动力装置，如果没有牵引供电系统，城市轨道交通将会因为没有动力支持而无法正常运行，就好像人体没有血液，人体所需能量的储存和运送将无法实现一样。所以说，牵引供电系统是城市轨道交通系统中最重要的基础能源设施，其作用是为城市轨道交通系统中的电动车组及其他各种用电设备提供动力电源及照明电源，确保城市轨道交通列车、设备系统及照明工作的正常运行。

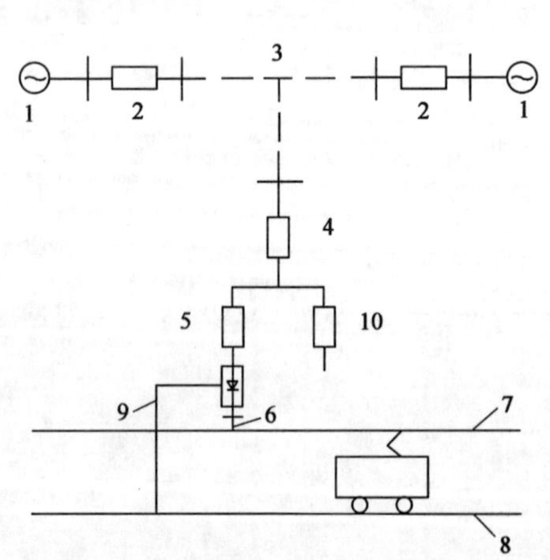

图 7-1　城市轨道交通供电系统示意图

1-电力源；2-主变电站；3-高压输电线；4-主降压变电所；5-牵引变电所；6-馈电线；7-接触网；8-走行轨道；9-回流线；10-降压变电所

城市轨道交通供电属于城市电网一级负荷，由两路独立的电源供电。当任何一路电源发生故障中断供电时，另一路应保证城市轨道交通一级重要负荷的全部供电需要。两路电源应来自城市电网两个不同的区域变电所。

城市轨道交通电力牵引供电系统包括：电力源、主变电站、高压输电线、牵引变电所、降压变电所、接触网、机车电气设备、走行轨道、回流线等。图 7-1 为城市轨道交通供电系统示意图。为了实时掌握和处理供电系统的各种动态信息,确保供电系统的高效性及安全性,城市轨道交通供电系统同时还设有电力监控(SCADA)系统。

7.1.2　供电系统的技术要求

(1)供电系统应满足经济、合理、安全、可靠、接线简单、运行方式灵活的要求。供电系统各级供电网络应具有在正常、事故、灾害运行情况下控制、测量、监视、计量、调整的功能、安全联锁功能和故障保护功能。

(2)供电系统可采用集中供电方式,也可采用分散供电方式(一般多采用集中供电方式)。集中供电方式常常采用 110kV 和 33kV 两级电压集中供电方式。

(3)牵引供电系统和牵引网容量,按机车最高运行速度满足远期运营用电负荷确定。

(4)全线变电所房屋及设备布置基本统一,维护和操作方便。每条线路根据长短和车站个数设 2 ~ 3 座主变电站,每座主变电站应由地区变电站提供专用线路供电,并保证供电可靠性。

(5)变电站、牵引变电所、降压变电所或牵引降压混合变电所都应由两路相互独立的电源供电。所有电源回路正常时满足全部一、二、三级负荷的用电要求,故障情况下应满足一、二级负荷的要求。动力、照明设备供电分别按一、二、三级负荷的要求供电。

(6)全线设有一套电力监控系统对全线供电系统设备的运行进行集中监控和数据采集。系统应满足可靠性、可维护性和可扩展性的要求,并具有故障诊断、在线修改等功能。

(7)每个车站设有一套接地装置,全线满足综合接地系统要求。

7.2　供电系统的功能

供电系统的功能是向城市轨道交通各机电设备系统提供安全、可靠、优质的电力供应,满足各系统的用电要求。其主要功能如下(图 7-2)。

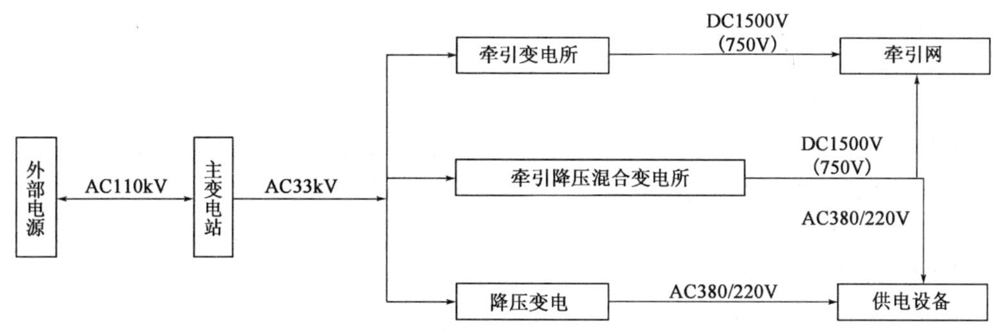

图 7-2　供电网络接线及电压变换图

(1)接收并分配电能

通过主变电站从电力系统引入 110 ~ 220kV 高压交流电源,并降压成城市轨道交通供电系统使用的 33kV 交流电,再通过城市轨道交通供电系统网络将电能分配到每一个车站和车辆段内的牵引变电所和降压变电所。

(2)降压整流及输送直流电能

通过牵引变电所对主变电站引来的33kV交流电进行降压整流,使之变成1500V(或750V)直流电,并通过牵引网不间断地供给运行中的电动车组。

(3)降压及动力配电

通过降压变电所将33kV交流电降压成380/220V交流电,向车站和区间隧道的各种动力、照明设备供电,保证各种车站设备的正常运行。

7.3 供电系统主要设备

1)电力源及主变电站

城市轨道交通的电力源可以来自国家电网或发电站(厂)。由于城市轨道交通系统位于城市区域内,这里有国家电力系统的区域变电站,因此多数城市轨道交通系统可从区域变电站获得电能,其电压一般为10~35kV,城市轨道交通供电系统大多使用的33kV交流电。

如果区域变电站的负荷有限,则需为城市轨道交通系统专设主(降压)变电站,将国家电网的110~220kV高压电降为33kV中压电,并通过牵引供电网络将电能分配到每一个牵引变电所和降压变电所。主变电所一般设置两台主变压器,共同承担本供电区的负荷。当一台主变压器退出运行时,另一台主变压器承担本供电区一、二级负荷供电,或通过负荷再分配,与相邻主变电所共同承担一、二、三级全部负荷的供电。

主变电所建设应满足城市发展规划要求,同时还应考虑尽量减少对附近居民影响以及方便电缆敷设等因素。主变电所应尽可能远离闹市区并靠近各自供电区域的负荷中心及地方枢纽变电站。主变电站设计应采用综合自动化系统完成站内的控制、保护、测量功能和信号显示、传输功能,并通过电力监控系统进行控制中心遥测。

从发电厂(站)经升压、高压输电线到区域变电站(如可供轨道交通使用)或主(降压)变电站的部分,通常被称为供电系统的“外部供电系统”,也称“一次供电系统”;从主(降压)变电站及其以后的部分统称为“牵引供电系统”。

2)输电线

电流经输电线从电站传送到用电地区。

电流传送过程中会因导线电阻的存在而产生能量损失及电压损失。如果功率不变,电压增加,电流就减小,所以,高压传输能量损失小;但是,电压提高,也会提高电线绝缘和支柱的费用,以及升压变电所和降压变电所的费用。因此,传送电压需要进行综合技术经济比较。我国国家电网的传送电压为110~220kV。

输电线分为地下线与架空线两种。在设置架空线有困难的城市里,一般采用地下电缆。架空线是把裸导线悬在瓷瓶上,架在混凝土、金属或木制的电杆上。

架空输电线的悬挂高度最低要在地面以上5~7m,以免造成危险。架空线跨越铁路和通信线路时,悬挂高度应适当增加并采取防护措施。

两条输电线间的距离与电压大小有关:当电压为600~1000V时为1m,电压为35kV时为2.4m。架空线电杆之间的距离随电压提高而增加。

3)牵引变电所

牵引变电所的任务就是将电力系统提供的三相工频交流电通过变压、变相或变流转变为本线电动车辆可用的电源。

根据电流制式的不同,牵引变电所又分为直流牵引变电所和交流牵引变电所。城市内的地铁、轻轨网络多采用直流牵引制式,只有少数延伸至远郊的城市铁路(如中国香港九广铁路、日本东京常盘线等)为了与区域铁路共线运营则会采用交流牵引制式。

城市轨道交通直流牵引变电所设置在车站站台层,各牵引变电所间距为2~4km。每个牵引变电所由两路电源供电(当一路电源故障时,由另一路保证供电),每路电源连接整流机组,牵引变电所将33kV的中压电降压并整流后变成供城市轨道交通列车使用的1500V(750V)直流电源,再通过沿线架设的接触网供给运行中的列车,保证其运行安全、可靠。

直流牵引变电所输出的电压取决于电动车辆类型,一般为550~1500V,各国在不同时期形成了许多电压标准。我国城市轨道交通牵引网系统采用国际电工委员会及我国国标规定的直流750V和1500V标准电压。北京地铁采用的是750V直流供电电压,上海、广州地铁采用的是1500V直流供电电压。目前我国许多大城市都在考虑建设城市轨道交通体系,供电系统到底是选择750V还是1500V,涉及供电系统的技术经济指标、供电质量、运输客流密度、供电距离和城市选型等,必须根据各城市的具体条件和要求,综合论证决定。

4)降压变电所及牵引降压混合变电所

城市轨道交通系统中,除了电动列车需要用电外,还有其他动力照明设备(如通风、空调、排水、电灯等)也需要用电,它们需要的是工频380/220V的交流电。这些电则通过降压变电所获得。

一般每个车站需设一座降压变电所,对于规模较大的车站和车辆段、停车场可根据具体情况增设跟随式降压变电所。每个降压变电所由两路33kV电源供电,内设两台动力变压器,降压后输出直流380/220V电源向负担车站和区间的动力照明的所有设施供电。两台动力变压器工作正常时轮换使用,负担其供电范围的一、二、三级负荷,当任何一台配电变压器发生故障时,另一台变压器仅承担本所供电范围内的全部动力照明一、二类负荷。

动力照明负荷按用途及重要性分为三类。

一类负荷:事故风机、消防泵、主排水泵、售检票机、防灾报警、通信信号、事故照明等。采用双电源、双电缆、供电末端自动切换、来电自动复位装置。

二类负荷:自动扶梯、局部通风机、普通风机、排污泵、工作照明、节电照明等。采用双电源、单电缆。

三类负荷:空调、冷冻机、热风幕、广告照明、维修电源。它们一般采用单电源、单电缆。

在有牵引变电所的车站、车辆段、停车场,降压变电所与牵引变电所一般合建成牵引降压混合变电所。

5)接触网

(1)接触网的类型

接触网是沿电气化铁路架空敷设的输电网,它与电力机车受电弓的滑动接触将牵引变电所送来的电流送给电力机车电动机驱动牵引列车运行。

广义的接触网大体可分为接触网及接触轨两大类。接触网的接触导线悬挂于轨道上方,接触轨位于轨道中部或侧面。接触网又可分为架空式接触网和非架空式接触网。图 7-3 是架空式接触网。

(2)架空式接触网

架空式接触网主要由接触导线、支柱及支持定位装置、悬挂装置组成。接触线与电动车组受电弓直接接触,担负着导流的作用。受电弓将电流传送到机车或动车组,再通过动力设施驱动列车运行。常用的接触导线材料多数国家采用铜和镉铜,我国广泛应用钢铝双金属。支柱及支持定位装置是固定接触导线、悬挂装置的设施。支柱有金属支柱和钢筋混凝土支柱,后者节省钢材,耐腐蚀,造价较低,得以广泛应用。在支柱的金属腕臂支持定位装置上设接触悬挂装置,悬挂装置将接触导线用吊弦均匀地吊挂在承力索上(图 7-3)。悬挂装置使得接触导线平直、弹性均匀,从而使受电弓良好受流。悬挂装置定位器固定接触导线的水平位置,使接触导线沿线路成“之”字形走向,以免运行中的电力机车受电弓集中在一点被接触导线擦伤。此外,在车辆段、停车场的多股道上,由于股道间距离小而不能立柱,或者虽能立柱,但支柱多,影响行车和作业人员瞭望信号,既浪费又不美观,一般采用软横跨或硬横跨结构,如图 7-4 所示,a)为软横跨支持装置,b)为硬横跨支持装置。

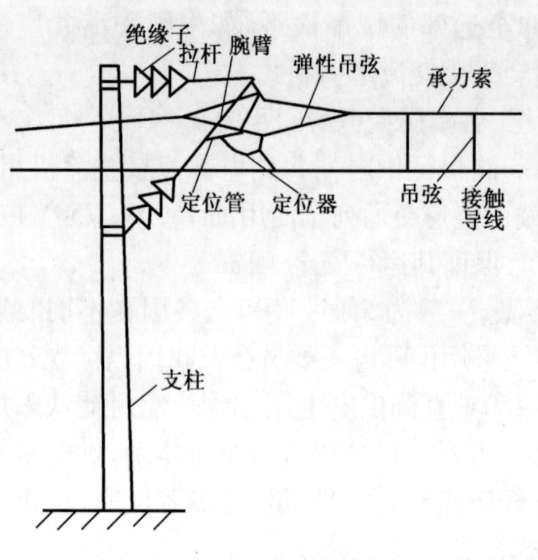

图 7-3 架空式接触网

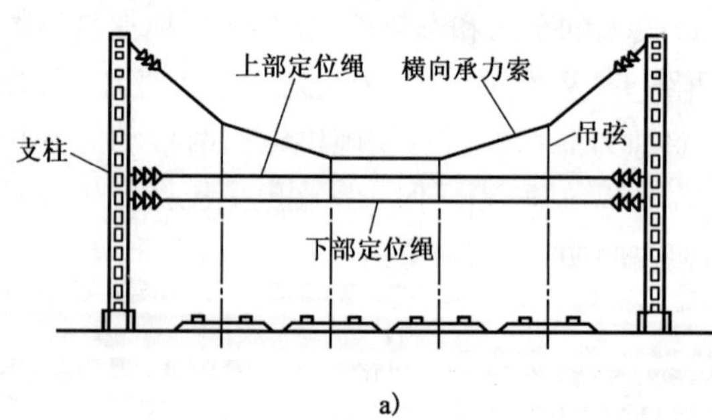

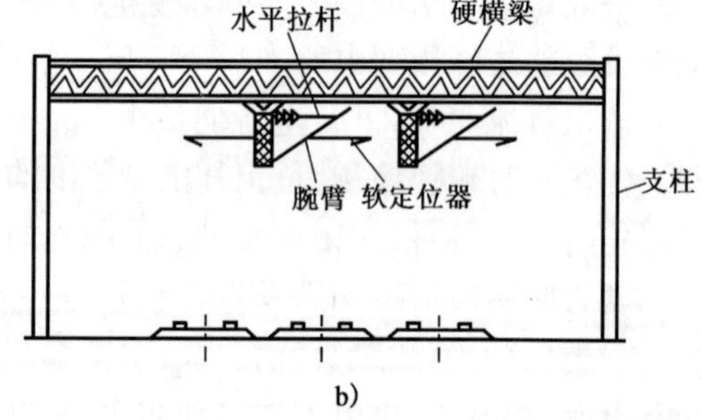

图 7-4 横跨支持装置

a)软横跨;b)硬横跨

架空接触网具有构造简单、安全可靠、有较高的抗磨性及抗蚀性等特点,但其运行维护工作量大,投资及维护费用高,适应于电压较高的制式。上海、广州地铁均采用了 1500V 接触网供电的方式。

(3)接触轨

接触轨是沿牵引线路敷设的与走行轨道平行的附加轨,故又称第三轨。是敷设在铁路旁的具有高导电率的特殊软钢制成的钢轨。电动车组伸出受流器与之接触而取得电能。接触轨使用寿命长、维修量小、构造简单、运行费低,能充分利用隧道空间,在地面或高架运行时对城市景观没有影响,但在隧道内保养、检修或在车库内检修作业时应注意安全。接触轨适应于净空受限的线路和电压较低的制式。北京地铁即采用了 750V 接触轨供电的方式(图 7-5),其接触轨安装于线路行车方向的左侧,集电靴采用上部接触方式受电。除上部受电外,接触轨还有别的安装形式,集电靴可以从钢轨下部或侧面受电。

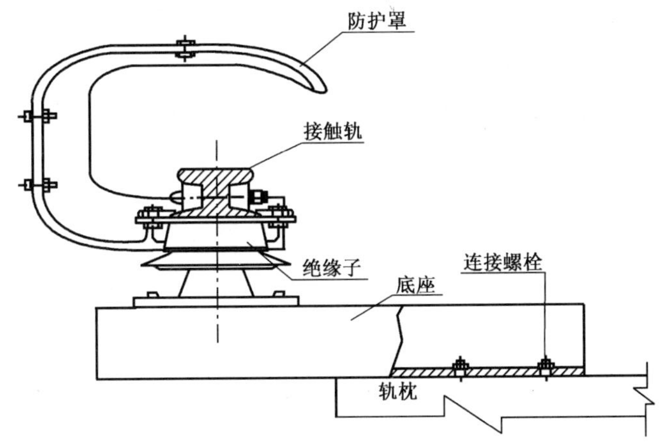

图 7-5　接触轨上部受电形式

6)机车电气设备

机车电气牵引设备包括电力机车电气设备和电传动内燃机车电气设备。电力机车所需电能由接触网或第三轨供给电力机车的牵引电动机,牵引电动机驱动车轮旋转,从而实现列车的前进或后退;电传动内燃机车由牵引发电机自行发电后供给牵引电动机驱使列车运行。由于电力机车具有功率大、过载能力强、速度快、整备作业时间短、维修量少、运营费用低、能采用再生制动以及节约能量等优点,所以在国内外得到了最广泛的应用。

电力机车电气设备包括受流设备、牵引电动机、辅助电机及其控制电路等。牵引电动机是装设在机车或动车上用于驱动轮对运行的电动装置。牵引系统有直流电气牵引系统和交流电气牵引系统两种,对应使用的牵引电动机有直流串励牵引电动机、交流牵引电动机等类型。

直流串励牵引电动机通过接触网获取的电流是经过牵引变压器降压和硅整流器整流后的直流电流,这种电动机具有较好调速性能和工作特性,虽然存在重量重、体积大、维修量大的缺点,但其适应列车牵引特性需要,因而获得了广泛应用,我国城市轨道交通也曾经多采用这种直流串励牵引电动机。但随着电子和微电子技术的高速发展,交流调频调压技术由于其效率高、性能好已日益得到普及,所以,交流牵引电机逐渐取代直流牵引电机已成为必然趋势。世界各国已有较多机车和电动车组采用三相交流变频牵引电动机。此外,联邦德国和日本在试验的磁悬浮高速车辆上采用直线异步电动机。它的初级绕组敷设在地面导轨上,由地面的变频电源供电以产生强波磁场,调节供电电源频率就可改变磁悬浮高速车辆的速度。

牵引电动机有两种悬挂方式。一种是牵引电动机和动轮轴连接的悬挂方式,称为抱轴式悬挂或半悬挂。采用这种悬挂方式时,动轮通过轨缝和道岔所产生的冲击振动会直接传给牵引电动机。抱轴式悬挂适用于结构速度低于 120km/h 的机车车辆。另一种是架承式悬挂(或称全悬挂)。采用这种悬挂方式时,牵引电动机固定悬挂在转向架构架上,在牵引电动机轴端和小、大齿轮之间加入各种弹性连接元件,以减小冲击振动的影响。架承式悬挂适用于结构速度高于 120km/h 的机车车辆。

牵引电动机在设计和结构上也有许多要求,如要使机体内部空间结构紧凑,就要采用较高级的绝缘材料和导磁材料,零部件也需有较高的力学强度和刚度,整台电动机也需有良好的通风散热条件和防尘防潮能力。

电传动内燃机车或动车主要电气设备包括牵引发电机、牵引电动机、辅助电机及其控制电路等。牵引发电机又称主发电机,有直流和交流两种。直流牵引发电机直接向直流牵引电动机供电,交流牵引发电机发出的三相交流电经硅整流器整流后再向直流牵引电动机供电,或经调压机组调压后供给交流牵引电动机。

7)动力及照明配电

降压变电所将33kV交流电降压成380/220V交流电,向车站和区间隧道的各种动力、照明设备供电,保证车站及区间各种设备的正常运行。

7.4 向牵引变电所供电的接线方案

由于城市轨道交通是大容量客运系统,中断运行会产生严重的不良社会影响及巨大经济损失,因此所有城市轨道交通的牵引供电都属于电力部门供电的一级负荷,必须确保向它供电的可靠性。所以,牵引变电所均由两个独立的电源供电。

由于城市轨道交通线路较长,通常需要设置多个牵引变电所供电,加上沿线电源(区域变电站或主变电站)的分布情况不同,因此电源向牵引变电所供电的接线方式可有多种,一般可分为环形供电接线、双边供电接线、单边供电接线、辐射形供电接线四种基本类型(图7-6),向牵引变电所供电的接线实际方案通常是这四种基本接线图式的组合。

(1)环形供电接线[图7-6a)]

由两个或两个以上主变电站和所有牵引变电所用输电线连成一个环供电,其可靠度高,当一路输电线和一个主变电站同时停止工作时,只要其母线仍保持通电,就不致中断任何一个牵引变电所的正常供电。但其环路耗材多,投资相对也比较大。

(2)双边供电接线[图7-6b)]

通往牵引变电所的输电线都经过母线连接,由两个主变电站向沿线牵引变电所供电,所以其可靠性稍低于环形供电。用双路输电线供电时,每路均要达到输送功率要求。但供电耗材有所降低,投资相对较节约,但当引入线数目较多时,投资也较大。

(3)单边供电接线[图7-6c)]

由一个主变电站向沿线牵引变电所供电,所以较环形供电和双边供电的可靠性差,但其设备较少,投资较小,适合于城市轨道交通线路一端有电源的情况。为提高可靠性,一般也可采用双回路输电线供电。

(4)辐射形供电接线[图7-6d)]

每个牵引变电所用两路独立输电线与主变电站连接供电,其接线简单,投资最省,但当主降压变电所停电时,将会导致全线停电,从而影响列车正常运行,所以可靠性较低是其最致命的弱点,仅适合于少数城市轨道交通线路成弧形的情况,一般情况下采用较少。

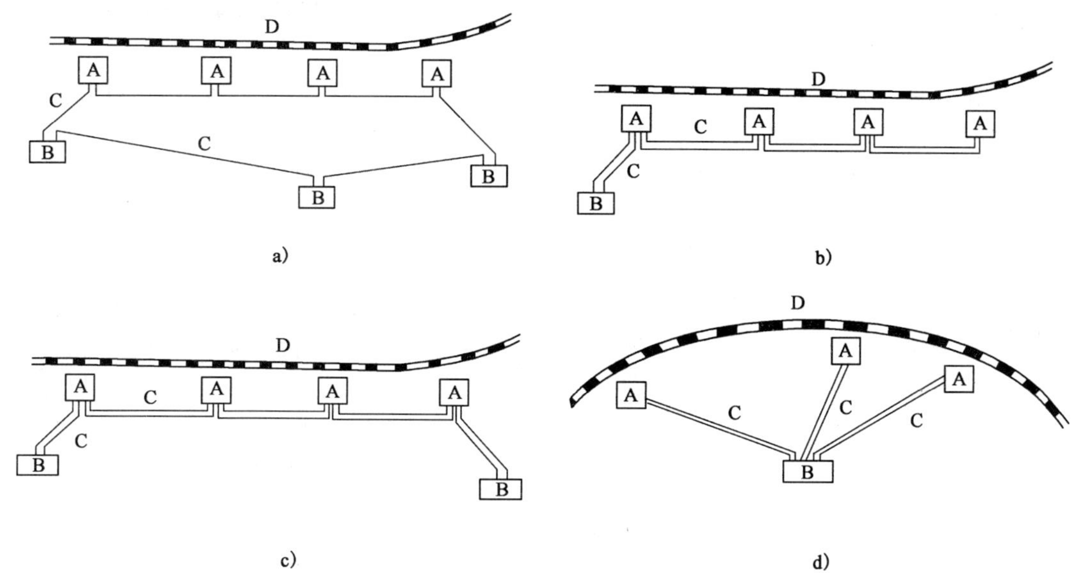

图7-6 向牵引变电所供电的接线方案

a)环形供电接线；b)双边供电接线；c)单边供电接线；d)辐射形供电接线

注：图中符号A-牵引变电所；B-主变电站；C-三相输电线；D-轨道交通线

7.5 电力监控系统

供电系统自身的安全、持续及稳定性对于轨道交通正常运营工作尤为重要，为了满足这一必要条件，须设置电力监控系统。电力监控系统也称SCADA系统，通过对供电系统变电所、牵引网设备运行状况的实时监控和数据采集，以达到调度管理人员及时掌握和处理供电系统的各种事故、报警事件，准确实施调度指挥、事故处理和设备抢修，保证供电的可靠性、安全性的目的。

1)电力监控系统组成

电力监控系统由控制中心电力调度子系统(主站)、变电所综合自动化子系统(被控站)及通信通道三部分构成(图7-7)。

2)电力监控系统主要功能

(1)电力调度控制中心

电力调度子系统包括遥控、遥信、遥测、调度事务管理、供电系统运行情况的数据归档、统计和模拟操作等。

①遥控。实现对变电所高压断路器和电动隔离开关(含接触网隔离开关)及主要0.4kV断路器的单独控制和程序控制。断路器和电动隔离开关的操作具有安全联锁功能。

②遥信。对被监控对象的位置信号、事故信号、预告信号进行实时采集。

③遥测。实现对变电所电流、电压、功率、电能的实时采集，在CRT上显示对极限值进行统计和报警显示。

④遥调。可对主变电所内有载调压变压器进行有级调节，遥调结果在调度终端主接线画面上显示。

⑤数据处理。无故障时进行正常信息处理，包括数据储存、报表生成、统计及打印。当监控系统本身故障时，在监视器及模拟屏上给出声光报警，并自动打印。

⑥各种调度画面显示及调度事务管理，一般事故救援调度及维修。

⑦系统自诊断、自恢复及在线修改。

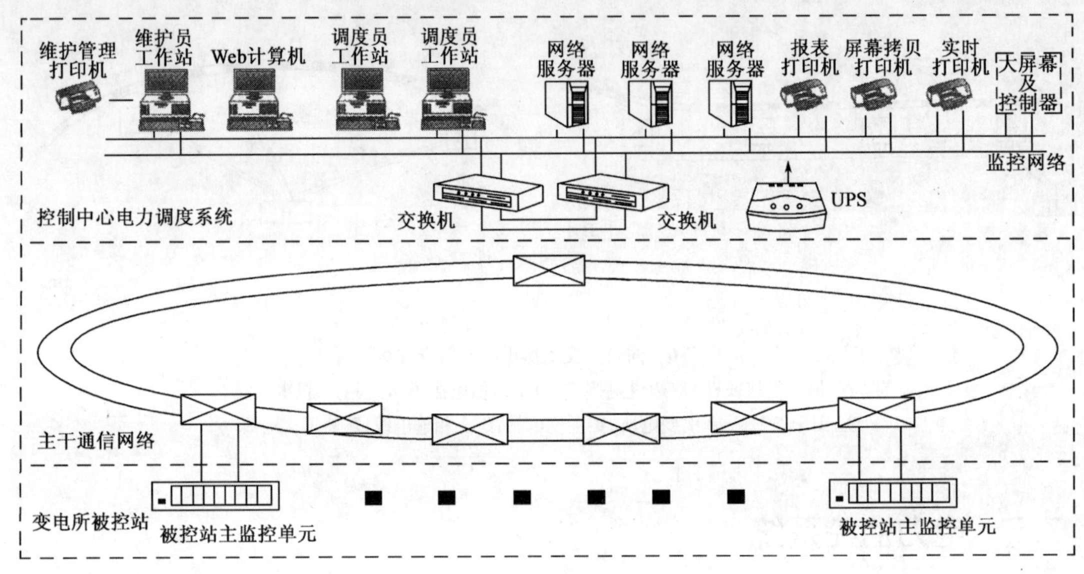

图 7-7 电力监控系统示意图

(2)变电所综合自动化系统

变电所综合自动化系统包括继电保护、自动装置和测量、控制、所内通信、远程通信、系统维护等。其功能具体包括以下几个方面。

①实现变电所各种设备的控制、监视、联动操作以及电流、电压、功率、电能测量、保护等。

②接受综合监控系统或当地维护计算机的控制命令；向综合监控系统或当地维护计算机传送变电所操作、事故、预告信息。

③直接监控不宜装设监控单元的开关设备(如接触网上电动隔离开关)。

④事故、预告信息的液晶显示和音响设备。

⑤变电所系统维护功能，实现对变电所监控网络和监控单元编程、对各监控单元软件的日常维护，对变电所内各种设备的控制、监视、测量数据显示和统计。

⑥系统故障诊断，任何监控单元发生故障，均应报警。

(3)通信通道

电力调度工作主站设在控制中心大楼内，各变电所综合自动化子系统在车站，信息的上传下达主要通过以太网通信通道传送。变电所综合自动化子系统采用集中管理、分散分布式结构，通过所内及远程数据传输和相关动作，完成继电保护、监视控制、自动控制等功能。故变电所综合自动化子系统的通信网络一般采用以太网或以太网与现场总线并存模式。

本章小结

牵引供电系统是城市轨道交通系统中最重要的基础能源设施,其作用是为城市轨道交通系统中的电动车组及其他各种用电设备提供动力电源及照明电源,确保城市轨道交通列车、设备系统及照明工作的正常运行。

本章介绍了城市轨道交通供电系统的组成及技术要求;讲述了城市轨道交通供电系统的主要设备组成及技术指标;分析了牵引变电所供电的接线方案基本形式及特点;同时对电力监控系统的作用、构成及功能也进行了概要性小结。

练习题

1. 简述城市轨道交通供电系统的组成及技术要求。
2. 城市轨道交通供电系统包括哪些主要设备? 各设备有何功能及具体要求?
3. 架空式接触网由哪几部分组成? 支持及悬挂装置包括哪些部件? 接触导线为何沿线路呈"之"字形设置?
4. 牵引变电所供电的接线方案分哪几种? 各有何特点?
5. 电力监控系统包括哪几部分?
6. 电力控制中心主要功能包括哪些方面? 变电所综合自动化包括哪些主要内容?

参考文献

[1] 顾保南,叶霞飞. 城市轨道交通工程. 武汉:华中科技大学出版社,2009.
[2] 范文毅,殷锡金. 城市轨道交通车站设备. 北京:中国铁道出版社,2000.
[3] 周顺华. 城市轨道交通设备系统. 北京:人民交通出版社,2009.
[4] 林瑜筠. 城市轨道交通运输设备. 北京:中国铁道出版社,2008.
[5] 阎国强,仇海兵. 城市轨道交通概论. 北京:人民交通出版社,2010.
[6] 彭辉. 城市轨道交通系统. 北京:人民交通出版社,2008.
[7] 张伟. 城市轨道交通概论. 成都:西南交通大学出版社,2010.
[8] 李建国. 城市轨道交通系统概论. 北京:机械工业出版社,2009.

◁第 8 章　城市轨道交通防灾报警系统

【本章概要】

1. 城市轨道交通中可能发生灾害的种类；

2. 火灾自动报警系统(FAS)的组成及基本原理；

3. 消防专用设备的种类及作用原理；

4. 地震灾害防护设计、水灾害防护设计、杂散电流防护设计、列车速度自动控制系统设计。

【关键词汇】

灾害;自动报警;地震;火灾;水灾;杂散电流

8.1　概述

城市轨道交通中可能发生的灾害主要有火灾、水灾、风灾、雷击、地震、杂散电流引发的腐蚀、施工诱发环境灾害及行车事故等。对雷击、地震、杂散电流引发的腐蚀、施工诱发环境灾害及行车事故等很难事先报警,只能在设计时采取预防措施,以提高运行的可靠性和安全性。对水灾、风灾在进行防灾设计的同时,一般可直接接收有关部门的预报信息,不另设城市轨道交通专用的报警系统。而在城市轨道交通各类灾害中,火灾发生的几率高、危害大且损失严重,一般在防灾报警设计中都将其作为主要防范对象。在城市轨道交通中防灾报警系统通常都特指火灾自动报警系统。

8.2　FAS 的组成及基本原理

1)FAS 的组成

FAS 一般由传输网络、消防电源、火灾探测器、报警装置、控制中心、防灾通信设施、灭火设施组成。传输网络宜采用独立的光纤环形网络,网络节点间的光纤宜与通信系统统一敷设。系统应设有主电源和直流备用电源。系统的主电源应按一级负荷供电,由两个独立的电源在防灾控制室进行自动切换。直流备用电源宜采用火灾报警控制器内的专用蓄电池。系统接地宜采用共用接地方式。

FAS 主要设置在各车站站厅、站台、区间隧道、车辆段(停车场)、一般设备用房和管理用房等处所,由中央监控管理级、车站(车站与车辆段)监控管理级和现场控制级三级组成。FAS

应具有可靠性、实用性、先进性、经济性，并应符合国家现行的有关强制性条文的规定。

2）FAS 报警基本原理

FAS 报警及控制过程结构图如图 8-1 所示，FAS 自动捕捉火灾监测区域内火灾发生时的烟雾或热气，发出声光报警，通过输出接点控制自动灭火系统，启动消防灭火设施及防烟排烟系统，及时控制和扑灭火灾，防止火灾发展和蔓延；同时启动防灾广播、照明，以便于组织人员撤离，使得损失最小化。

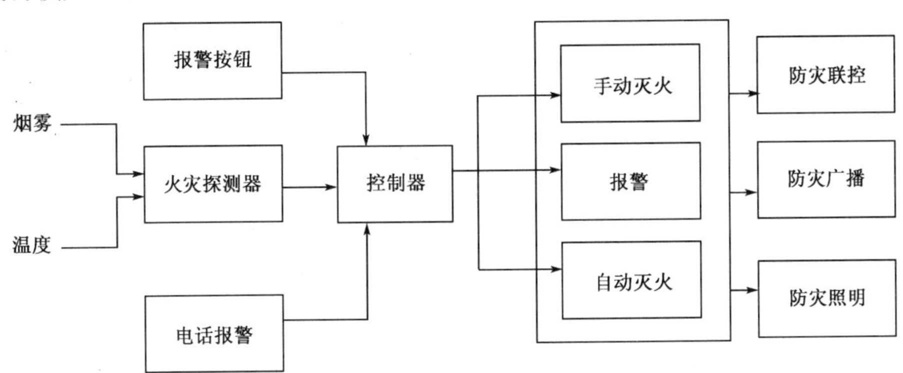

图 8-1　防火报警系统

该系统在发生火灾而探测器失灵或火警线路发生故障时，为了确保迅速、准确、及时得到反应及快速救援，也可通过安装在现场的手动报警器或火灾报警电话直接向控制器发出报警信号。

目前，一般采用计算机对整个车站内多而散的建筑设备实行检测、监视和自动控制，火灾自动报警的检测、报警及灭火控制各子系统之间可以互通信息，也可独立工作，实现最优化的管理，从消防角度来看，FAS 应贯彻“预防为主、防消结合”的方针，及时发现并报告火情，控制火灾的发展，尽早扑灭火灾，确保人身安全和减少社会财产的损失。为此，急需提高对火灾的监测、报警和灭火控制技术以及消防系统的自动化水平。

随着科技进步和生产发展，微电子技术、检测技术、自动控制技术和计算机技术迅猛发展并广泛应用到消防技术领域，使火灾探测与自动报警、消防设备联动控制、消防通信调度指挥、火灾监控系统和消防控制等技术取得了突飞猛进的发展，逐步形成了以火灾探测与自动报警为基本内容，具有一定自动化和智能化管理控制水平的智能防火系统。

智能防火系统先进的火灾探测技术和独特的报警装置的高分辨能力不单能报出特定火警所在的位置和区域，还能进一步分辨出报警装置的具体位置、类型以及本区域消防系统的处理方式等，从而有助于更正确地进行消防工作。此外，智能防火系统还可使城市轨道交通区间及车站内灯光、照明、配电、音响与广播、电梯等装置，通过中央监控系统实现联动控制。智能防火系统实现了将火灾消灭在萌发状态，从而最大限度地减少火灾危害及损失。

3）火灾自动报报警设备及功能

（1）火灾探测器

①火灾探测器的功能

报警分为自动和手动两类。手动报警采用手动报警按钮或电话向控制室报警，自动报警采用火灾探测器向控制室报警。探测器(探头)是指用来响应其监控区域由火灾产生的物理和化学现象的探测元件。探测器不断向监视现场发出巡测信号,监视现场的烟雾浓度、温度等,并由探测器不断反馈给控制器。控制器将探测器返回的代表烟雾浓度或温度的电信号与控制器内存的现场正常定值进行比较,判断并确定是否发生火灾。当确认发生火灾时,控制器首先向火灾现场发出警铃和电笛报警,并启动远程声光报警系统,同时显示烟雾浓度、火灾区域地址编码,并打印报警时间、地址等。与此同时,火灾发生区域的相邻区域也发出报警信号,各相应疏散指示灯及疏散路线指示标示设施闪烁,以达到火灾发生后迅速、及时、有序救援及损失最小化的目的。探测器断电重启可使报警复位。

②火灾探测器的类型

依据待测的火灾参数可以将探测器分为感烟式、感温式、感光式火灾探测器、可燃气体探测器以及烟温光复合式火灾探测器。最为广泛使用的是前三种形式的探测器,其不同类型的传感器对不同的火灾参量进行响应,并将信号送到火灾报警控制器。

a. 感烟式火灾探测器。感烟式火灾探测器是能对可见的或不可见的烟雾粒子响应的火灾探测器,它是将探测烟雾浓度的变化状况转换为电信号以实现报警目的,其具有稳定性好、误报率低、寿命长、结构紧凑等优点,已得到广泛的应用。

根据探测器内灵敏度需求,感烟探测器可分为高、中、低三级灵敏度,以适应不同的防火要求,在地下车站应该采用高灵敏度探测器,其减光动作率一般为10%。感烟式火灾探测器适宜安装在发生火灾后产生烟雾较大或容易产生阴燃的场所;不宜安装在平时烟雾较大或通风速度较快的场所。

感烟式火灾探测器的类型有离子感烟式、光电感烟式和激光感烟式三种形式。离子感烟式探测器(图8-2)可使局部空气成电离状态,当烟粒子进入电离化区域时,利用空气的导电性发出警报;光电感烟式探测器(图8-3)利用起火时产生的烟雾能够改变光的传播特性这一性质而进行火灾探测并发出警报;激光感烟式探测器(图8-4)通过对警戒范围内某一线状窄条周围烟气参数响应进行探测并发出警报。

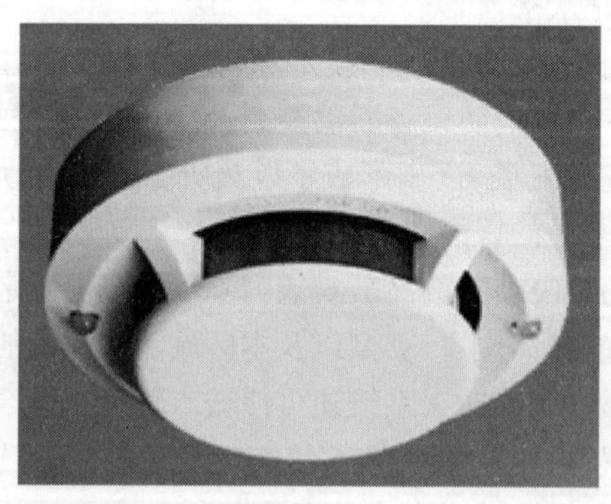

图8-2 离子感烟火灾探测器

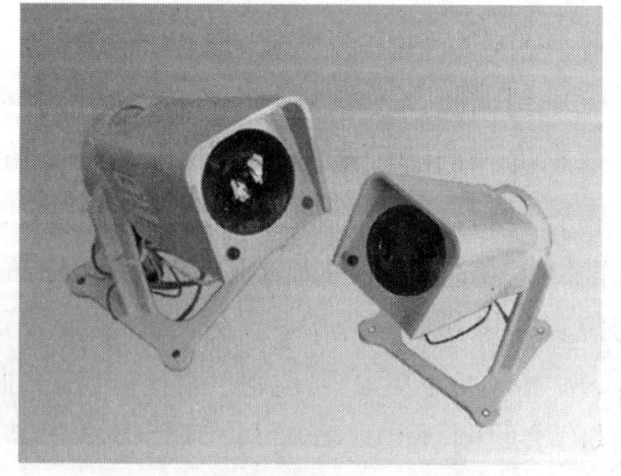

图8-3 光电感烟火灾探测器

b. 感温式火灾探测器。感温式火灾探测器是对警戒范围中某一点或某一线路周围将温度变化转换为电信号以达到报警目的的火灾探测器。感温式火灾探测器分为点布型和线布型两种,其中以点布型居多。感温式火灾探测器的主要类型有定温式探测器、差温式探测器和差定温式探测器等。

感温式火灾探测器的安装原则主要是适宜安装于起火后产生烟雾较小的场所，平时温度较高的场所不宜安装感温式火灾探测器。探测器设置要点为：火灾探测区域一般以独立的房间划分，探测区域内的每个房间内至少应设置一只探测器；在敞开或封闭的楼梯间、消防电梯前室、走道、坡道、管道井等场所都应单独划分探测区域，并设置相应探测器；探测器的设置一般按保护面积确定，每只探测器的保护面积和保护半径的确定要考虑房间高度、屋顶坡度和探测器自身灵敏度三个主要因素的影响。

c. 感光式火灾探测器。感光式火灾探测器主要基于在火灾刚发生时，即初燃生烟阶段就能根据被测空间光亮度的变化自动发出火灾报警信号，以期将火扑灭在未成灾害之前。

此外，为了确保防止火灾和爆炸的发生，车站还设有可燃检测器（图 8-5）。该装置主要用来检测是否有可燃气体泄露，防止火灾和爆炸的发生。该类装置在化工和家庭安全中已得到了广泛使用。

图 8-4　激光感烟式探测器

图 8-5　可燃检测器

③火灾探测器的设置地点

控制中心楼的各种设备机房、配电室（间）、电缆通道、电缆竖井、电缆夹层、走廊、会议室、办公室、控制室及其他管理用房应设置火灾探测器。

地下车站的公共区、人行通道、各种设备机房、配电室（间）、电缆通道、电缆竖井、电缆夹层、走廊、办公室、控制室及其他管理用房应设置火灾探测器。

地面和高架车站的各种设备机房、配电室（间）、电缆通道、电缆竖井、电缆夹层、控制室及其他重要管理用房应设置火灾探测器。

车辆段（停车场）的停车库、检修库、变电所、存储可燃物品的库房、信号楼、重要文件档案室应设置火灾探测器。

此外，在车站的走廊、站厅层公共区、站台层公共区，控制中心的走廊等公共区，地下区间隧道、超过 60m 长的行人通道，以及车辆段（停车场）等所有设置火灾探测器的建筑物内，均设置手动报警按钮。

④火灾探测器的布设

为了既保证城市轨道交通运行环境的安全，又经济合理避免资源浪费，除正确选定火灾探测器的类型外，还应对火灾探测器安装位置及数量进行具体筹划。

火灾探测器的布置，其关键是满足区域保护。即不能有探测盲点，以影响防火的效果。在布置火灾探测器的点位时，要根据被保护空间面积和探测器报警有效范围进行合理安排。一个探测区域内所需设置的探测器数量可按下式计算：

$$N > \frac{S}{KA} \tag{8-1}$$

式中：N——一个探测区域内所需设立的探测器数量；

S——一个探测区域的面积，m^2；

A——单个探测器的保护面积，m^2，一般建筑物高度 8m 以下时，感烟探测器的保护面积为 $60m^2$；

K——安全系数，重点保护建筑及火灾危险性较大的区域取 0.7～0.9，普通保护建筑取 1～1.2。

(2)火灾自动报警控制装置

①控制装置的作用

控制装置是火灾报警系统的心脏，是分析、判断、记录和显示火灾的部件。控制系统分为自动报警—人工消防（简称“手动灭火”）和自动报警—自动灭火（简称“自动灭火”）两种类型。前者通过模块实现；后者通过开关、连接线和继电器实现。

对于“手动灭火”系统，在监测区域内的火灾报警器上发出报警信号，同时在消防中心显示发生火灾区域的代码，消防人员根据报警情况，采取消防措施。

对于“自动灭火”系统，当发生火灾，监测区域内的火灾报警器上发出报警信号的同时，在消防中心显示发生火灾区域的代码，并在火灾报警控制器的作用下，自动启动灭火系统或灭火设备，对发生火灾设备自动喷洒灭火剂进行消防灭火。在消防中心的报警器上附设有直接通往消防部门的电话。消防中心在接到报警信号时，立即发出疏散通知，开启紧急广播系统和消防泵等自动防火设备。此外，火灾一旦发生，控制装置在实施自动灭火的同时，还会自动切断所有可能有助于火灾蔓延的工作设备，如与报警区域有关的空调机、通风机等设施的电气线路，停止所有有碍于灭火的设备工作，如关闭各类管路的防火阀，同时接通消防专用设备的工作电路，启动有关消防设备，如排烟风机、防烟垂壁、管道排烟阀等，关闭电动防火门、防火卷帘门，接通火灾事故照明灯，疏散标志灯，向电梯控制屏发出信号并强制使全部电梯下行并停于层底，停用除消防电梯以外的所有电梯。

②防灾报警系统控制级别

在城市轨道交通系统中，防灾报警系统在城市轨道交通中央控制中心设置消防指挥中心，在各个车站、车辆段和主变电所等处设置防灾控制室作为车站级消防控制中心。防灾报警系统控制包括中央监控系统、车站监控系统和现场监控系统三个层次。

中央级监控主要监视城市轨道交通全线各车站、区间隧道、控制中心大楼、车辆段和主变电所等下属所有区域的火灾报警、消防联动和故障情况，在火灾发生时承担全线防灾指挥中心功能。中央控制室包括模拟图形显示终端等，功能同车站级模拟图形显示终端。

车站级监控主要有监视、报警、控制以及其他系统的联动。车站级火灾监控与报警控制器随时监控和接受各探测点的报警信号，可发出声光报警信号，并能自动或手动执行对有关消防设施的联动控制。模拟图形显示终端按照车站建筑平面分级、分区显示本站系统的详细信息，并能够实时打印输出各种有关数据报告。视频传输系统在车站站台、站厅等公共场所安装全方位的监视器，实时收集站内的视频信息，并反映到值班室的闭路电视监控器上，由值班人员进行监控和处理。

现场级监控主要是指火灾监控与报警设备的具体功能，这些设备主要有火灾传感器、手动报警器、感温电缆和紧急电话插孔等。用于对站内设备用房、站厅、站台旅客区、设备用房区域、列车及消火栓箱等进行火灾自动探测。

在以上三个级别的监控系统中，中央监控系统对分控制中心每个空间的智能单元既可进行集中式控制，又可进行分散式控制；可以由中心计算机设定工作程序并组成协调工作网络进行管理，也可以通过计算机联网实施远程操作。

城市轨道交通消防报警系统是以智能区域控制器为核心的若干个车站火灾报警系统单元而组建成的智能型系统（图8-6）。该系统各个车站火情识别与报警可采用自动识别与报警，也可手动报警，各区域报警系统由控制中心集中管理，一旦出现火情，控制中心可依据火情发生源的火情等级及所属区域状况统一协调指挥灭火。该系统可以实现集中联动控制，也可授权分控。

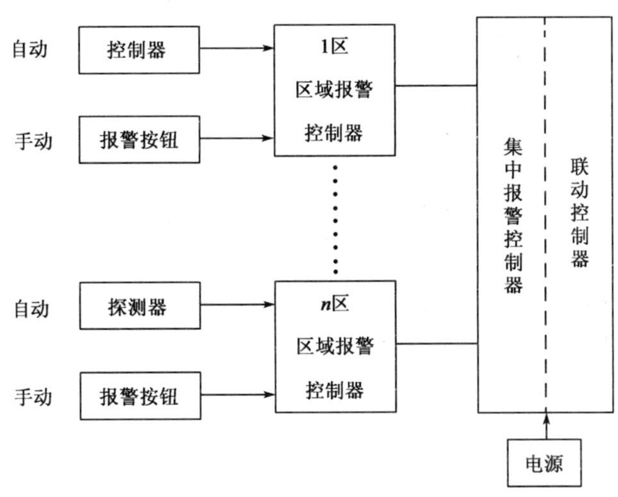

图8-6　控制中心报警系统

③控制装置的设置要求

控制中心的FAS控制装置应设在全线的中央控制室内。车站FAS控制装置宜与机电设备监控等系统同设于车站控制值班室内。FAS系统的专用面积不应小于8m^2，在该区域内严禁与其无关的电气线路及管线穿过。车辆段（停车场）的FAS控制装置宜设于信号楼的调度值班室内，其他要求同车站的FAS控制室。

4）防灾通信

防灾通信包括有线电话、无线电话、防灾应急广播、电视监控。

①有线电信

有线电话包括防灾调度电话、消防对讲电话和报警外线电话。

全线防灾调度电话应在控制中心设调度电话总机，在各防灾控制室、防灾直线管理部门应设调度电话分机。在防灾控制室应设对讲电话总机，变配电值班室、消防泵房、防烟及排烟风机房、设置气体自动灭火装置的房间门外、气体自动灭火钢瓶间等与防灾、救灾直接相关的场所,应设置对讲电话挂机。手动报警按钮和消火栓按钮处宜设置对讲电话插孔。控制中心、车站和车场的防灾控制室应设可直接向消防部门报警的外线电话。

②无线电话

无线电话包括控制中心和车站防灾控制室设置的与列车司机对讲的无线电话。

③防灾应急广播

防灾应急广播一般与车站公共广播合用。当火灾发生后自动强切转入紧急广播状态,并做全音量广播,现场一般应配置有耐火性能的扬声器。

④电视监控

防灾系统与行车调度等一般共用一套电视监控系统。

5)消防设施

消防专用设备主要有消火栓设备、喷洒水设备、卤化物灭火设备、室外消火栓设备、消防泵及管路电动阀等。

(1)消火栓系统

车站及地下区间隧道内设消火栓灭火系统,该系统主要供给车站、区间隧道的消火栓用水。消火栓灭火系统是最常用的灭火方式。消火栓灭火系统由蓄水池、加压送水装置(水泵)、管路及室内消火栓等主要设备组成。在采用消防水泵时,在每个消火栓内设置消防按钮,其按钮的触点是常开触点,但通常被按钮盖的玻璃面板压迫成闭合状态。当火灾发生时,用备用的敲击锤打破消火栓箱内或近旁的消防按钮面板玻璃后,立即启动加压泵,并向消防中心和就地报警区指示灯发出声光报警,此时,消防水由加压泵,经过消防水龙带喷出,起到灭火作用(图8-7)。

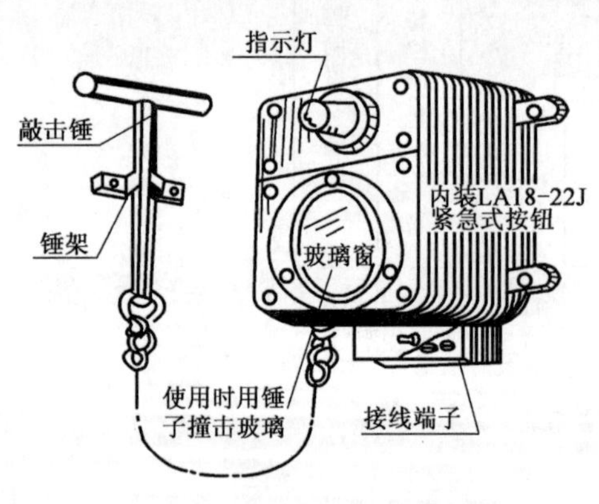

图8-7　消防水泵系统示意图

为了保证消防效果,车站消火栓间距不大于30m,消火栓箱内增设一套软管卷盘。在消火栓管网上,每隔五个消火栓设蝶阀一只,一般在车站两端与区间连通管处设蝶阀。地下车站消火栓泵的增压范围为本站及两侧相邻区间。区间隧道的消火栓间距为45m,不设水带及水枪。

地下车站和地下区间的消火栓旁设水泵启动按钮,所有车站的消火栓旁均设报警按钮。地下车站消火栓给水系统在地面适当地点设水泵接合器。水泵接合器宜设在出入口或风亭附近,其数量根据室内消防水量确定,并在15~40m内应有相配套的室外消火栓。

(2)自动喷水灭火系统

在地下车站站厅、站台层公共区以及长度大于100m的出入口通道,均设置自动喷水灭火系统。自动喷水灭火系统分为湿式和干式两大类,主要由水源、加压送水设备、报警阀、管网、火灾探测器及喷头等组成。喷头是直接喷水灭火的组件,其形式有闭式、开式和专用喷头三种。

湿式系统的自动喷水过程由玻璃喷头动作后完成。当发生火灾时,装有热敏液体的玻璃球由于受热，因压力增加而爆裂，密封垫脱开，喷出压力水，同时，压力开关动作，将水压信号变为电信号启动喷水水泵保持水压。喷水水流接通水流开关，其浆片随水流动作，接通延时电路，发出电信号给控制中心，以辨认发生火灾的区域。整个湿式自动喷水系统组成如图 8-8 所示，其中喷头外形如图 8-9 所示。

干式系统的工作原理基本上与湿式系统相同，不同之处在于干式系统平时管道内不充水，适用于寒冷地区有冰冻的场所。

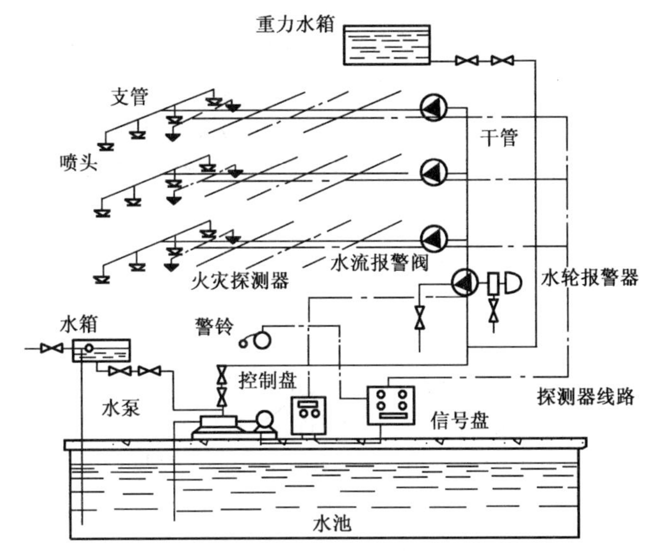

图 8-8　湿式自动喷水系统示意图

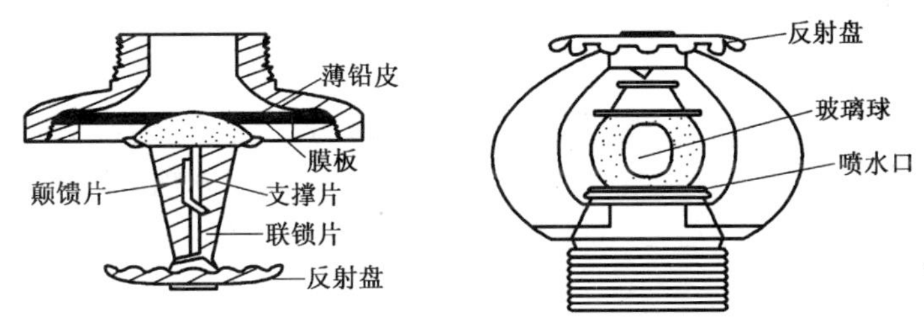

图 8-9　喷头外形图

(3) 气体灭火系统

地下车站的变电所、通信设备室、信号设备室、环控电控室、公共无线引入室等重要电气设备用房均设气体全淹没自动灭火系统。对于气体灭火剂存在多种选择，如 1301、FM－200、CO_2 及细水雾等，可根据它们各自灭火原理及物理化学等特性进行比较。

以上消防专用设备应根据城市轨道交通不同部位的环境条件、器材安装、设备特点等要求，选择相应的灭火系统和器材。消防系统的配置要有针对性。一般在车站的公共区，要以消火栓系统为主，整个车站应覆盖在消火栓的保护范围下。在车站的设备用房，由于仪器众多，设备复杂，在此类相对封闭的区域要以气体灭火系统为主。在车站的站厅、站台层及设备用房内应设手提式灭火器。车站管理用房、设备用房多采用干粉灭火器，站厅、站台的共用部位常常采用泡沫灭火器,其配置按《建筑灭火器配置设计规范》(GB 50140—2005)要求计算。在区间隧道中要沿线布设消火栓灭火系统,条件允许时还可在区间隧道加装移动式灭火系统,移动式灭火系统宜采用泡沫灭火器。

8.3 设备监控系统

楼宇自动化系统(Building Automation System,简称 BAS),是智能建筑的主要组成部分之一, BAS 是采用计算机及其网络技术、自动控制技术和通信技术组成的高度自动化的建筑物设备综合管理系统,具备为整幢建筑物提供节能、照明及工业控制的设备自动化管理功能。BAS 也广泛应用在城市轨道交通系统中,被称为设备监控系统。

8.3.1 车站 BAS

1)车站 BAS 简介

该系统能对地下车站的机电设备进行运行监视,并通过遥控开关可对空调和通风系统按要求进行控制。在火灾发生的情况下,系统可接受消防报警信号,使车站的空调和通风设备按火灾工况运行。整个系统由微处理器进行监测和控制;系统的控制要求和参数,可在键盘上输入,也可以通过键盘命令,直接对设备进行控制;系统的运行情况可在终端进行显示,并由打印机打印记录。

2)车站 BAS 的设备组成及其功能

车站 BAS 设备由以下各类设备组成:分站控制器、区域控制器、计算机、打印机、温度传感器、湿度传感器。

(1)分站控制器

每个车站在不同的环控电控室或环控机房内会各设置一台分站控制器,分别监视控制所属设备,包括空调通风系统、各种水泵和风机。几个分站之间用同轴电缆相连。每个分站控制器上有两个微处理器,其中一个管理控制器间的通信,另一个管理数据处理工作,分站控制器上驻留有控制管理程序。

(2)区域控制器

当所控制的设备离分站控制器较远时,可就近设置区域控制器,对其附近的设备进行监视和控制。

(3)计算机及打印机

BAS 的设备控制中心设置在车控室中,和消防报警设备布设在一起,并配置带键盘的终端及高速打印机各一台。主要打印报警及累积检测资料等。BAS 的计算机、打印机和消防报警系统的打印机放在一个工作台上。终端和环控电控室的主分站控制器相连。

(4)温、湿度传感器及检测控制设施

站台、站厅空调通风系统等每个系统在新风口处设置温度和湿度传感器,以检测大气的温度和湿度,在空调箱表冷器后设置温度检测器。在除湿季控制露点温度,在回风管中设置温度和相对湿度传感器,监视车站内环境温度、湿度。这些检测器均和相应的分站控制器直接相连，测量值均传送至分站控制器，分站控制器对这些数据进行计算和分析。根据计算结果，对空调通风系统的风阀和冷冻水间进行控制。

8.3.2　火灾工况下的控制

消防报警的联动及车站的火灾工况控制占据了BAS自身系统大量重要工作。如BAS系统中编制火灾工况软件，在火灾工况时，系统自动关闭或开启相应风机以利于排风流通等。当车站发生火灾时，由消防自动报警系统向设备控制系统发出火灾报警信号，报警信号转换成不同的火灾控制模式，每种信号指示本系统完成指定的设备控制工作；本系统执行完设备控制的任务后，向消防自动报警系统发出执行完成信号。以下重点介绍BAS系统在火灾工况下的车站防火区划分、动作原则及执行过程。

(1)火灾工况区域的划分

在地下车站里，按火灾发生的部位，一般将整个车站分为多个防火区域，对应的消防报警系统、BAS系统也有对应的火灾工况，对不同的车站有不同的分割方法，因此不同的车站有不同数量的火灾工况区域，这是由车站构造决定的。平时对车站进行消防检查时，都要在BAS系统上对每个火灾工况进行检查，确认各个所控设备动作完好。

(2)火灾工况时BAS的动作原则

在火灾发生时，车站内的BAS在对所控风机、风阀等自动动作，起到隔绝大火蔓延、排烟等作用。

(3)火灾工况时BAS的执行过程

当车站发生火灾时，BAS即刻接受消防报警系统传来的信号，并立即执行系统的火灾工况软件，根据软件自动调整系统环控设备状态，以隔绝火势。

具体执行过程如下：当车站内某个区域发生火灾时，该区域内消防报警系统的烟感探头会马上报警，这时车控室内的消防报警系统会显示火灾发生区域，模拟屏上该区域的指示灯亮，同时消防报警系统把火灾信息传递给BAS。在BAS的计算机显示器会显示醒目的红色报警，标明火灾工况区域。当操作人员看到报警信息时，马上进入火灾工况屏幕，确认火灾发生地点，这时，BAS立即执行火灾工况软件，自动关闭或开启系统所控的风机、风阀。当一切执行完毕后，该屏幕中会显示一切动作完成。同时，BAS会发送信号给消防报警系统，并表明执行完成。在火灾情况过后，操作人员须手动将风机、风阀复位。

为保证BAS在发生火灾时正常发挥良好作用，在日常工作中，车站值班人员需经常仔细检查设备，发生故障及时报修，确保车站内环控设备完好、操作完好；确保车站内继电器柜、抽屉柜完好；使车站内BAS所控设备处于自控状态；FAS及BAS处于关联状态。还需各类相关专业人员如环控、低压配电、自控人员相互配合，确保本专业设备完好。从而保障在发生火灾时，及时使相应设备投入运行，以减少火灾损坏，甚至消灭火灾隐患。

为了“防火于未燃”，增强交通设施的抗灾功能，城市轨道交通宜选择钢筋混凝土结构；合理选择不燃、难燃或经阻燃处理的装修材料；合理选择出入口的位置和数量。城市轨道交通系统在进行防火保护时，还需要考虑到以下几方面：

①两条隧道之间应设联络通道。

②钢结构要进行防火保护处理，以提高其耐火能力。

③地铁车站、隧道、站厅安装消防设施、通风及排烟设施。

④对于自动报警系统、火灾疏散指示和防灾救护设施,应定期进行消防设施检查与维护管理。

8.3.3 地铁环境控制中 BAS 应用

随着自动化技术在城市轨道交通中的的广泛应用,BAS 从无到有,并得到了极大的普及与发展。如广州地铁 1 号线,全长 18.6km,该线共有 14 个地下车站、2 个地面车站和一座地铁控制中心(OCC)大楼,该线采用了美国 CSI 公司的 I/NET2000 车站设备监控系统,对全线地铁车站机电设备及环控设备进行集中监视、控制及管理,并对全线车站的扶梯、给排水设备、应急电源进行监视报警。地铁环控系统设备的运行,极大地保障了地下环境的安全与舒适。

地铁环境控制系统具有复杂性和特殊性,对车站设备监控系统的控制要求往往同一般楼宇自动化系统区别很大,在硬件的配置和软件功能上有其特殊的要求,要根据地铁的实际情况,合理配置系统,完善系统功能,最大限度地提高地铁环境控制系统的自动化水平。

8.4 其他灾害的防灾设计

(1)抗震防护设计

当发生地震时,常常会给城市轨道交通系统带来巨大的破坏。对地铁车站和区间隧道的破坏形式为中柱、顶板开裂、坍塌以及侧墙开裂;对轻轨运行的高架桥破坏的形式主要表现为支座锚固螺栓拔出剪断、活动支座脱落或者支座本身构造上的破坏。

1995 年 1 月 17 日,日本阪神地区发生 7.2 级地震。由于原有设计中均没有抗震设计,造成地铁系统严重破坏,许多车站地震前后其结构发生严重变形。神户有 466 个地铁车站顶板开裂、坍塌,部分区域侧墙开裂,区间结构柱遭到严重破坏,地铁因此而停运。因此,城市轨道交通系统主体设计的同时进行抗地震防护设计非常有必要。地铁与轻轨抗地震防护设计中设计理念要达到“大震不倒,中震可修,小震可用”,设防的烈度应达到或高于《中国地震烈度区划图(1999)》中该区域的烈度。同时要考虑以下几个方面因素并做好技术防护:地震时地基下层土和结构的变形;结构自重产生的惯性力;地震时的土压力;地震时的动水压力等。

(2)水灾的防护

夏季暴雨时需特别注意防渗水设计和防洪涝积水回灌。城市轨道交通水灾防护设计应遵循“以防为主、防排结合、因地制宜、综合治理”的原则;地下车站和隧道的防水工程,严格按照地下铁道工程设计施工验收规范设计施工(地下工程防水等级标准见表 8-1)。地铁车站和机电设备集中地段的防水等级为三级及其以上。为了防止雨水向车站回灌地铁,车站出入口及通风亭的门洞下沿应高出室外地面;在地铁车站、区间隧道设置足够的泵房及相应的设备;位于水域下的区间隧道两端应设电动、手动防淹门等。

(3)杂散电流的防护

城市轨道交通牵引供电系统利用走行轨作回流网,来自列车接触网(第三轨)的部分直流电流,会产生杂散电流从钢轨泄漏至道床结构、车站、隧道和其他管线,并会对地下管道、电缆、轨道交通内部及附近金属结构造成严重的腐蚀破坏。因此,必须对杂散电流加以特别防护。

地下工程防水等级标准　　表 8-1

防 水 等 级	渗 漏 标 准
一级	不允许渗漏水,围护结构无湿渍
二级	不允许渗漏水,围护结构允许有少量或偶见湿渍
三级	有少量漏水点,不得有线流和漏泥沙,实际渗漏量 $<0.5L/(m^2 \cdot d)$
四级	有漏水点,不得有线流和漏泥沙,实际渗漏量 $<2L/(m^2 \cdot d)$

杂散电流防护的方法包括“堵、排、测”三方面。所谓“堵”,就是隔离、控制所有可能的杂散电流泄漏途径,减少杂散电流进入城市轨道交通系统的主体结构、设备及沿线附近的相关设施。所谓“排”,就是利用杂散电流的收集及排流网系统(为杂散电流从钢轨上泄漏后遇到的第一道电阻较小的回流通路),将杂散电流尽量限制在本系统内部,防止杂散电流继续向本系统以外泄漏。所谓“测”,就是设置完备的杂散电流监测系统,监测杂散电流的大小,实现对整体道床结构钢筋以及隧道阳高架结构钢筋的极化电位进行实时监测,对测量的数据进行分析处理,并能够打印出分析结果,为运营维护提供依据。

杂散电流的防护还应注意接地设计。城市轨道交通线路各车站综合接地网一般通过接地扁钢、电缆金属铠装,使全线形成统一的高低压兼容、强弱电合一的接地系统。此外,将管片钢筋焊接连通成等电位体;固定设备,均采用打膨胀螺栓解决;在预留螺栓孔中设遇水膨胀密封垫圈;管片连接件、外露件,均镀锌处理;结构表面做防水防腐涂层;消防管道防迷流;塑料绝缘管,橡胶隔震装置;设畅通的轨回流线路,道床设杂散电流收集网,这些具体措施均有助于杂散电流对相关设施腐蚀及破坏作用的防护。

(4)列车行车事故防护

城市轨道交通列车常常因为超速而引起列车冒进、追尾、冲撞、脱轨等行车事故的发生,即使突发性供电触网跳闸故障或其他设备故障,以及偶发性的卧轨自杀人员干扰等,也往往造成列车突然停驶及诸多列车运行中断等事件的发生。列车行车事故防护主要可通过强化防控技术加以实现。目前,较为成熟的防控技术当属列车速度自动控制系统 ATC,它自动提供给司机一个最科学合理的连续允行速度曲线。当列车行驶速度超过允许速度,刹车设备自动强制其减慢速度,该系统通过自动控制列车速度,可避免诸多事故的发生,保障行车安全。目前使用 ATC 的路线日益广泛,主要有日本东海道新干线(ATC-NS)、山阳新干线(ATC-1)、东京地下铁银座线(CS-ATC)、东京地下铁千代田线(新 CS-ATC)等十余条地下铁路以及中国内地的上海地铁、深圳地铁等。ATC 系统相关设施包括自动列车停止装置(ATS)、自动列车运行装置(ATO)、自动列车警报装置(AWS)、调度集中系统(CTC)、通信式列车集中控制装置(CBTC)、定位置停止装置(TASC)等。其组成及原理参见第 5 章相关内容。

除 ATC 系统外,通过进一步强化和完善智能监控预警系统的功能,尤其强化各项设施的自检与互控能力,以及进一步规范工作人员工作操作程序,均可为列车安全运行提供全方位的多重保障。此外,针对各种可能发生的突发事件,科学制定轨道交通运营突发事件应急预案,通过高效有序的事故应急处置与救援、事后运营恢复等工作的落实,可达到降低事故损失,并保证城市轨道交通迅速、有序恢复正常运行的良好态势。

本章小结

城市轨道交通中可能发生各种各样的灾害,对于很多类型的灾害及事故等很难事先报警,需要在设计时采取预防措施,以提高运行的可靠性和安全性。而在城市轨道交通各类灾害中,火灾发生的机率高、危害大且损失严重,一般在防灾报警设计中都将其作为主要防范对象进行专项防灾设计。

本章在简要分析城市轨道交通中可能发生的灾害种类特点的基础上,重点对火灾自动报警系统(FAS)作用原理、设施构成、控制方式等做了详细的介绍。此外,对地震灾害防护设计、水灾害防护设计、杂散电流防护设计及列车行车事故防护系统相关内容也做了简要介绍。

练习题

1. 城市轨道交通中可能发生的灾害有哪几种? 分别如何应对?

2. 简述火灾自动报警系统(FAS)作用原理。

3. 火灾探测器的种类有哪些? 哪些地点应设置火灾探测器? 其安装位置及数量依据什么因素进行具体筹划?

4. 在城市轨道交通区间及车站的不同区域,如何选择适宜的灭火系统及器材? 为什么?

5. 在城市轨道交通车站,BAS 包括哪些设备? 这些设备各实现哪些具体功能?

6. 简述地震灾害防护设计、水灾害防护设计、杂散电流防护设计及列车行车事故防护系统的设计要点及注意事项。

参考文献

[1] 何静,司宝华,陈颖学. 城市轨道交通线路与站场设计. 北京:中国铁道出版社,2010.

[2] 顾保南,叶霞飞. 城市轨道交通工程. 武汉:华中科技大学出版社, 2010.

[3] 阎国强,仇海兵. 城市轨道交通概论. 北京:人民交通出版社,2010.

[4] 张劭,陈晓东. BAS 系统在地铁环境控制中的应用及实现. 地铁与轻轨,2003.

第9章 “新型城市轨道交通技术”的研究现状及发展趋势

【本章概要】

1.“新型城市轨道交通技术”研究内容概况；

2.新型城市轨道交通技术设备；

3. 城市轨道交通建设发展趋势。

【关键词汇】

城市轨道交通技术；设备；发展趋势

9.1 概述

依据《国家中长期科学和技术发展规划纲要》的任务要求，我国在“十一五”期间开展了国家科技支撑计划重点项目“新型城市轨道交通技术”的研究。该项目围绕我国社会经济发展和快速城镇化进程中对城市轨道交通的需求，针对城市轨道交通系统存在的主要问题，以建立资源节约型、环境友好型、技术创新型和安全便捷型城市轨道交通模式的关键技术为研究重点，提出我国城市轨道交通系统的发展机制和创新模式，建立基于城市轨道交通的综合交通规划体系，构建城市轨道交通标准体系，研制具有自主知识产权的城市轨道交通运行与控制系统，重点突破中低速磁悬浮交通系统和100%低地板轻轨车等关键技术，为城市轨道交通的规划和建设提供技术支撑，促进我国城市轨道交通行业规范化、有序发展，提高城市轨道交通装备制造业的整体技术水平，带动产业发展。该重点项目包括6个子课题。

1）城市轨道交通技术发展和创新体系研究与示范

（1）研究目标

该子课题的研究目标有：开展新型城市轨道交通技术的应用研究，探讨我国城市轨道交通创新机制和模式，形成城市轨道交通可持续发展的政策体系和建设运营管理模式，促进安全、节能、环保等新技术在城市轨道交通系统中的应用，并结合实际项目，选择1～2个城市开展示范应用，为我国城市轨道交通建设和管理提供决策依据和支撑条件，提高我国城市轨道交通技术水平和综合效益。

（2）研究内容

该子课题的研究内容有：结合依托工程项目，针对城市结构特点、地理特征、自然条件，研究新型城市轨道交通系统设计方法；研究城市轨道交通的技术发展策略、创新体系构架和管理政策;进行城市轨道交通建设与运营管理技术、模式和信息系统的研究与示范;研究城市轨道交通新技术在安全、环保、节能方面的评估标准体系。

2)城市综合交通和轨道交通规划关键技术研究与示范

(1)研究目标

该子课题的研究目标有:建立以城市轨道交通为骨干的城市综合交通规划体系,编制城市综合交通规划与城市轨道交通规划指南,为城市综合交通和轨道交通规划提供决策依据和技术支撑,充分发挥城市轨道交通在城市综合交通体系中的作用,整体提升公共交通网络效益,降低工程造价和城市整体运营成本。选择1~2个城市进行示范试点,总结经验后在全国推广应用。

(2)研究内容

该子课题的研究内容有:以城市轨道交通为骨干的城市综合交通规划方法,城市轨道交通与土地利用的互动关系分析,城市轨道交通客流与运营效益相关问题研究,线路敷设及车站的规划设置,交通枢纽的分布与功能的规划,网络整体效益的提升,城市轨道交通系统在不同城市或地区、不同线路的适用条件、适应范围,以及城市轨道交通制式选择方法和技术。

3)城市轨道交通标准体系和关键技术标准研究

(1)研究目标

该子课题的研究目标有:构建城市轨道交通标准体系,制定新型轨道交通系统主要技术标准和城市轨道交通安全标准,促进城市轨道交通行业规范化发展,为城市轨道交通重大装备国产化提供支撑条件。

(2)研究内容

该子课题的研究内容有:城市轨道交通工程建设和产品标准体系,新型城市轨道交通系统关键技术标准,城市轨道交通运营关键技术标准,城市轨道交通安全关键技术标准。

4)城市轨道交通运行与控制系统研究

(1)研究目标

该子课题的研究目标有:研制出一套满足我国城市轨道交通需要、综合技术指标达到国际先进水平、具有自主知识产权的基于通信的运行和安全控制系统(CBTC 系统),保障城市轨道交通安全、高效运营,为我国城市轨道交通的建设发展提供有利的技术保障。

(2)研究内容

该子课题的研究内容有:CBTC 系统体系结构研究,适用于城市轨道交通车—地大容量双向传输的通信系统、CBTC 系统的新型定位技术、列车自动监控 ATS 系统、车载运行控制系统的研究与开发,地面区域控制中心的研制与开发,计算机联锁系统的研制与开发,实验室城市轨道交通运行和控制 CBTC 系统仿真与测试环境的建立。

5)中低速磁悬浮交通技术及工程化应用研究

(1)研究目标

该子课题的研究目标有:掌握具有自主知识产权的中低速磁悬浮交通系统技术,形成产业的工程化实施能力,达到商业应用的水平,实现磁悬浮交通系统从试验向工程应用的转化,满足城市轨道交通安全性、可靠性、可用性和可维护性等基本要求;形成中低速磁悬浮列车工程化的研发、设计、生产、建设、运营管理以及运行维护体系。

(2)研究内容

该子课题的研究内容有:建成中低速磁悬浮试验示范线,研制实用型的中低速磁悬浮列车。在此基础上,开展中低速磁悬浮交通系统总体技术条件、总体方案优化研究和系统综合集成;进行线路工程的优化与系统实施,研究磁悬浮轨排一次成形的轧制技术;对实用型的中低速磁悬浮列车车辆系统进行轻量化的优化设计和制造,重点突破机械制动和悬浮电源的可靠性问题;解决多支点悬浮的解耦控制及车轨耦合振动等问题,研究提高磁悬浮列车性能的二次系结构优化问题;进行中低速磁悬浮列车运行控制的工程应用研究与配套设备研制;研制高能量密度、静音型的牵引逆变器;进行中低速磁悬浮交通系统的运行维护、性能测试与评估研究;开展中低速磁悬浮列车的新结构和新方案研究。

6)100%低地板轻轨车研制

(1)研究目标

该子课题的研究目标有:结合国内一条现有线路,研制一列五模块铰接的100%低地板轻轨车样车,完成运行考核试验,达到商业化运行水平。

(2)研究内容

该子课题的研究内容有:为实现系统的优化配置,研究100%低地板轻轨车系统集成技术,进行低地板轻轨车辆系统技术条件及标准研究、车辆结构研究、制动系统研究、电气系统研究;开发小外形尺寸的橡胶弹簧、弹性轮、牵引电机、齿轮传动装置、弹性联轴节及车辆制动系统,制造出实用化的100%低地板轻轨车转向架;通过对多模块铰接车体结构的强度、刚度及稳定性研究、车体结构的自振频率研究、车体与转向架之间连接结构的接口强度等研究,研制出实用轻量化的铝合金车体;研究低地板轻轨车的负载特性及牵引控制规律,完成小型轻量化牵引逆变器、辅助电源、试验线新型供电系统及低地板轻轨车试验测试系统研制。

9.2 新型城市轨道交通技术设备及应用状况

城市轨道交通的技术装备是其技术水平的标志,其研制和开发涉及机械、电气、电子、自动化、材料科学等多个领域。技术装备的种类繁多、涉及面广,既有移动设备,又有固定设备,涵盖了车辆、供电、信号、通信、自动售检票、通风、空调采暖、防灾与报警、环保、设备监控、行车综合监控等各种机电和自动化设备。这些设备的技术参数必须合理匹配,使城市轨道交通系统的建设和运营实现高速度、高效益、高效率。

从20世纪90年代建设的上海1号线和广州1号线地铁开始,我国城市轨道交通建设积极学习和采用各国最新技术装备,建成了具有世界一流技术水平的城市轨道交通系统,包括具有综合监控能力的运营调度系统、自动售检票系统、铝合金或不锈钢车体、VVVF(变压—变频)交流传动系统车辆、具有自动闭塞功能和ATC功能的信号系统、数字通信技术、车站屏蔽门系统、集中控制无人值守的供电系统、车站和隧道自动灭火系统以及车站各种先进设备等。

1)车辆

(1)采用交流传动技术

20世纪90年代前,世界各国均采用切换电阻的有级调压调速直流电机系统或采用电力电子控制的无级斩波调压调速直流电机系统。1990 年,GTO(门极可关断晶闸管)元件、IGBT(绝缘栅门极晶闸管)元件出现后,发达国家地铁开始采用直—交变频、变压调速交流电机的交流传动系统。我国从 20 世纪 90 年代开始,除上海 1 号线地铁采用直流斩波调速系统外,新建地铁线、单轨线、轻轨线、直线电机线一般采用 IGBT 模块的交流传动系统。与直流传动车相比,采用交流传动车的用电量能降低 40%;由于采用再生制动,闸瓦用量减少一半以上;车轮磨耗小,延长了车轮更换周期;与直流电机相比,交流电机维修工作量很小。

(2)采用铝合金和不锈钢车体

为了降低自重和减少车体维修工作量,车辆大力采用铝合金和不锈钢车体。与世界各国一样,20 世纪 60 年代北京地铁车辆车体结构采用普通碳素钢。我国新一代的地铁 A 型车辆、单轨车及直线电机车的车体均采用铝合金结构车体;B 型地铁车辆大部分采用不锈钢车体,少部分采用铝合金车体。根据中国铁道科学研究院专家的研究:铝合金车体比不锈钢车体重量略轻(B 型车铝合金车体自重 6 ~ 7t,不锈钢车体重 7 ~ 8t),由于列车自重达 56t,在实际运行中,因车体重量差异带来的节能效果并不明显。但从安全性角度比较,车辆若发生火灾,温度大于 850℃时铝合金车体将发生自燃,会加重和扩大火灾的范围;而不锈钢熔点高,不会自燃。铝合金车体变形后难以修复;不锈钢车体是可修复的。铝合金车体表面必须涂装,且长期运用后表面出现点蚀;不锈钢表面可以不涂装。在国际、国内市场上,不锈钢材料比铝合金材料更便宜。综合上述各项指标的比较,铝合金车体寿命周期成本约是不锈钢车体的 1.25 倍。因此,我国 A 型地铁车辆应考虑采用不锈钢车体,以进一步降低采购和运营成本。

2)城市轨道交通车辆电空制动系统

由中国铁道科学研究院研发的城轨交通车辆电空制动系统是微机控制模拟直通电控制系统,具有反应迅速、操作灵活、能与电制动混合使用、防滑控制、故障诊断和状态信息的显示,是一个充分考虑安全的城市轨道交通车辆制动系统。

该制动系统主要由列车制动控制单元、制动作用单元和基础制动装置组成。列车制动控制单元接受司控器/ATO 及 ATP 的制动指令,然后通过制动控制线向全列车的制动电子控制装置发送制动指令,各车制动作用单元根据制动指令对制动缸的压力进行控制,并由基础制动装置实施机械摩擦制动。动力车的制动作用单元同时还向牵引系统发送电制动指令,以实现空电混合制动。

3)地铁高架段防雷技术与设备

为了保障高雷区地铁安全运营,广州市地下铁道设计研究院和广州市地下铁道总公司联合攻关,根据高架车站和区间的结构特征,并结合各种雷电危害类型,研究和实践了高架段先进的防雷技术。其主要技术性能如下:

①在城市轨道交通中,首创采用铝镁锰合金板屋面作为防雷接闪器。这种材料具有良好的导电性,性能稳定,又具有屋顶防护功能,将防雷功能与建筑功能合二为一。在对金属屋面提出实施要求的阶段,就将防雷的具体技术要求,结合建筑、结构、装修一起考虑完成。

②在城市轨道交通中,首创采用疏散平台角钢横梁作为防雷装置,将防雷功能与疏散功能有效结合,避免了高架区间构筑物防雷无规范可寻的难处。既保持了区间的疏散功能,又达到了很好的防雷效果。

③在城市轨道交通中,首创采用不锈钢避雷针,保护超大面积玻璃屋顶。既保持了车站的

美观，又达到了很好的防雷效果。

④在城市轨道交通中，首创采用绝缘膨胀螺栓将避雷带固定在梁端部的设计方案。间隔30m 将桥护栏顶上的避雷带与另一侧护栏上设置的避雷带用热镀锌扁钢连接。既保持了高架区的美观，注重了隐蔽性，又达到了很好的防雷效果。

⑤在城市轨道交通中，首创利用良好的等位连接，对高架区上的设备进行保护；利用各种高架车站的金属屋面、金属钢构架龙骨构成格栅形成大空间屏蔽网格，利用四周金属百叶窗构成内部屏蔽网格。充分满足了机房屏蔽要求，无需另外单独设置屏蔽网格。

⑥在城市轨道交通中，首创对于轨道上需要接地的设备，靠近引下线安装，很好地解决了电子设备极易受地电位反击损坏的难题；充分引入综合接地的设计概念，实现了强电、弱点、防雷和接地的综合防护技术创新。

⑦车辆的防雷设计，充分体现了工程的先进性。直线电机车辆在车辆设计时就提出整体结构应具有良好的导电性能的要求。利用车辆法拉第笼的功能，对车辆内的乘客和设备形成天然的第一道保护屏障。车辆外壳以轨道为大地，有很好的泄流途径，起到了第二道保护屏障。车辆主电路和辅助电路用电涌保护器保护，为车辆内的乘客和设备形成了第三道保护屏障。该城市轨道交通防雷措施设计科学合理，技术先进，安全可靠，达到国际先进水平。

4）信号系统

城市轨道交通信号系统是城市轨道交通的主要组成部分之一，是保证列车安全、高密度运行的关键设备系统。我国新一代的信号系统已经采用先进的以 ATC 为代表的信号系统。近年来，随着无线数字通信技术的最新发展，一些城市新建线路开始招标采购基于无线数字通信传输的最新的信号系统。该系统可实现移动自动闭塞，它的特点是没有闭塞分区概念，列车间的运行间隔是按后续列车与前行列车间的实际距离来计算，在保证安全运行的条件下，可进一步提高列车区间运行的密度。

5）其他

除上述几方面装备外，现代化的供电系统、通信系统、车站自动售检票系统及防灾消防系统等均在新建城市轨道交通系统中被采用。

9.3 城市轨道交通建设发展趋势

随着我国经济社会的不断发展，城市化进程的加快，商贸活动的日益繁荣，机动车数量迅猛增加，居民出行频率加快，给城市交通带来了巨大的压力。城市交通问题已成为当今世界性的难题，其主要表现为交通拥挤、阻塞；交通事故增多；环境污染；运输效率下降。毋庸置疑，城市交通问题已成为制约我国城市经济发展的瓶颈问题。交通最终的目的是实现人和物的转移，而不仅仅是车辆的移动，要在现有的城市道路空间环境中解决车辆日益增多的问题，就应根据各种交通方式运送人和物的效率来分配道路空间的优先使用权。

从各国城市化发展的实践来看，城市轨道交通以其运量大、速度快、安全可靠、准点舒适的技术优势在美、日、欧等国家和地区已经成为主要的城市交通工具。

发展以城市轨道交通为骨干的公共交通网络是解决城市交通问题的必然趋势，也是构建和谐社会交通的有效途径。加快建设城市轨道交通不仅仅在于解决交通拥堵,而且对城市经济结构的调整、城市形态的变迁、促进人们在出行方式上的社会平等都起着别的运输方式所无法替代的作用。

目前,城市轨道交通发展趋势表现在以下8个方面。

(1)城市轨道交通运输向高效、快速发展

目前设计的最小行车间隔为2min,为适应运量的需求、提高服务水平,随着信号系统和车辆构造的不断更新、发展,使列车开行对数从30对/h提高到34对/h,甚至40对/h已是发展方向,莫斯科地铁早已实现了开行对数40对/h。

(2)车辆制式向多元化发展

传统的地铁与轻轨均采用钢轮钢轨,国内极大部分城市建成的地铁、轻轨线均采用了此种制式。随着技术不断进步,各城市结合线路特点和功能需求,因地制宜,在国内相继出现了像重庆跨座式单轨交通、广州的直线电机车、上海高速磁悬浮列车和无人驾驶列车。至于低速磁浮、空中客车、磁浮飞机也正分别在上海、威海、成都等地酝酿之中。

(3)地铁、轻轨的快速线正在悄然形成

地铁、轻轨位于市区内一般站间距为1km左右,市郊2km左右,随着大都市圈的形成,中心城与卫星城镇、机场的联系加强,通常采取加大站间距,提高列车运行速度,如北京、上海、广州等地的机场线,从原80km/h发展到120km/h,甚至450~500km/h的磁浮列车。

(4)实现多线、多站的资源共享

目前各大城市已从单线建设过渡到网络化建设。实现多条线的车辆厂、架修、主变电所、控制中心、AFC、通信网等的资源共享,已开始被人们所接受,在各城市已付诸于实施。它的实施将带来土地资源、能源、车辆机电设备,投资以至运营管理极大的优化。

由于城市轨道交通运营网络的形成,二线、三线甚至四线、五线的换乘车站的显身,目前换乘车站内的设备乃至管理用房的资源共享也被建设者提到日程上来了。

(5)实现以城市轨道交通为载体,地上、地下空间的综合开发

联合国自然资源委员会于1981年5月正式把地下空间确定为重要的自然资源,1997年12月1日,我国开始实行"城市地下空间开发利用管理规定"。地铁作为城市交通引入地下,显然是一个很好利用地下空间之路,但如何以地铁为骨干项目,带动地下空间建设的发展,已引起重视,正在积极推进。特别是以地铁车站为载体,与其相接的地下、地上空间的综合开发显得更为重要和迫切。在这当中如何解决好大面积的地下空间的消防和人防是值得研究的新课题。

(6)加快提高车辆和机电设备国产化率

城市轨道交通工程是我国20世纪80年代发展起来的新兴行业,与其相匹配的车辆和机电设备制造的滞后,在很大程度上影响了我国城市轨道交通的高速发展和投资居高不下。如车辆生产经过多年的努力,B型车每节已降到600万左右,是一个好的兆头,但其生产能力未满足日趋发展的城市轨道交通的需求,国产化率上升速度欠快。至于信号等系统国产化率更低。就连施工机械—盾构机,还脱离不了大量进口。所以如何拉动城市轨道交通的相关产业的快速发展是各行各业迫在眉睫的课题,它是保持城市轨道交通快速、健康的发展,使得高额投资降下来的极为必要的先决条件。

(7)新技术应用、施工技术的进步、不断降低造价

新技术的不断开发,本着“引进、消化、吸收、创新”的方针,才能使我国的城市轨道交通的建设踏上一个新的台阶,挤入世界轨道交通先进行列。施工技术的不断创新,才能解决快速建设轨道交通,才能在市区中心解决施工时对道路交通带来的负面影响,减少地面建筑的拆迁,把古建筑、文物等保护好。虽然地铁区间实施采用了非开挖技术,但地铁车站的实施如何采用非开挖技术仍是一个值得研究的课题。

(8)节能

“节能”作为国策,在地面建筑中均有强化节能的种种措施。城市轨道交通系统是一个用电大户,节能更显重要,国家发展与改革委员会要求各城市在编制轨道交通工程可行性研究过程中,必须考虑节能,具体应包括节能设计规范与合理的用能标准、能耗种类与数量分析、能源供应状况分析、能耗指标、节能措施与节能效果分析等。由于我国城市轨道交通起始于 20 世纪 70 年代,起步较晚,节能方面顾及太少,涉及此内容的规范、规程也需进一步完善。例如地下车站天然采光或光导纤维导光的采用、列车车厢内利用半导体光来替代等均能达到节能的目标。城市轨道交通如何进一步达到节能是迫在眉睫的研究课题。

本章小结

各国城市化发展的实践表明,城市轨道交通以其运量大、速度快、安全可靠、准点舒适的技术优势在美、日、欧等国家和地区已经成为主要的城市交通工具。提高城市轨道交通网络化建设运营的效应,更好地满足市民出行需求是公共交通建设与发展的必然趋势。

中国城市轨道交通不可能完全照搬任何一国的城市轨道交通技术体系,只有立足于自我,坚持博采众长,把借鉴、消化、吸收国际上先进、成熟、可靠的技术与研发、试验验证、自主创新相结合,系统集成,才能形成符合我国国情的世界一流城市轨道交通技术体系,才能经得起运营的考验和历史的检验。本章依据国家轨道交通相关重点项目研究成果,综述了我国城市轨道交通系统的发展机制、关键技术及轨道交通标准体系等方面的问题,并对我国城市轨道交通建设发展趋势进行了总结和展望。

练习题

1. 简述“新型城市轨道交通技术”研究意义、内容及其关键技术与设备的应用情况。
2. 简述城市轨道交通建设发展的趋势。

参考文献

[1] 中国土木工程师学会城市轨道交通技术推广委员会. 中国城市轨道交通新技术. 北京:中国科学技术出版社,2007.

[2] 俞加康. 中国城市轨道交通的发展与展望. 交通与运输,2007.

[3] 建设部科学技术司.“十一五”国家科技支撑计划重点项目“新型城市轨道交通技术”

课题申请指南,2006.

[4] 周顺华.城市轨道交通设备系统.北京:人民交通出版社,2009.

[5] 周翊民.我国城市轨道交通技术装备发展水平与制造能力.北京:城市轨道交通研究,2006.

[6] 周翊民.我国城市轨道交通多元化发展的新趋势.北京:城市轨道交通研究,2002.

[7] 朱军.我国城市轨道交通发展现状与对策建议.北京:城市轨道交通研究,2005.